U0523572

# 从雅尔塔到板门店

## 美国与中、苏、英

（1945—1953）

中文版

华庆昭 ◎ 著

From Yalta to Panmunjom

| 阅读历史　读懂世界 |

中国社会科学出版社

图书在版编目(CIP)数据

从雅尔塔到板门店/华庆昭著.修订本.—北京：中国社会科学出版社，2013.12（2022.3 重印）

ISBN 978-7-5161-3792-5

Ⅰ.①从… Ⅱ.①华… Ⅲ.①美国对外政策—史料—1945—1953 ②国际关系史—史料—1945—1953 Ⅳ.①D871.20②D819

中国版本图书馆 CIP 数据核字（2013）第 310249 号

| 出版人 | 赵剑英 |
|---|---|
| 责任编辑 | 韩育良　王　斌 |
| 责任校对 | 姚　颖 |
| 责任印制 | 李寡寡 |

| 出　　版 | 中国社会科学出版社 |
|---|---|
| 社　　址 | 北京鼓楼西大街甲 158 号 |
| 邮　　编 | 100720 |
| 网　　址 | http://www.csspw.cn |
| 发 行 部 | 010-84083685 |
| 门 市 部 | 010-84029450 |
| 经　　销 | 新华书店及其他书店 |
| 印刷装订 | 北京君升印刷有限公司 |
| 版　　次 | 1992 年 1 月第 1 版 |
| 印　　次 | 2022 年 3 月第 3 版第 5 次印刷 |
| 开　　本 | 710×980　1/16 |
| 印　　张 | 18.75 |
| 插　　页 | 2 |
| 字　　数 | 259 千字 |
| 定　　价 | 49.00 元 |

凡购买中国社会科学出版社图书，如有质量问题请与本社联系调换
电话：010-64009791
版权所有　侵权必究

## 第三版序

本书中文版第一版问世于1992年，面向大众。2006年出的第二版，被收入社科学术文库，当时更多考虑的是书的学术性。现在中国社会科学出版社要出本书的第三版，是希望满足范围更加广泛的读者需要。至于1993年出版的本书英文版，出版者美国康奈尔大学东亚丛书至今还在继续推介。看来国内外的读者在20年之后还对这本小书有兴趣，让做作者的我感到高兴，也为自己没有新的外交史著作贡献读者而愧疚。

当前国际形势错综复杂。然而观察形势不能不把它放到历史长河里去考量，因为它不是无源之水、无本之木。复杂形势的起源远的不说，近的首先就要数1945年初那个雅尔塔会议。在那次会上苏美两国在英国支持下，将全世界划分成两大势力范围，形成了苏美两极争霸世界的格局。到了1990年代初，苏联瓦解、东欧转向，两霸相争成了一霸独大，雅尔塔框架彻底破产。曾几何时，一霸要用十个手指去摁跳蚤，渐渐难以为继，当前国际格局正在朝着多极化的方向发展。我们回溯到二战结束前后的国际格局，才能更明白地看清这个世界是如何从两极到一极再往多极方向演变的。

本书讲的是美国在杜鲁门总统任期内跟中苏英三个大国的关系。杜鲁门的任期正好涵盖了从1945年雅尔塔会议后到1953年板门店朝鲜停战协定签字前这8年。就在这个时间段里，想由两霸说了算的雅尔塔美梦很快就被打破，中国共产党领导的中国革命的胜利，冲破势力范围的樊篱，将中国带上了独立自主、自力更生的道路，让不论是美国还是苏联都目瞪口呆。而从1950年10月中国出兵朝鲜开始到1953年7月签订停战协定为止的抗美援朝战争，标志着中国人民不但站起来了，而且站得挺直，奠定了中国真正的大国地位。自1949年中华人民共和国成立之日起，不管国际形势如何变化，国与国之间的关系如何调整，中国政府在本质上一贯追求国际格局的多极化，从来不跟着任何别人的指挥棒转。本书是讲杜鲁门8年的美国外交史。而贯穿这8年之中世界上发生的最大的事就是中国革命的胜利，因此本书也是中国人民革命斗争的胜利史。当我们在一个甲子之后回首重温那一段飞扬激荡、可歌可泣的历史时，难免要慨然赞叹：中国人民对世界进步做出了多么大的贡献啊！

华庆昭

2013年11月 于天津

# 再 版 序

中国社会科学出版社决定郑重再版本书，我十分高兴，也对出版社表示感谢。本书从1986年开始做调查研究，1988年动手落笔，次年初完成初稿；1992年出中文版，次年出英文版；前前后后，到今年已经有20个年头了。

本书讲的是第二次世界大战后冷战开始的年代。冷战时代在十几年前就告一段落了，而冷战史则已成了"显学"。我经常会遇到国内外的同行在见面时提到这本小书，好像它曾经对他们有过一点用处，甚至到现在还在推荐给学生做参考书。这使我既感到高兴，又有点惭愧。但是无论如何，本书可能是一次最初的有益的尝试：在大量使用西方原始档案材料的基础上，讲述通过一双中国人的眼睛看到的战后初期的美国外交和大国格局。其中也许会有一些看法到今天也还没有过时。如果把当前的美国外交和全球大局跟五六十年前相比较，有的老调重弹，有的恍若隔世，的确是饶有兴味。从写作本书的那些年到现在，有关国家的很多政府档案解密了，今天的研究者有条件可以比我写得更全面，更具体，更接近历史真实。我希望能有更多的年轻学者来做这样的事。

本书在再版时只做了一些技术上的修订和补漏，对书的内容并未进行修改或增删。我希望继续得到读者的批评指正。

我要再次感谢对本书进行过帮助和关怀的师友，其中特别要提出两位：一位是对本书的研究和写作起到重要推动作用的美国历史作家约翰·托兰，另一位是对本书进行热情评介鼓励的美国学者、曾经是美国国务院主管中国和亚太事务资深官员的罗伯特·巴内特。前者在我对书还没动手研究的时候就敢说一定能够写好，并且告诉我自己的写作经验；后者在书出版以后以自身的亲历来印证书写得还算符合实际。他们和另外一些老先生提携后辈的苦心使我非常感动，也让我进一步体会到前辈的帮助是后来者不可或缺的。不幸的是，两位老人已经永远离开了我们。再版本书，也是对他们最好的纪念。

是为再版序。

华庆昭
2005年11月于天津

# 序

《从雅尔塔到板门店》是一部杰出的历史著作。它讲述的是通过一双中国人的眼睛所看到的，从1945年春到1953年初的战后世界。同时，它也是在经过彻底研究之后，对于杜鲁门外交的一番呕心沥血的记述，极有教益。就我所知，还没有一部历史包含着这么丰富的以大量文件和事实为根据的新信息。

华庆昭教授不仅仅提供了中国的看法。他经过在美国和欧洲做了长期研究之后，也介绍了西方的看法。他仅在杜鲁门总统图书馆就先后研究了一年多的时间，这足以证明他富有在学术上孜孜以求的精神。

然而，《从雅尔塔到板门店》一书之高于其他著作的地方，并不仅限在学术研究方面。在处理有争议的题目时，华教授能够保持难能可贵的客观性。这本书涉及的范围，加上在外国学者往往不易得到的材料的基础上坦率地说明了中国方面的行动和动机，使得本书成为每一个认真的外交史学者的必读著作。同时，也值得作者的同胞和外国人当中对于我们这个时代感兴趣的读者一看。

约翰·托兰
1991年9月于美国康涅狄格州丹伯里

# 目 录

第三版序 …………………………………………（1）

再版序 ……………………………………………（1）

序 …………………………………………………（1）

前言 ………………………………………………（1）

第一章　罗斯福的遗产 …………………………（3）

第二章　第一个回合 ……………………………（17）

第三章　走向内战之路 …………………………（37）

第四章　原子外交出笼 …………………………（51）

第五章　大转折的1946年 ………………………（80）

第六章　"西线无战事" …………………………（117）

第七章　东方的战鼓 ……………………………（145）

第八章　无声的较量 ……………………………（168）

第九章　新形势的挑战 …………………………（200）

第十章　血染半岛 ………………………………（229）

第十一章　板门店的回声 ………………………（262）

第十二章　结论：影响杜鲁门外交的诸因素 …（268）

附　　录　主要参考资料 ………………………（281）

后记 ………………………………………………（287）

# 前　　言

　　这本书讲的事情已经过去40年上下了。世界的格局近来发生了巨大而惊人的变化，人们为此感到困惑，急于找到答案。要弄清现今大国之间的关系，也许有必要先了解这些关系是怎样形成的。美国外交有其明显的继承性。不管时代和形势怎样变化，美国以本国利益为目的，以"天定命运"为旗帜的基本外交原则是不变的；以或增或减或扩大或缩小形式多样的孤立主义、门罗主义和门户开放为手段的基本外交政策是不变的。如果要弄明白布什外交，杜鲁门外交会给些启发。因此，这本讲战后初期美国和其他大国间关系的书，或许能有助于读者认识当前这个世界和今天的美国外交。

　　这本书既是写给专家看也是写给一般读者看的。因为其中所讲的事情虽然早已成为过去，但是那个时代是许多读者所亲历过的，也是不少年轻读者所了解的。在写作过程中，既注意到学术性又注意可读性，以便能有更多的人来读它。同时，相信读者的接受能力，让读者有思考的余地，也就是说，像戏剧一样，通过人物在事件和场景中的表现来向读者提供思考的素材，而不是由作者代替读者思考，或向读者说教。正因为如此，我不想在这里具体介绍书的内容，还是请读者自己去看吧。

　　历史作者是"事后诸葛亮"。事情过去多少年，档案开放了，当事人出版了回忆录，历史作者有比较充分的材料做依据，来叙述故事，作出论断。即使如此，真相有可能仍然难以弄清。

其实，当事的政治家及跟他们同时代的政治分析家、记者等等，往往要比历史学家更高明。他们必须根据有限的情报或信息，在很短的时间里对瞬息万变的形势作出判断，甚至决定对策。对于前人，我们未可厚非。对于这本书的缺点和错误，希望得到读者的批评和指教。

这本书原来是用英文写给外国人看的，内容跟这个中文版差别不大。作者虽然在自己写中文稿时做了努力，但是文中欧化语法及一些为中国人所熟知而外国人陌生的背景介绍，仍不能完全避免，请读者原谅。

关于本书的研究工作和写作，我首先要感谢我先后的工作单位中国社会科学院世界历史研究所和天津社会科学院对我的支持。

我感谢美国政府富布赖特项目和英国文化委员会的资助。感谢威尔逊国际学者中心接受我为客座学者并给予资助。感谢斯坦福大学及其历史系接受我为富布赖特学者一年半之久。我特别要感谢杜鲁门总统图书馆给本书的研究提供经济资助和大量原始资料，并在多年来一直使我有宾至如归的感觉。

感谢国内的师友和同事对研究、写作和出版本书的支持和鼓励，在这里特别要指出的是杨生茂教授和我年轻的朋友孟庆龙。

感谢国外帮忙的朋友，特别是布雷德利·F. 史密斯、约翰·托兰和斯坦利·维塔兹。

华庆昭
1991 年天津

# 第一章

# 罗斯福的遗产

1945年4月12日下午,美国总统富兰克林·罗斯福因脑溢血逝世。消息传到重庆,蒋介石正在南岸黄山的别墅里吃早点。闻讯之后,他马上脸色转灰,再也吃不下去,起身走开了。蒋介石的反应如此强烈,不无理由:罗斯福在美国参战之前便已成了蒋的靠山。这时蒋难免六神无主,他不知美国新总统杜鲁门会怎么对待他。

蒋委员长是过虑了。在杜鲁门接任总统前,罗斯福、丘吉尔和斯大林早已勾画了战后世界格局的蓝图。故总统在外交事务上并没给杜鲁门多少回旋余地。

当罗斯福在1933年上台时,日本已经占领了中国东北全境。美国和英、法等国对于日本的扩张并不高兴,但它们也没去阻止它肆无忌惮的行径。美、英、法等国的绥靖和妥协,给日本军国主义打了气。日军不断向长城以南蚕食,终于逼得中国在1937年7月7日奋起抗战。

最早援华抗日的是苏联。它以志愿人员的名义,向中国派出了空军。在1937年和1938年,苏联交付了上千架飞机,并派了飞行员轮流到中国作战。

有一个美国人比苏联人来得更早,他是退役空军上尉陈纳德。1937年5月,他到中国空军任教官。抗战爆发后,当上了空军的顾问，既培训飞行员，又协助指挥战斗。苏联和德国签订了互不侵犯条约后，苏联飞行员在1940年初全部回国。当时中国空军力量薄弱，虽然作战英勇，终究寡不敌众，日机得以对重庆、桂林等城市狂轰滥炸。1940年冬，蒋介石派陈纳德回美国去搞作战飞机和招募飞行员。

这时罗斯福政府的态度已经较前明朗。1940年6月3日，国务院远东司司长提出了援华五条：稳定金融贷款，从中国购买战略物资，增加进出口银行拨款，给善后建设贷款，冻结中国人在美存款。他认为，除了最后一条外，其余都是可行的。[1]

美国驻华大使詹森一直在要求美国政府大力援华，以避免迫使中国人"在日本和共产主义之间作出选择"。他认为"用除了出兵以外的一切手段援华"这一口号太消极。[2] 蒋介石本人也不断向罗斯福呼救。他在1940年末曾要求中、美、英三国合作，遭到美国政府拒绝。[3] 但是美方还是同意向中国出口100架P-40战斗机，由美国志愿人员来飞。这些飞机本来是要给英国的。英国同意先把它们给中国，条件是美国在几个月后给它300架。[4] 蒋介石接着又建议，把由美国志愿人员组成的部队命名为中国空军特别飞行队，装备200架轰炸机和300架驱逐机。[5] 白宫助理居里在1941年初到重庆考察，回来后建议总统把后备役人员借给中国。罗斯福同意了。同年7月，居里又要求给中国345架飞机。1941年夏，美国政府派了两名空军将官作为官方代表到中国，他们回国后建议在菲律宾训练中国飞行

---

[1] 《美国对外关系》1940年第4卷，远东，第658页，汉密尔顿致国务卿，1940年6月3日。
[2] 同上书，第674页，约翰逊致赫尔，1940年10月20日和23日。
[3] 同上书，第688—690页，约翰逊致赫尔，1940年11月28日；第693—694页，威尔斯致约翰逊，1940年11月18日。
[4] 同上书，1941年第5卷，远东，第599页，摩根索致赫尔，1941年1月10日。
[5] 同上书，1940年第4卷，远东，第698—700页，蒋介石致罗斯福，1940年11月28日。

员，以便在今后驾驶美国轰炸机和战斗机。

在这一系列中美之间和美国政府内部的讨论之后，陈纳德拿到了上述100架P-40战斗机，招募了一批飞行和地勤人员。这批飞机由美国海军护航运到缅甸，转飞中国。这支部队被命名为中国空军美国志愿队，由陈纳德担任队长。机首漆成鲨鱼头，两排白牙毕露。1941年秋，志愿队开始作战。它挡住了日机对城市的轰炸，并配合中国地面部队战斗，战果累累。中国报纸描述它有如飞虎一般，于是便得了个雅称"飞虎队"。多年之后，提起"飞虎队"许多人都知道，它的本名倒没有多少人记得了。陈纳德建立"飞虎队"功不可没，但是若无罗斯福政府的支持，他也是什么都干不成。

长达10年的国共内战，在抗战开始后停了下来，国共两党结成了抗日统一战线。罗斯福是个经验丰富的政客，他自然不会不从各种渠道了解共产党。海军陆战队的卡尔逊上尉便是罗斯福派到八路军的眼线。卡尔逊原是罗斯福白宫警卫队的副指挥，后来两次以情报官身份驻在中国。他在抗战爆发后到达边区，在八路军中不断给罗斯福发去报告。他曾跟部队行军数千里，深为他们爱国爱民的精神所感动。他公开赞扬共产党八路军，因而遭忌，被迫于1939年辞职。后来，卡尔逊和总统的儿子詹姆斯以八路军的集体主义、爱国主义和官兵平等为榜样组建了一支海军陆战突击队，在太平洋跳岛战役中建了奇功；从这件事也可以看出罗斯福本人对于中共和八路军的重视。1946年，卡尔逊以准将衔退役。①

关于中国在二战中对于美国的重要性和美国的对华政策，白宫助理埃尔西在1944年11月做过一次小结，题为"总统与援华—1944年"。这份小结提出：美国政府旨在使中国起到牵

---

① 除见于通常引用的美国书籍外，请见重庆《新华日报》1942年12月18日和1943年11月23日。

制"大部日军和作为对日本发动有限进攻的基地"的作用。因此，政府的对华政策是"让中国打下去。通过训练它的士兵，补给它的部队，对它的陆军进行空中支援和促进不同政治集团之团结，使中国成为一个卓有成效的军事上的盟友"。罗斯福阅后，批准了这个小结。①

战时美国在华活动可分为三个方面：补给和经援；作战行动；参与中国内政——主要是涉及国共关系。1941年12月珍珠港事变以后，美国政府任命老中国通史迪威将军为中印缅战区美军司令，并兼任盟军中国战区总司令蒋介石的参谋长。美国政府和蒋介石都认为，装备和物资对于打这场战争至关重要，美国答应提供30个中国师的装备。由于日本控制了西太平洋，中国的南方出路因日军占领缅甸而被切断，战争物资只能飞越喜马拉雅山驼峰运来。美军开始在印度雷多训练中国部队。中国政府在云南靠近中缅边境地区也集中了一批军队，即所谓"Y部队"。美国军方要求美、英、中三国军队一齐参加来收复缅北地区，以打开进入中国的陆路通道。蒋介石要求英国同时从印度洋发起两栖进攻，以配合中国军队在缅甸的作战行动。但是英国坚持说两栖作战并无必要，蒋介石也就不肯打缅甸。这是1943年开罗会议和会前会后中美两国商讨的一大问题。虽然蒋介石后来由于美国压力，同意已在印度接受史迪威指挥的3师中国军队到缅甸作战，但是他从未同意派"Y部队"出征。几乎一直到日本投降前，驼峰空运是中国和西方盟国间的惟一通道。

在开罗会议期间，罗斯福和蒋介石达成一项秘密协议，由美国在租借法案项下向中国提供90个师的装备。② 对于中国和美国说来都不幸的是，并非所有美国军事装备和补给都是用在

---

① 杜鲁门图书馆：埃尔西文件，第1盒，中国卷（1）"总统和援华—1944年"。
② 埃尔西文件，第2盒，中国卷（8），1945年9月5日备忘录。

对日作战上的。蒋介石手下的大将陈诚说："中国军队收到的每一颗子弹过去和今后都将只分配给那些受命在反攻中对日作战的部队。但是，如果任何不友好的部队袭击中央政府军，中央军便不得不以所拥有的任何武器来保护自己。"①

美国在华军事行动主要是由空军进行的。"飞虎队"在1942年7月停止作战，由驻印度美军第10航空队所属的在华空军特遣队取代。1944年春，特遣队并入新成立的美军第14航空队，陈纳德被提升为将军，任14航空队司令。② 美军轰炸机在中国领空频繁飞行。这些轰炸机来自三个方面：第一批是杜立特上校指挥的B-25中型轰炸机队，它们是1942年4月18日从太平洋上的航空母舰"黄蜂号"起飞的，在轰炸日本本土后降落在中国。第二批属于陈纳德第14航空队，大部分是B-24重型轰炸机和B-25中型轰炸机。第三批是沃尔夫准将指挥的第20轰炸机司令部所属的B-29超级空中堡垒。它们从印度飞来，或以成都附近为基地。这些B-29用于轰炸中国境外的目标，常常穿梭于成都和太平洋上塞班岛之间，途中轰炸日本本土。陈纳德的主要任务是配合中国地面部队作战。当1944年6月日军发动大规模攻势时，第14航空队的作战基地几乎全部被毁。日军沿湘桂和黔桂线进入贵州，逼近贵阳，威胁重庆和14航空队司令部所在地及驼峰空运终点昆明。

美国参谋长联席会议在1944年7月4日报告总统："如果日军继续西进，陈纳德的第14航空队将失去战斗力，我军超长距轰炸机在成都的机场将会丢掉，中国必然会垮。"它还说："中国所处的严重困境在一定程度上是由于军方处置不当和玩忽而造成的。除非中国的一切力量包括正在对付中共的军队在内，

---

① 杜鲁门图书馆：海军助理档案，美国国务院电报摘要，1945年6月9日。
② "总统和援华——1944年"。

都用来对日作战，中国在战争结束前是不可能起什么作用的。"参谋长联席会议向总统提出了一个非常简单的方案：任命史迪威为全部在华盟军的指挥官。罗斯福批准这一建议，并给蒋介石发去了电报。①

华盛顿的军方高官们正确地指出了造成形势日益恶化的某些病因，但是他们开的药方是完全错误的。蒋介石作为中国最大的军阀，把军队看作生命，看作是贾宝玉脖子上挂的那块石头。他是永远不会把军队交给别人的。再说，即使他肯交出军队，又有哪个美国将军有这么大的本事，能以中国军队总司令的身份来应付复杂的中国局势？蒋介石当然不肯让步。作为反措施，他请罗斯福派一名政治代表来，并说此人应有全权来商谈战争和政治问题。罗斯福派赫尔利担当这一角色，任命他为"私人代表"。②

美国跟蒋介石的关系因美国政府和中共的来往而进一步复杂化。虽然早在1937年和1938年，罗斯福就派卡尔逊在中共区域做情报官，但从未派过正式代表。正如外交官约翰·戴维斯在1943年6月24日的备忘录中所指出的，日军最多的地方和日本第二大工业基地是华北。在那里，中共成为全国最团结、最守纪律和最敢打的抗日集团。③ 1944年2月，美国陆军建议向华北中共地区派遣观察团以收集日军情报。罗斯福支持这一计划，并在2月9日发给蒋介石一封电报。电文中说："能否请您对此事给以支持和合作？"④ 蒋介石在两个星期后回答说，他欢迎来观察员，但只能到他控制的地区。这一来，就从根上不让美军人员进入中共地区。罗斯福也是个善于打掩护的大师。他在3月1日致电蒋介石感谢蒋的复电，表示将尽快派出观察

---

① 埃尔西文件，第2盒，中国卷（6），来自白宫地图室档案。
② 同上档案，中国卷（7）。
③ 包瑞德：《迪克西使团》，伯克利，中国研究专著第六种，1970年，第23页。
④ "总统和援华——1944年"。

员，但是没提这些美国人要去往哪个地区。1944年3月20日，罗斯福再次提到派人的问题，但蒋介石还是不让他们进入中共地区。最后，在华莱士副总统1944年6月访华时，蒋终于在原则上同意让一个观察组进入解放区。① 这时日军正在向蒋管区发动大攻势，减少了蒋介石讨价还价的本钱。

在赫尔利1944年9月赴华前，美国陆军观察组，又名迪克西使团，已于当年7月22日到达延安。组长是老中国通包瑞德上校。观察组成员除军事和情报人员外，还有像谢伟思那样的外交官。这样一来，就等于美国政府给了中共以某种事实上的承认，而在官方讲来，仍可说观察组并无任何政治使命。赫尔利在1944年9月7日经伦敦和莫斯科抵达重庆。同来的有率领经济代表团的纳尔逊。赫尔利后来告诉杜鲁门，当时罗斯福让他设法使丘吉尔和斯大林同意美国的对华政策，其内容主要是：采取一切必要行动以使中国抗日军队统一起来；支持一个自由、统一和民主的中国政府；继续坚持要蒋介石自己做出决定，他得对自己的政策负责，由中国自行决定命运。赫尔利说丘吉尔和斯大林都对以上政策表示同意。②

赫尔利还告诉杜鲁门，华莱士从中国回来后，对罗斯福讲过蒋政府很快就会垮台。这一看法，跟1944年访华的参议员布鲁斯特和钱德勒看法相符。这两位参议员回国后对罗斯福说，除非出现奇迹，中国政府是非垮不可。有鉴于此，罗斯福派赫尔利到中国防止政府垮台，使中国军队继续起作用，调和中美军方的关系，以及将抗日军队统一起来。③ 赫尔利到达重庆后，蒋介石便告诉他，准备让史迪威来指挥全部中国作战部队。美

---

① 《迪克西使团》，第26页。
② 海军助理档案，第8盒，1945年赫尔利致杜鲁门卷，赫尔利致杜鲁门，1945年5月10日。
③ 同上档案，第8盒，1945年赫尔利致杜鲁门卷，赫尔利致杜鲁门，1945年9月12日。

国人当时可能没想到蒋介石是在放烟幕。当盟军和日军在缅北鏖战时,史迪威向蒋抗议"'Y部队'在云南按兵不动。罗斯福也表示支持史迪威。但是赫尔利在蒋面前表示,他怕因此事伤了两国和气,这就使蒋更加坚持己见。最后,在1944年9月25日,蒋介石要求把史迪威从中国战区调走。他说他将把全部中国作战部队交给一位美国军官指挥,只要此人不是史迪威。罗斯福无奈,只好召回了史迪威"①。

关于史迪威去留一事,多年来众说纷纭。基本的讲法有三种:蒋介石说史迪威是因其态度令人无法忍受而被召回的,赫尔利同意这一说法。史迪威说他被调走是因为蒋不肯再打下去了,支持这一说法的人颇多。后来蒋介石又有一种说法,他讲"史迪威事件的真正关键"在于"中共提出的要求:一是关于盟国对华军援的分配问题;二是撤除政府对中共边区的封锁"②。蒋的这一说法也有一定道理。在中国这些年来流行的看法是,史迪威被黜是他批评蒋不肯打日本和他对中共的同情态度。看来,史迪威被黜很可能跟上述三种说法都有关系。史迪威对蒋介石的态度,不应作为他被黜的主要原因,但罗斯福的确对此感到关切。罗斯福在1944年3月对当时的陆军参谋长马歇尔说,史迪威讲蒋介石令人烦恼,不好对付,所提要求愈来愈高,这些都是事实。但是不能板起脸来跟蒋介石说话。罗说"我们大家都得记住,委员长到今天是不容易的"。"再说,委员长认为有必要保持至高无上的地位。如果我处于他的位置也会像他那样做"。③ 马歇尔力保史迪威。他俩在20世纪20年代时曾在驻天津的美国陆军第15团有过上下级关系。马说史迪威碰到了中国人一种"让这家伙去干"的态度,而任何派到这一战区代表美国利益的人"都应把纠正这种态度列为首要目标"。

---

① "总统和援华—1944年"。
② 蒋介石:《苏俄在中国》,纽约,1958年英文版,第175页。
③ 埃尔西文件,第1盒,中国卷(1),罗斯福致马歇尔,1943年3月8日。

马歇尔还赞扬了史迪威对中国的了解和他的汉语能力，还谈到了他在缅甸战役中表现出的"坚忍不拔的态度"。① 史迪威的确是二战中盟军最优秀的将领之一，应当充分肯定他的功绩。但是，考虑到他战前在中国的经历，我们也可以设想，他大概不会把对一位中国领袖说话的口气用在自己的美军上司身上。这里仍然有一个列强怎样看待中国人的问题。

在接近1944年底时，美国任命了新的驻华外交和军事代表。高斯大使在11月里辞职，赫尔利继任。魏德迈中将接任史迪威的职务，成为驻华美国陆军司令。我们从上面可以看出，美国的战争援助和作战行动怎样跟美国在国共关系上的参与紧密交织在一起。但是，如果不探讨罗斯福对华政策中的苏联因素，是难以对上述复杂关系作出正确判断的。

在调和蒋介石和史迪威关系的努力失败之后，赫尔利开始促进国共谈判。他1944年9月过莫斯科时，苏联外长莫洛托夫曾对他讲，有些中国人称"自己为共产党，但他们跟共产主义毫不相干"。"不应把苏联政府跟这些'共产分子'连到一起"。在跟纳尔逊谈话时，莫洛托夫也把中共叫做"所谓共产党人"。② 赫尔利认为，如无苏联援助，中共是无力推翻蒋的，因此国共双方达成政治协议是有可能的。在赫尔利抵达重庆前，国共两方已经在商谈统一军队的问题。赫尔利来华后，便采取积极措施在政治上和军事上调停国共两方分歧。1944年11月7日，他前往延安跟毛泽东会谈。这是他当大使前的事。在这之前，当约翰·戴维斯在10月初离重庆去延安时，他曾劝说赫尔利去这一解放区的中心。他说赫尔利将看到，使他能"和他们（指中共）领袖面对面谈判"的障碍都会被扫除干净，他将成为在总统面前对中共做出估价的人。戴维斯还答应赫尔利，会

---

① 埃尔西文件，第1盒，中国卷（3），马歇尔致罗斯福，1943年3月16日。
② 杜鲁门图书馆：白宫中央档案，第33盒，机密档案，国务院来往函电，《在华美国战时生产局代表团历史》，第208页，莫洛托夫和纳尔逊的谈话。

为他把"欢迎的地毯铺好"。①

赫尔利访问延安的结果,是有了一份国共五点协议的草案。这份草案是1944年11月10日由毛泽东当着赫尔利的面签字的。赫尔利把草案带回重庆,但是国民党不肯接受,反而提出了一份三点协议的草案。这一来,等于是赫尔利在延安向中共开了一张空头支票。

两份草案的主要分歧在于中国未来政府的组成问题。中共要求将现在政府改组为一个民主联合政府,由所有抗日政党和无党派政治团体参加,并由各抗日军队的代表组成。所有军队都须服从和执行新建的联合政府和军委会的命令。国民党则坚持要在政府改组后将中共军队并入国民政府的军队,所有中共军队均应由国民政府通过军委会进行控制。国民政府也将指定一些共产党员为军委会委员。是"改组",还是"并入"?这跟后来美、苏、英三国在波兰临时政府的组成问题上发生的争论差不多,而争论的解决则大不相同。

为了推动蒋介石进行认真的谈判,罗斯福在1944年12月15日指示赫尔利去对蒋介石说,美国人和俄国人都认为他的政府跟"华北军队"之间建立一种工作安排,将会大大加速实现把日军逐出中国的目标。总统让赫尔利向蒋"强调'俄国人'三字",他的意思是,苏联很快就会参战,如果蒋介石不能早日跟中共达成妥协,到那时苏联就会支持中共。② 罗斯福的这一表示并不说明他在国共之间持中立态度。据总统顾问霍浦金斯后来说,罗斯福装备国民党军队的意图之一,便是让蒋介石在战后有实力去对付"中国不听话的派别"。③ 不消说,这些"派别"首先指的就是中共。

---

① 约翰·派顿·戴维斯:《抓住龙尾》,纽约,1972年,第344页。
② 《美国对外关系》1944年第6卷,第703页,罗斯福致赫尔利,1944年12月15日。
③ 埃尔西文件,第2盒,中国宗(8—1),1943年9月5日。

赫尔利当上大使后，在1944年12月向总统报告，蒋介石过去曾认为中共是苏联政府的工具，现在他相信中共不是苏联的代理人了。蒋还觉得问题可以得到解决了。赫尔利暗示，有可能即将到来的中国内战并非不可避免，蒋介石已深信，跟中共达成协议后，他便可以统一军队，避免内战。①

这位新上任的美国大使未免过于乐观了。在蒋介石的一切头衔中，他本人最珍贵的是黄埔军校的校长。蒋还是国民政府属下所有军事性质学校的校长；不论这学校是陆军、海军，还是空军的。其原因在于，传统上"师"在中国享有跟"天、地、君、亲"并列的地位。作为中国军官中大部分人的校长，蒋用"师"的头衔甚至于比"委员长"办起事来还要方便。同时，赫尔利也可能没理会毛泽东的一句名言："枪杆子里面出政权。"若要国共两方放弃对自己军队的控制，是比登天还要难的事。

就在这以后不久，罗斯福、斯大林和丘吉尔于1945年2月在苏联南方雅尔塔会晤，讨论大战最后阶段和战后世界的问题。三大国领袖在雅尔塔达成了一项关于中国的秘密协定。协定允许中国领土的一部分——外蒙古——独立。协定给了苏联以原来沙俄在中国东北的殖民利益，其中包括在东北的"优先利益"，租借旅顺口军港，中苏共有东北铁路主权等。这些利益的一部分，沙俄已在1904—1905年的日俄战争失败后让给了日本。美国得到了在东北的"门户开放"利益，如大连的国际化。罗斯福允诺，他将跟斯大林一道来说服蒋介石接受这一秘密协定条款。苏联给了蒋介石"两根胡萝卜"——签订中苏友好同盟条约和协助中国对日作战。② 雅尔塔关于中国的秘密协定粗暴

---

① 《美国对外关系》1944年第6卷，中国，第746—747页，赫尔利致国务卿，1944年12月24日。

② 《美国对外关系》1944年第6卷，中国，第746—747页，赫尔利致国务卿，1944年12月24日。1945年，在马耳他和雅尔塔举行的会议卷。

地践踏了中国的主权。除了事先未跟国民政府和中共磋商事后又向它们保密外，这一秘密协定完全违反中国人民的意愿和利益。40多年来，外国政界、报界和学术界不断对雅尔塔会议及有关协定进行争论。有的人认为罗斯福在雅尔塔向斯大林让步过多。另一些人则讲让得应该。艾奇逊曾说，雅尔塔协定并不是一件那么坏的事，因为它给俄国人的要比他们能用武力拿到的少得多。① 然而，很少有人讲到，雅尔塔协定涉及中国的部分中答应给苏联的好处，有多少是美国自己的东西？也没有人去评论，在打胜一场大战后，瓜分一个主要盟国的做法是否正当？很明显，如果美苏在华没有共同利益，也就根本不会有雅尔塔关于中国的秘密协定。要是没有道理，罗斯福哪里会对斯大林让步？！

　　什么是美苏两国对华政策的共同点？要回答这个问题，需要先想到罗斯福的对华政策有着双重的目标：一是打败日本，二是遏制苏联。越是接近大战胜利，这个政策中的苏联因素的分量越大。罗斯福战后外交政策的基石是美、苏之间存在着竞争。这一政策的要点，是承认和进行竞争，但要避免让竞争发展成为冲突。由于苏联能够接受罗斯福这一设计，这才在雅尔塔达成了协议。因此，在研究罗斯福战时对华政策时，一定要跟他的对苏政策一并考虑才行。美、苏两国在华的共同政策基础是它们各有一块势力范围，而且它们都认为只有蒋介石才够资格来统治中国。罗斯福在雅尔塔对苏"让步"，除了换取苏联出兵打日本外，也是为了让苏联支持国民党，而不支持共产党。

　　为了使中国成为维护美国在亚洲利益的中坚，罗斯福在中国成为四大国之一的问题上起了作用。但是大国地位又促使蒋介石采取更加不妥协的顽固态度。就在雅尔塔会议后不久，蒋在1945年3月1日发表演说，表示将不会把一党专政改为联合

---

① 杜鲁门图书馆：威尔考克斯文件、日记。

政府，而且还要在11月里召开国民大会。蒋介石继续表示要承认中共的合法性，条件是中共同意将其军队和各地政府置于国民政府之下。周恩来在3月9日致赫尔利的信中代表中共表示，蒋介石的演说已使讨论关于联合政府协议的草案不再有必要。中共再次要求，在去旧金山参加4月举行的联合国大会的中国代表团中，中共应占3个名额。①

蒋介石在关于跟中共合作问题上的顽固态度，是跟罗斯福的实际做法相一致的。罗斯福当局从未给过中共援助。不管说得多么好听，也不管美国大使馆里的二等和三等秘书的判断如何正确，罗斯福当局外交政策的最高决策层从未答应帮助中共打日本。罗斯福只答应如果中共不去争着上台执政，他将支持把中共纳入蒋介石政府。他显然认为，一旦中共上台，就会有利于苏联而不利于美国利益。有人说美国在整个大战期间给中共的陆军物资是一副双筒望远镜，这是美军观察组长包瑞德送给八路军参谋长叶剑英的礼物。② 1944年夏派往延安的美军观察组的主要任务是情报。罗斯福怠慢中共并非由于他不知道中共在战争中的贡献和它的重要性。总统急切要求派观察员去中共地区搜集日军情报，便是明证。美国军方曾和中共磋商一旦美国海军陆战队在中国沿海登陆后双方协调作战的问题。后来未及美军登陆日本便投降了。问题在于，罗斯福当局缺乏足够的洞察力和远见，未能认识到蒋介石政权在战后是短命的；而这一点是任何外国，不管是美国、英国还是苏联都无法改变的。

赫尔利大使在1945年2月返回华盛顿述职。他对中国局势仍保持乐观态度，但承认还有很长一段路要走。经过再三交涉，中共在赴联合国成立大会的中国代表团中获得一席位置。与此同时，统一军队的谈判被挂了起来。赫尔利于同年4月初离华

---

① 《毛泽东选集》第3卷。
② 《迪克西使团》，图片说明。

盛顿经伦敦和莫斯科重返中国。他于 4 月 6 日在伦敦对英帝国参谋总长伊斯梅说，美国在华的首要任务是打日本。他认为蒋介石不肯跟中共达成妥协的主要借口，是中共受了外国援助。赫尔利曾跟苏联人谈了这个问题，苏方说并未援助中共。但是蒋介石听后不相信。赫尔利需要苏联再次确认这一点，以便说服蒋。赫尔利说，如果能做到这一点，"达成妥协便不难了，这样国共双方部队就可以团结起来打日本了"。① 赫尔利的上述看法，也就是达不成协议并非由于中共方面的错误，是对头的。他在来华途中听到了罗斯福总统去世和杜鲁门继任总统的消息。然而他还是回重庆返任，继续他在中国的使命。

---

① 英国国家档案馆：PREM 档案 3，159/12，伊斯梅向战时内阁的报告，1945 年 4 月 9 日。

# 第二章

# 第一个回合

虽然中国问题很重要，中国行政院院长宋子文是杜鲁门就任总统后所接见的第一个外国政府首脑，但新的美国行政当局最大的当务之急，是处理所面临的紧迫国际问题，和为即将在旧金山举行的联合国成立大会做好准备。因此，新总统所做的第一个决定，便是命国务卿斯退丁纽斯让联合国大会继续按原计划如期召开。

这时美苏关系正经历着某些困难。在1945年三四月里，美国战略情报局驻瑞士伯尔尼办事处主任艾伦·杜勒斯跟德国纳粹党卫军上将卡尔·沃尔夫进行了秘密谈判。谈判内容是有关意大利北部德国军队投降的问题。苏联对于背着他们开始谈判极为反感，甚至在罗斯福亲自给斯大林打电报进行解释后仍觉不满。苏联和西方盟国之间的另一项由来已久的突出分歧，是关于波兰临时政府的组成成分。为了表达不满，苏联政府表示出席联合国成立大会的苏联代表团将不由外长莫洛托夫任团长。杜鲁门上任后所采取的第一个外交行动，便是致电斯大林，敦促他派莫洛托夫参加大会。杜鲁门说，"莫洛托夫来到美国当会作为诚恳合作的表示来欢迎"。总统还邀请莫访问华盛顿。斯大林复电表示同意。莫洛托夫在去旧金山开会前将先到美国首都一行。杜鲁门的生活经历起伏不大，跟斯大林和莫洛托夫大不相同。但是他似乎自信能对付得了他们。记者问到莫洛托夫来华盛顿时总统是否会跟他见面，杜鲁门答道："是的，他会停留下来向美国总统表示敬意。他应当这么做。"①

在雅尔塔会议关于波兰的协议中，有关条款涉及未来临时政府的组成成分和"自由而不受约束的选举"问题。但是在会议结束后，与会三国开始对此事进行争论。争论的核心是，波兰政府应当重新组织还是在原有基础上吸收一些新成分？美、英政府坚持"重组"公式。苏联只同意添些新人。双方对于雅尔塔协定的不同解释使争论陷于僵局，也毒化了盟国间的气氛。1945年4月1日，罗斯福发出了他给斯大林的最后一份电报，敦促苏联按照在雅尔塔决定的办法来解决波兰问题。斯大林在7日复电称，现存的临时政府将成为"未来波兰政府的核心"，用扩大它的办法来重建。应当首先跟临时政府的代表进行磋商，其他的将在以后以"个别人士"身份磋商，但这些人必须承认雅尔塔关于波兰问题的决定。②

罗斯福未及发出回电便去世了。杜鲁门上任后，他阅看了此前60天内的电报。后来他说，"如果斯大林在我进入白宫之前打给罗斯福的那些电报被公之于众，跟俄国的关系便会完全破裂。"③杜鲁门在这里可能指的并不仅是关于波兰问题的电报，但是波兰问题无疑是最为紧迫的。鉴于波兰问题在当时的重要性，而几十年来许多学者又认为它是冷战的重要起源，我们有必要来研究一下它究竟是不是那么重要，是不是具有那么深远的影响。

自雅尔塔会议结束以后，美国驻苏联大使哈里曼便不断地给国务卿发回有关波兰问题的电报。1945年4月14日，哈里曼从莫斯科发回一份长电报，向总统说明他认为应怎样处理斯大

---

① 《杜鲁门总统公开文件集》，记者招待会，1945年4月17日。
② 《美国对外关系》1945年第5卷，第201页。
③ 杜鲁门图书馆：总统卸任后文件，第3盒，回忆录卷。

林4月7日给已故总统的电报。大使的主要意见是，斯大林关于以现有波兰临时政府为"核心"的意见是不能接受的。美国必须坚持要有华沙政府以外的五名伦敦波兰人士参加新政府。哈里曼认为华沙政府在波兰的影响并不大，美国不能因为它"粉刷了一番"便接受它。但是大使也说，如果美国在"上述基本原则上不退让，那么我也认为我们并非一定要斯大林全盘接受我们对于克里米亚（指雅尔塔，下同）会议的解释"。① 接着，哈里曼在4月17日电告，苏联政府和波兰临时政府正准备签订一个互助协定。杜鲁门在接电后说，他将跟莫洛托夫谈这个问题。②

　　哈里曼在莫洛托夫抵达前匆匆赶回华盛顿。4月20日，他在杜鲁门主持的会议上报告说，苏联人"认为自己可以成功地实行两条方针"。一条是跟美、英合作；另一条是"通过单方面行动把苏联的控制延伸到毗邻国家"，而这便意味着"苏维埃制度的延伸"。大使要求"重新考虑我们自己的政策并丢掉幻想"。这种幻想"认为苏联人会迅速地在国际事务中采取世界上其他国家主张的原则"。哈里曼说，苏联人认为，就美国来说，对苏联出口货物乃是生死攸关的事情。但他建议，"进行有取有给的谈判是必要的"。总统准备"对俄国人强硬，不因讨好他们而在美国原则和传统上让步"。哈里曼问道，是否在俄国人退出不干后总统还继续按计划搞联合国。对于这个问题，杜鲁门就谨慎了。他说，"没有俄国参加，也就谈不上世界组织了"。但他又表示，在有取有给的谈判中，美国"不能希望得到百分之百想要的东西，但重大问题上应能得到百分之八十五"。③ 新总统想用如此不平衡的比例来跟一个说起来是平等的伙伴打交道，而诸位高参居然都以默认表示了支持，这要不出乱子才算怪了。

---

① 《美国对外关系》1945年第5卷，第213页。
② 杜鲁门：《回忆录》第1卷，第50页。
③ 《美国对外关系》1945年第1卷，1945年4月20日白宫会议记录。

莫洛托夫在4月22日下午飞抵华盛顿，他在机场春风满面地向欢迎群众挥帽致意。他未发表任何声明，只是说飞机很好，机组挺棒，一路飞行平稳顺利。当天晚上，杜鲁门在总统办公室接见了他。交谈基本是礼节性的。双方都表示要遵守雅尔塔协议。当天深夜和次日，莫洛托夫跟美、英外长斯退丁纽斯和艾登会晤。双方都拒绝在波兰问题上从原有立场退让。消息从莫斯科传来，说苏联已在4月22日同波兰临时政府签订了互助条约。

美国人气急败坏。杜鲁门在4月23日下午2时召集高参们开会。

总统说，"我们跟苏联的协议迄今只是一条单行道，再这样下去是不行的。要就现在下决心，要就永远别下决心"。关于联合国，他说他"打算按期在旧金山开会，如果俄国人不想跟我们一起干，他们可以见鬼去"。

高参们对此的反应颇不一致。海军部长福雷斯特尔、哈里曼大使和驻苏军事代表团团长迪安将军主张硬来。陆军部长史汀生、总统参谋长李海和陆军参谋长马歇尔老谋深算，态度谨慎。

史汀生说，俄国在自身安全的问题上可能要比美国的处境更为实际，他们不肯在波兰问题上让步。美国如果不了解俄国人对波兰问题看得有多重，就有可能一头扎进危险的深水中去。关于波兰选举问题，史汀生说根据自身体验，世界上除美、英两国没人懂得自由选举。李海讲，要是苏联政府换了别的做法，他反倒会大吃一惊。他认为对雅尔塔协议可以有两种解释。马歇尔说，跟俄国人决裂是件严重的事情。像伯尔尼秘密谈判那样的问题是可以解决的。然而斯退丁纽斯在会上念了雅尔塔协议中关于波兰的条款，他说只能有一种解释。杜鲁门说，他"无意发最后通牒，而只是明确立场"。在会议结束时，总统对大家发表的意见表示感谢。他说美国人应当坚持自己对雅尔塔协议的理解。[①]

在上述广泛背景下，杜鲁门在4月23日华灯初上时第二次

---

① 《美国对外关系》1945年第5卷，第253页，1945年4月20日白宫会议记录。

接见了莫洛托夫。在接见前，斯退丁纽斯按照杜鲁门指示向总统提交了一份六点备忘录，其中写着杜鲁门在跟莫洛托夫谈话时所要遵循的要点。①

在此期间，杜鲁门跟丘吉尔已经和斯大林互通过几次电报。最后一份是在4月18日由杜、丘两人合署发出的。杜鲁门在跟莫洛托夫会晤时说他正在等待斯大林的复电。杜鲁门讲："不管是美国的对内还是对外政策，如果公众不予信任和支持，是成功不了的。不论是经济政策还是政治上都一样。""友谊只能建立在互相遵守协议的基础上，而不能建立在单行道上"。莫洛托夫想要辩解，杜鲁门说他希望莫把这点报告斯大林元帅。② 这样犀利的话锋使莫洛托夫的脸色转灰。杜鲁门的一些幕僚对于总统的说法感到十分高兴。波伦在自己的回忆录里写道："当我翻译杜鲁门的话时是多么痛快啊！这大概是二战开始以来一位美国总统首次以这样利害的话来对付一位苏联高级官员。"③ 杜鲁

---

① 杜鲁门图书馆：总统秘书档案，第188盒，俄国—莫洛托夫卷。
② 《美国对外关系》1945年第5卷，第256—258页。
③ 各种书籍曾多次引用杜鲁门在回忆录中的说法，讲杜鲁门在会见莫洛托夫时莫曾说从来也没有一个外国人用这样的口气跟他讲话，而杜鲁门则反驳说，只要遵守协议，便没有人会这样跟他这样讲话。杜鲁门的上述说法，除哈里曼曾引用表示支持外，其他在场的人，如波伦、斯退丁纽斯和李海均未从正面来证实过。从杜鲁门本人对白宫助理艾尔斯的询问所做的答复中可以看出，杜鲁门在回忆录中把莫洛托夫对波伦的讲话说成是对他讲的，并生造了一句他训斥莫洛托夫的话加上。但是，当时谈话的总的精神，还是没有错的。

关于这段情节，请参看查尔斯·波伦：《历史的见证》；最重要的材料见艾尔斯文件。

1951年5月17日，艾尔斯送交杜鲁门一份备忘录，要求总统回想一下莫洛托夫1945年来访时的情况。杜鲁门的答复是：

伊本：莫洛托夫1945年4月22日的来访是非常愉快和属于社交性的。我们通过一位翻译谈话。我请他第二天再来。他在5点30分再次来到白宫办公室，一副好斗的样子。我跟他谈到了波兰和旧金山的联合国大会。最后我明确地对他说，协议必须遵守。我们跟俄国的关系的内容并不包括告诉我们什么可以干，什么不可以干；合作并非一条单行道，我们希望协议的事能够做到。莫利（指莫洛托夫）对波伦说，任何外国人从来没有这样对他讲过话，但是他理解我。

杜鲁门图书馆档案收藏的杜鲁门上述答复并不是原件。档案中有艾尔斯写的一张便条，上面说，"上述对我1945年（应为1951年）5月17日备忘录的答复是总统用铅笔写的。EAA（伊本·A.艾尔斯姓名的缩写）"。

门第二天早晨对白宫人员说他"想这次见面会带来好结果"。①

4月23日深夜，莫洛托夫跟美、英外长再次会晤。双方坚持自己的立场不变。英国外相艾登敦促莫洛托夫当场替斯大林起草一份复电。莫洛托夫拒绝了。他说这是斯大林的事情。莫洛托夫把杜鲁门的要求用电报转告斯大林。斯大林在次日作了答复，坚持了原来的态度，并且对莫洛托夫的立场给以坚定的支持。斯大林指责美、英两国政府合谋，"将他们的要求强加于"波兰身上，"置苏联于无法容忍的地位"。他说美、英要求"过多"，解决波兰问题的惟一途径是以南斯拉夫的例子为模式。②

4月24日，莫洛托夫在旧金山与美国国务卿斯退丁纽斯会晤。莫显然受到了斯大林给杜鲁门复电的巨大鼓舞。他对国务卿说，"现在有人想用独裁者的语言来跟苏联讲话。苏联是个一等大国，不会让人家把自己降到二等去。如果以平等的伙伴来对待苏联，苏联就会像在克里米亚会议上那样，报以合作。但是如果有人想用波兰局势作为借口来要苏联听命，那是不会有好结果的"。③

斯大林在4月22日苏波条约签字仪式上强硬地说明了他在波兰问题上的立场。他称赞这一条约有着"伟大的国际意义"和伟大的"历史意义"。"它终结了我们两国之间旧的关系，埋葬了这种关系，并在原来的位置上建造了友好结盟关系的真正基础。"斯大林强调说，如果大战前有了这种新关系，德国的侵略就行不通了。

斯大林让莫洛托夫到华盛顿来，本意是来对新总统打量一番。然而杜鲁门使用了高压外交手段，其结果并不妙。自此之后，苏联人在波兰问题上越来越不肯妥协。若干年后，当杜鲁

---

① 艾尔斯文件，第16盒，日记，1945年4月24日。
② 《美国对外关系》1945年第5卷，第263—264页。
③ 《美国对外关系》第1卷，联合国，第384页。

门在密苏里过退休生活时，他说"罗斯福认为自己就像能跟丘吉尔合作一样，能跟俄国合作。他认为自己能像影响丘吉尔那样影响斯大林。我想罗斯福大概是对的"。① 当有人提到罗斯福由于在宣传战线上占优势，所以可能影响苏联人时，杜鲁门说，"这是那时使我最最担心的事情"。②

纳粹德国在希特勒自杀后不久就投降了。在5月8日，盟国方面宣布第三帝国已无条件投降，从而使第二次世界大战的欧战部分终于宣告结束。与此同时，旧金山的联合国大会继续举行，美、苏、英三国外长也继续进行关于波兰问题的商谈。三国最高领导人继续就此问题互致电报。但不论是领袖们或外长们都拿不出一个解决的办法来。在德国投降后，要处理的事情太多了。美、英在亚洲战场上自然需要苏联。波兰问题成了大国之间的一个难题。

另外一个问题也对苏联有所刺激。德国投降后，杜鲁门当局决定中止对苏租借法案，命令正在海上将物资运往苏联港口的船只掉头返回。后来美国政府曾辩解说，这一行动是某个低级官员采取的。但是在事实上，中止对苏租借法案的声明稿开头是由对外经济署官员考利起草的，经过克莱顿和格鲁两位副国务卿同意。这一声明之所以未发表，是由于白宫助理伊本·艾尔斯反对。后来埃尔默·戴维斯、考利和克莱顿等对外经济署和国务院官员跟总统秘书康奈利共同研究了一份替考利起草的声明稿，并且征求了格鲁和白宫新闻秘书厄尔利的意见。格鲁采取了"国务院通常的谨慎态度"。康奈利直接给总统打了电话，得到了批准。③ 这是1945年5月里的事情。到了同年9月，考利因租借法案问题而要辞职。他说美国在租借法案上采取的

---

① 总统卸任后文件，第3盒，回忆录卷。
② 同上。
③ 艾尔斯文件，第26盒，日记，1945年5月12日。

行动"是政府历史上最不诚实的行为"。①

在4月里,杜鲁门就跟原先罗斯福的亲密顾问霍浦金斯商量过,要派他代表自己去见斯大林。霍浦金斯建议让哈里曼去,但哈说霍过去当过罗斯福和斯大林之间的联络人,还是让霍去为好。哈里曼可能没有讲明的一点是,苏联人已了解他主张对苏强硬。然而,当杜鲁门在5月4日再次跟霍浦金斯商量此事时,霍同意以重病之身赴苏执行使命。丘吉尔和杜鲁门在5月9日达成一致意见,认为美、苏、英三国应举行一次最高级会议,以解决悬而未决的问题。5月15日副国务卿格鲁和哈里曼及波伦去见总统。格鲁说最高级会议不应拖到7月份以后。哈里曼说莫洛托夫和他下面的人并未向斯大林报告确切的消息,以致斯大林毫无道理地十分怀疑西方打算夺走他的胜利果实。总统同意及早会晤,但还有像预算那样的国内问题亟待处理。波伦建议开会最好在苏联境内,以便斯大林跟政治局磋商。他说在雅尔塔时大家都感到斯大林之所以没有执行过去的协议,主要由于他在会后遇到了内部的反对。杜鲁门表示,哈里曼应立即返回莫斯科任所。②

在此期间,杜鲁门继续认真研究美苏关系。史汀生在5月16日来见他,"讨论对俄国形势的看法"。罗斯福的儿子埃利奥特和女儿安娜也在同一天来跟杜鲁门谈随同故总统出访时对俄国人、英国人和法国人的印象。安娜在两天后又来,"进一步谈罗斯福跟俄国打的交道"。哈里曼在16日和18日两次来见总统,"作赴俄前的最后商讨"和"谈俄国局势及霍浦金斯之行"。贝尔纳斯在5月18日来见杜鲁门,说他"不应派霍浦金斯去俄国"。杜鲁门对他讲,"我想我要派他去。除了总统,不

---

① 艾尔斯文件,第26盒,日记,1945年9月24日。
② 总统每日约会表,1945年5月15日;《美国对外关系》,1945年,波茨坦,第13页。

用任何别人来承担好坏"。① 杜鲁门还在次日去医院探望前国务卿赫尔，征求"对霍浦金斯的看法"，赫尔表示支持。

5月19日，杜鲁门正式委派霍浦金斯担负去苏联的使命。总统在当天记述道，他告诉霍，"在关于对雅尔塔的解释上跟俄国关系十分紧张"。他要霍跟斯大林讲讲，美国打算怎样执行雅尔塔协议。他急切希望能跟俄国政府达成公平的默契。他要求斯大林"按文字规定来执行协议。我们希望看到他是这样做的"。杜鲁门讲霍浦金斯"可以用外交语言，如果认为适用于斯大林，他也可以用棒球棍"。杜鲁门邀请斯大林访美，因为罗斯福已访问过苏联。斯大林来后，将受到帝王般的款待，惟一的困难是他来后可能被提名为美国总统。②

霍浦金斯于5月25日抵达莫斯科，于6月7日返回美国。他向斯大林说明："美国不但毫无兴趣在俄国周围建立一条隔离带，而且恰恰相反，极为反对这样做。"斯大林对此没有做出反应。霍浦金斯在苏期间，总共跟斯大林会晤6次，谈有关波兰和其他问题。斯大林最后同意讨论临时政府成员以外参加政府的波兰人名单。他强调不要弄进过多的保守分子来，因为参加者是要掌握临时政府并决定它的命运的。6月1日，杜鲁门致电丘吉尔，说是霍浦金斯报告了"关于波兰情况最为令人鼓舞的措施……斯大林同意，按我们对于雅尔塔协议的解释，邀请下列在伦敦的波兰人到莫斯科进行磋商"。总统也安抚全国说，"俄国人对于某些我们感兴趣的东西作出了非常令人愉快的让步"。③ 6月6日，白宫人员发现总统"对于霍浦金斯莫斯科使命的成果感到高兴。实际上，他是如此地愉快和兴奋，以致忍不住跟我讲霍浦金斯的好消息"。④

---

① 总统每日约会表，1945年5月18日。
② 总统每日约会表，1945年5月19日。
③ 艾尔斯文件，第7盒，俄国卷，1945年6月13日记者招待会。
④ 同上档案，第26盒，日记，1945年6月6日。

在派霍浦金斯去莫斯科的同时，杜鲁门派前驻苏大使约瑟夫·戴维斯作为他的使者去见丘吉尔。自罗斯福死后，丘吉尔一直在敦促杜鲁门对苏采取强硬立场。他指出，铁幕已在从挪威的北角到德国吕贝克以东，直到伊松佐河。他建议西方盟国军队不要从现在占领的地点撤退至原来各盟国协议的线，直到苏占各国的情况能使西方满意为止。丘吉尔认为："一切问题都能在美国在欧驻军减少之前解决。"① 杜鲁门对于丘吉尔会利用美国去达到英国的目标甚为警惕。他也想让英国人明白，他应当受到跟他的前任同样的尊敬。当艾登在5月14日对他作礼节性访问并就世界局势谈话时，总统不肯跟他谈旧金山联合国大会的问题，而让他"去跟我的国务卿谈"。② 杜鲁门在跟霍浦金斯见面两三天后，和戴维斯作了一番谈话。他让戴告诉丘吉尔：如果需要有一只猫爪从火中取栗的话，"我愿做猫爪而不是做猫"。杜鲁门让他对丘吉尔说，虽然他在和平问题上愿意支持英国，但他不会以任何身份代表英国讲话。③

霍浦金斯离开莫斯科后，波兰问题开始朝着解决的方向发展。美、苏、英三国政府发表声明说，在1945年6月28日，波兰全国团结临时政府已经成立。它符合克里米亚会议决定规定的条件。美、苏、英政府已在外交上承认了这个政府。至于波兰将"往何处去？"那就是另外一件事了。这时三大国有着许多事要办，对于一个让大家都不失面子的解决办法，是不会反对的。然而，由于苏联和美、英都认为自己对于波兰问题的处理符合在雅尔塔的协议，这就需要来讨论一下，为什么竟然会出现这样的局面？杜鲁门本人也对雅尔塔感到迷惑不解。1945年5月下旬，他对白宫人员说，他"昨夜又坐起来重温雅尔塔

---

① 《美国对外关系》，1945年，波茨坦卷，第79页。
② 总统每日约会表，1945年5月14日。
③ 同上档案，1945年5月19日。

的决议"。他说每当他重看一遍之后,"总是发现其中有新的意义"。①

美国战略情报局的研究分析处早在1943年9月就写成了一个文件,题为"苏联对外政策的基础"。文件讨论了苏联今后是否会继续跟西方合作的问题。文件认为苏联可能会不肯合作,除非(1)西方承认其1941年边界不可侵犯;(2)苏联周围国家的政府是对其友好的;(3)苏联在三大国控制世界事务的计划中占有恰当的地位。还有,西方应在近期开辟"第二战场"。文件说,从苏联邀请盟国到欧洲大陆作战和呼吁进行合作的情况看来,苏联并非一定不跟西方合作,也并非不会在欧陆扩展其巨大影响。苏联是在谨慎地避免或推迟对合作还是独行其是作出选择,以等待各盟国表明意图。苏联可能会使部分东欧和中欧国家苏维埃化。文件最后写道,大家共同努力合作将会使欧洲稳定下来,而双方分别独行其是,将会导致苏联去追逐自己的目标。②

1944年10月31日,美国国务院就重建波兰问题给罗斯福送去一份备忘录。它说,"战后波兰将处于俄国强大影响之下。美国如想在波兰有点影响,得看有无可能在那里保持在贸易、投资和了解情况方面某种程度的均等机会……苏联大概会坚持一定得有一个对苏采取同情态度的波兰政府"。③ 这个备忘录对于日后波兰政府的性质丝毫不抱幻想。

1945年2月初,美国参谋长联席会议所属联席情报委员会传发了一份参考备忘录,题为"对于苏联战后能力和意图的估计"。文件认为苏联将会受到"苏维埃和非苏维埃国家之间的冲突是终究不可避免的"这一意识形态的影响。但是,苏联也承

---

① 艾尔斯文件,第26盒,日记,1945年5月25日。
② 海军助理档案,第9盒,弗朗克·罗伯茨卷,战略情报局研究分析处,1945—1946年1109号文件,1985年2月1日解密。
③ 总统秘书档案,第134盒。

认"应当达成妥协以推迟或避免严重冲突"。文件断言,"为了实现最大程度的经济恢复,苏联必须避免跟英、美发生冲突。甚至也要避免关系紧张,以免导致军备竞赛。至少在1952年以前要避免发生上述情况"。备忘录预言,"为了执行其国家安全政策,苏联将会大力依靠自己对其他国家的影响力。在中欧,中国,也许还有日本,苏联将坚持其势力至少与西方大国相等。而在西欧和地中海,它将试图使英国在相比之下不如苏联在东欧的势力为大"。① 军方的这一估计文件指出了苏联将不会教条式地将其政策置于不同社会制度国家间战争必不可免这一点上面,而是会达成妥协。它也正确地估计了苏联将要施加的影响。这一文件的判断总的说来比较接近当时的实际,对于正要前往雅尔塔赴会的罗斯福,也会有一定影响。

在此前举行的历次盟国首脑会议的结果和战争进程证明,西方盟国同意了上述美国文件所指出的苏联种种要求。于是,通过这些首脑会议,逐渐形成了一个战后世界的设计蓝图。它有两点基本因素:一、盟国在联合国组织内的合作,其核心是安理会常任理事国一致原则。二、世界被分成两半,苏联和美国及其西方盟国都要保护自己的势力范围,进一步扩展自己的利益。

然而,战后世界的这两个平行结构在本质上是矛盾的。除非有着某种协调机制,这两个结构一定会撞车:联合国毫无能力来对大国间相互矛盾的利益进行控制,新的大战就不可避免地会再次到来。跟一战后格局的主要不同点在于,那时力量集中在几个地方,而二战后则集中在美、苏两家手里。它们各为中心,各自有一大块势力范围。

1944年10月,斯大林和丘吉尔在莫斯科达成协议,将一些巴尔干国家分别划入苏、英双方势力范围。这一政治交易史称

---

① 美国参谋长联席会议,情报备忘录374号,1945年2月5日。

"百分比协定"。在斯、丘会谈时，哈里曼作为美国观察员列席，并将谈判结果报告本国。当时哈里曼对于丘吉尔访苏及苏联对外政策，总的说来看法不错。他说，"丘—斯会谈非常成功。没有一件事是有碍于美国利益的"。他认为，"斯大林对丘吉尔非常亲切，双方都诚恳地希望达成协议"。[1] 哈里曼显然也会以这样的看法报告给总统。丘吉尔也曾就"百分比协定"一事与罗斯福交换过几次电报。丘吉尔起初说在罗马尼亚和在希腊划分势力范围是出于军事原因。罗斯福回电说国务院反对这种安排，他认为应当建立磋商机构以限制局面朝着势力范围方向发展。丘吉尔复电表示，长期存在势力范围是不好的，但他建议可以先试行三个月看看情况如何。罗斯福同意试行三个月，并且讲不应建立战后势力范围。然而这样一来，罗斯福在实际上为划分势力范围的做法开了绿灯。[2] 罗斯福清楚地了解，这样做违反美国在西半球以外实行门户开放的传统政策，但是大国政治的现实告诉他，跟苏联在全世界划分势力范围是符合美国利益的。

当1945年2月美、苏、英三国领袖在雅尔塔会晤时，苏联红军进入东欧已成为不可改变的现实。三大国在雅尔塔终于就一份关于已被解放地区的宣言达成了协议。协议内容为战后对东欧国家的处理，波兰也包括在内。在美国国务院起草的宣言稿中，规定美、英、苏三国驻华沙大使应观察并报告关于选举的执行情况，选举应是自由和不受束缚的。但是，罗斯福知道这样的规定只是空谈而已，便删去了这句话。[3] 李海上将曾在雅尔塔对罗斯福讲："总统先生，这个文件伸缩性太大，大到可以把它拉长到华盛顿再拉回来。这帮俄国人会按自己的路子来解

---

[1] 美国国家档案馆：RG59，诺特档案，第138盒，政策委员会第81次会议记录，1944年10月25日。
[2] 沃伦·金伯尔编：《丘吉尔与罗斯福通信集》第3卷，第371页。
[3] 小爱德华·斯退丁纽斯：《罗斯福和俄国人在雅尔塔会议上》，纽约，1949年，第15章。

释它，并且把波兰拿到自己手里。"罗斯福回答道："是的，你可能是对的。但是我已经累到不想再争了。"①斯退丁纽斯后来对当时情况的解释是："到了1945年2月，波兰和整个东欧，除了捷克斯洛伐克的大部分之外，都已在红军手中。面对这样的军事局面，问题已不是英、美准不准许俄国人在波兰干些什么，而是这两国能否说服俄国人接受意见。"②

虽然实际的情况恰如上述，但是罗斯福在从雅尔塔回国后向国会报告此行结果时，他居然说关于势力范围的概念已不复存在。他以波兰为突出的例子，来说明盟国在被解放的地区采取共同行动，大家决心为得到一个解决办法而寻求共同点，他讲，"我们就这样做了"。③

鉴于以上，苏联把波兰问题当做一块试金石，来检验美、英两国政府是否遵守关于苏联在其周边，特别是在东欧拥有一个势力范围的协议。

哈里曼曾强调指出，在莫斯科有些人认为美国渴望对苏出口货物。杜鲁门表示，他丝毫也不怕俄国人，他要求采取坚定而公平的态度，因为在他看来，苏联"需要我们甚于我们需要他们"。④

杜鲁门在1945年春接任总统时，对于美国国内政治可能已经很在行，但他对外交懂得不多。因此，当新总统正在形成自己对世界事务的看法时，那些既能干又能说会道的顾问们的影响就颇为不小了。哈里曼自然是当仁不让的。他是个老牌民主党人，前纽约州长，千万富翁，足迹遍全球，还是个老资格的外交家。更有甚者，他深知罗、斯、丘三巨头交往的内幕。新总统尊敬哈里曼大使，大使也自认为是总统的引路人。在1945年4月20日总统召开的会议结束后，哈里曼把杜鲁门拉到一旁

---

① 《华盛顿明星报》1955年3月18日。
② 《罗斯福和俄国人在雅尔塔会议上》第15章。
③ 《美国国务院公报》1945年3月4日，第325页。
④ 《美国对外关系》1945年第5卷，第231—234页。

说，他之所以从莫斯科赶回来，"是怕你不知道斯大林正在食言"。哈里曼对杜鲁门讲了一句本该由总统对他讲的话："我见到你跟我看法一致，感到十分宽慰。"①

因此，尽管哈里曼不是内阁部长，也不属于白宫班子，但是他居然成为杜鲁门上任后第一个月里顾问最多的人，也就不足为怪了。在这一个月里，他大概见了新总统9次，其中有5次是两人单独谈话。

就在半年以前，哈里曼曾在"百分比协定"成交后对国务院政策委员会讲，"苏联人把跟美、英保持密切关系当做自己的第一道防线。他们认为通过这种关系可以最好地达到自己的主要目标，这便是重建和发展经济"。哈里曼说苏联还有第二道防线，即它的邻国"不得跟外国侵略者结盟"。他当时认为，"这种政策当然很容易成为帝国主义性质的"。但是，他又预言道，如果美国有着足够的兴趣，它"大概有可能防止这一政策走向极端"。哈里曼认为，美国应当马上去找苏联，从友好和谅解的立场出发，但又是非常坚定地……"同苏联谈判跟我们基本政策相冲突的一切事情"。大使建议，美国的"基本武器""不应是以不给经济援助相威胁，而是以在保持总体安全的问题上不予合作相威胁"。他认为，如果美国按此法去做，将会"获得出乎意料的成功"。②

然而，到了1945年春天，哈里曼已把自己原来的看法砍掉了一半。他仍然建议美国应对苏态度坚定以防对方在东欧走极端。但是，已不再是从友好和谅解的立场出发，不给苏联贷款，也不再认为发展经济是苏联的首要目标。哈里曼对杜鲁门说，苏联对东欧的控制是"野蛮人入侵欧洲"。③

富兰克林·卡特微型情报机构的一个情报员在莫斯科见过

---

① 杜鲁门：《回忆录》（英文版），第72页。
② 诺特档案，同本书23页注①。
③ 《美国对外关系》1945年第1卷，同本书第3页注①。

哈里曼。这个人在事后说，哈里曼对于杜鲁门今后的计划心中无底。他是一个"想法挺多的人，而并不完全了解俄国人为什么爱猜疑和保密。这是一个非常有趣的社会学研究课题，比哈里曼所意识到的范围似乎要大得多"。①

哈里曼在莫斯科的副手凯南在1945年4月底和5月初发回一份长电报，详细谈到苏联在对德战争结束时的国际地位。凯南这时的观点和哈里曼相一致。他写道，在今后一段时间里，俄国的政策定将是说服西方，特别是美国，同意它主宰东欧，并给它以大量援助，以恢复其经济所遭到的破坏。苏联认为美国公众已相信：

1. 跟俄国合作是完全可能的。
2. 只有跟俄国领袖建立恰当的亲密和信任的关系才能做到这一点。
3. 如果美国找不到保证合作的办法，那么未来战争便是不可避免的。

凯南说双方建立外交关系以来的11年中，100次里有99次是美国采取主动来建立信任和亲密的关系。但美国的这些努力所遭到的几乎全都是猜疑、无礼和顶撞，在今后也自然会这样。凯南预言，如果西方拒绝支持苏联在东欧和中欧巩固其权力，苏联很可能会在那里呆不住。如果美国在苏联发脾气来做出一系列姿态时表现坚定的话，莫斯科便没牌可打了。但是凯南认为，在莫斯科没人相信西方会采取坚定态度。苏联的全球政策便是建立在这种不相信的基础之上的。②凯南的这种态度是一贯的。早在1944年6月他就主张在波兰问题上跟苏联摊牌。他也从来就认为雅尔塔关于波兰的决定是失败的。③

---

① 杜鲁门图书馆：罗丝·康韦档案，第14盒，杰伊·富兰克林关于费尔德苏联之行的情报报告，1945年8月9日。
② 《美国对外关系》1945年第5卷，第856—860页。
③ 乔治·凯南：《回忆录1925—1950》，第211—212页。

在莫斯科美国大使馆里第三个持同样观点的人是迪安将军，他是美国军事使团团长。迪安在罗斯福死后立即发回一份备忘录，他说："一种新的严重情况开始出现。我们遇到的不仅是一个战胜了德国的俄国，而且它对自己的力量信心十足，以致对自己的盟国发号施令起来。"迪安说："在克里米亚会议上达成的协议没有一项得到了实施。"他认为在现阶段，跟苏联的军事合作对美国并不重要，苏联在远东参战是为了扩展自身的利益。迪安提出了建议，其要点是削减或停止跟苏联的军事合作项目。①

读者们已经知道，在研究莫洛托夫来访情况的 1945 年 4 月 23 日会议上，迪安属于强硬派。英国驻苏军事使团团长威尔逊将军说，迪安曾向他表示过，"我们必须采取和解态度"的阶段"现已过去，我们可以更强硬些了"。②

这样一来，美国驻莫斯科大使馆中的主要负责人便形成了一个像"三剑客"那样的集体，他们的主张等于要求完全推翻在雅尔塔达成的协议。这些第一线外交官深信，如果美国不顾罗斯福曾允诺或默认过，而拒绝承认苏联在东欧拥有一个势力范围，苏联人最终是会让步的。虽然华盛顿的军方高官们可能是出于对日作战需要而另有打算，这些第一线外交官的意见对于新总统来讲是有重大影响和会引起共鸣的。

然而，光研究美国人怎么想的并不能解决问题，只有知道了苏联作何打算才能确定杜鲁门的方针管不管用。恰好在罗斯福去世的前一天，斯大林和铁托在莫斯科签署了一个苏南互助条约。斯大林在签字后就战后世界发表了一番讲话，他说："这场战争跟过去不同。谁占领了地方，谁就在那里建立起自己的

---

① 美国参谋长联席会议，1313 号文件，1945 年 4 月 16 日。
② 英国国家档案馆：英国内阁档案，105/188/65，威尔逊致参谋长会议，1945 年 4 月 21 日。

制度。军队到哪里，制度就建到哪里。只能是这样。"① 这番讲话在苏联以后的实践中都应验了。斯大林并不仅仅反对在苏联周围建立起一条反苏"隔离带"，而是要建立起一个国家集团。这个集团不仅要对苏友好，而且还得跟苏联有类似的社会制度。在斯大林看来，这是无可指责的。他有重要的安全理由得这样做，同时也符合同罗斯福和丘吉尔达成的协议。如果西方在势力范围的问题上当真指责他，而不是出于面子的关系，那么苏联便会认为西方食言而肥，是完全靠不住的。

关于波兰政府组成问题的争执，充分表现出三大国设计的战后世界结构是何等脆弱。前面已经说过，联合国内的合作和势力范围的存在，是两个相互冲突的结构。如要这种结构有效，必须具有强大的机制。这就是说，要么赋予联合国以超政府权力，这样它就能在会员国之间出现争端时进行裁判；要么得有超自然的威力来慑服各国。不幸的是，当时两者都不存在。当时有的只是一个君子协定。用中国话来说就是"心照不宣"。君子协定的有效性依赖于相互的谅解和双方做出必要的让步。关系友好的国家间可以一起努力来做到谅解和让步。但是如果关系变坏，这个君子协定便很容易就成为双方争执的焦点。在波兰这个问题上，出现的是第二种情况。跟一些史学家的说法相异的是，波兰问题并非冷战的起源。冷战最重要的起源之一，是战后世界结构的内在缺陷。波兰问题和关系其他东欧国家的一些问题，只不过是战后两个结构互相冲突，而又缺乏协调的机制所带来的后果。

罗斯福的去世使问题更为严重了。杜鲁门认为跟斯大林搞君子协定是行不通的。他压根儿就认为并不存在这种君子协定。而在斯大林看来，自从另外一位君子死后，对方就不守协议了。老牌民主党人巴鲁克曾在1946年告诫杜鲁门："在去开会前先

---

① 见吉拉斯：《和斯大林的谈话》。

在家里把作业做好,以免协议含混不清。这样我们便能够把自己想实行的政策说得既简又明。"① 在1945年4月旧金山联合国大会开幕前夕,斯退丁纽斯反驳了莫洛托夫的指责,他说,"我们的态度自克里米亚以来并无改变"。而莫洛托夫则坚持认为:"在克里米亚会议上,气氛是令人满意的。但苏联看到,自那时以来发生了明显的变化,在建立一个对苏友好的波兰政府的道路上设置了障碍"。杜鲁门自己对雅尔塔协议也有想法。他在跟莫洛托夫见面前曾向斯退丁纽斯表示,他对协议上不是写得很清楚而感到遗憾。② 在1945年4月和5月里他跟斯大林和莫洛托夫打过第一个回合交道之后,杜鲁门甚至承认苏联有权在自己周围建立一条安全带。他在同年6月9日对一些报纸、电台的编辑们讲,"我并不怪他们想要这些围绕着他们的国家(态度友好),就像我们想要墨西哥和加拿大对我们友好一样……我并不觉得因为他们要周围的人跟他们友好,我就得跟他们闹翻。你知道他们过去遇到过一条'隔离带'"。总统还说,他"并不赞成他们那种形式的政府和他们的看法,但是如果他们想要这样,就让他们去吧"。③

显然,像另一大国势力范围内某个政府的构成,或是某个国家的选举这样的问题,是可以拿得起,也可以放得下的。在1945年春末夏初,德国刚刚投降,日本还在拼命,即使杜鲁门想要对苏联态度坚定,两国之间基本上还是战时盟国的关系,还处于雅尔塔协议的范围之内。杜鲁门派了霍浦金斯去莫斯科解决波兰问题,不久还要开最高级会议,十分需要谨慎处事。恰如格鲁副国务卿所说,国务院"对于与苏联利益有关的每一步骤,都不嫌琐碎地向莫斯科通报"。然而,真正不幸的是波兰

---

① 《罗斯福和俄国人在雅尔塔会议上》,第317页。
② 同上书,第302页。
③ 艾尔斯文件,第7盒,俄国卷,杜鲁门在美国报纸高级编辑宴会上,1945年6月9日。

人民。战前他们先是纳粹德国和英、法同盟之间争夺的牺牲品，接着又成为纳粹德国和苏联之间竞争的牺牲品，到了大战快结束时，波兰再次成为苏联同西方盟国之间争夺的牺牲品。西方想以民主和正义的名义来干预波兰，苏联则以革命的名义来反对西方大国的野心，它要波兰像行星一样地绕苏联这个太阳转。可是，又有谁来问一问波兰人民的看法和理想呢？！

# 第三章

# 走向内战之路

尽管杜鲁门上台后百事待举,但他不得不很快就开始处理对华事务。中国行政院院长宋子文在1945年4月19日和5月14日两次拜访总统,要求付给贷款余额两亿美元。杜鲁门答应了。①

雅尔塔会议已开过三个月了,但是三大国关于中国问题的秘密协议还未通知中国。赫尔利大使在5月10日向新总统报告说,他认为蒋介石不会同意秘密协议的条款,因为里面的用语在中国话里有治外法权及侵犯主权和独立的含义。他还说蒋介石已从自己在华盛顿和瑞士的渠道了解到雅尔塔有关条款,美国还是赶快通知他为好。②6月9日杜鲁门把雅尔塔有关中国的秘密条款交付赫尔利,让他在6月15日转交蒋介石。③同一天,当宋子文来访时,总统也把文本让宋看了。实际上,赫尔利已在5月21日把协议要点告诉了蒋,并叮嘱蒋别主动跟斯大林和杜鲁门谈及。④

这时,杜鲁门不断接见一些中国通来商讨对华政策,他们

---

① 总统每日约会表,1945年5月14日。
② 海军助理档案,第8盒,赫尔利致杜鲁门,1945年5月10日。
③ 埃尔西文件,第1盒,第1卷。
④ 蒋永敬:《宋子文史达林中苏条约谈判纪实》,载《传记文学》,台北,第53卷,第4号,第76—82页。

中有：范宣德、拉铁摩尔和小洛克。① 在此期间，国共关系迅速恶化。

国民党在 1945 年 5 月召开六大。大会指责中共一贯不服从领导。它也重申了蒋介石关于召开国民代表大会的决定，准备在国大通过宪法。

中共在 4 月 23 日至 7 月 11 日召开了七大。毛泽东在会上做了《论联合政府》的报告。毛预见到，等不到日军被全部赶出中国领土，蒋介石就会发动内战。他还指出，有些盟军将领将会在中国做英国斯科比将军残酷镇压希腊人民那样的事。毛泽东警告英、美政府重视大多数中国人的呼声，不要让他们的外交政策悖逆中国人的意愿，从而破坏了中国人民和他们的友谊。此时中共还给美国留了转弯的余地，在指责时把英国放在美国之前。毛呼吁国民党和共产党及其他抗日党派组成联合政府。他提出了联合政府的纲领，这实际上就是未来人民共和国的基本蓝图。②

那时政治协商会议（旧政协）已经存在。蒋介石要求召开政协会议，共产党和一些抗日民主党派加以抵制，蒋一意孤行，还是在 1945 年 7 月 7 日召开了没有协商的政协会议。

旧政协的召开标志着赫尔利促进国共双方合作的第一回合的结束。会议开幕三天后，毛泽东为新华社写了"赫尔利和蒋介石的双簧已经破产"的评论，指出赫尔利的支持，对于蒋介石敢于要求中共交出军队以换取"合法地位"起到了决定性的作用。③ 两天后，毛又为新华社写了"评赫尔利政策的危险"的评论，指出以赫尔利为代表的美国政策正在把中国引向内战的危机。如果这一政策继续实行下去，美国政府将会陷在"粪坑里拔不出脚来"。毛泽东说赫尔利的看法代表了美国政府中一

---

① 总统每日约会表，1945 年 4—5 月。
② 《毛泽东选集》第 3 卷，第 1029—1100 页。
③ 同上书，第 1111—1114 页。

批人，特别是"罗斯福去世了，赫尔利得意忘形地回到重庆的美国大使馆"。①

毛泽东在评论中一再提到赫尔利一次攻击中共的讲话，这是赫于1945年4月2日在华盛顿记者招待会上讲的。赫尔利说蒋介石没有法西斯头脑。蒋的雄心是把手中一切权力交给民治、民有、民享的政府。但中国如仍存在着武装的党派和军阀无视国民政府，则无法在政治上达到统一。美国只承认国民政府而不承认武装党派和军阀。②赫尔利说这番话是在罗斯福去世前十天，当时罗还紧紧地掌握着权力。

1945年8月15日，日本接受盟国在波茨坦会议上提出的条件，正式宣告投降。国共双方的关系马上变得更加紧张，直接原因便是接受日本军队投降的问题。在中国东北的日本关东军向苏联红军投降，已成定局；问题在于关内的日军如何投降。在华北和许多其他地区，八路军、新四军和中共领导的游击队离日军驻地要比国民党军队近得多。早在8月10日及11日，朱德总司令命令全军就近在指定时间内接受日军投降。国民党指责这一命令为"非法行动"。蒋介石命令中共领导的军队"就地待命"，剥夺了它们的受降权利。毛泽东为朱德起草给蒋的两个电文，再次肯定中共受降的权利，并要求蒋介石"废除一党专政，召开有各党派参加的会议建立联合政府"。蒋当然不会同意。毛在为新华社写的一份评论中公开指出：蒋介石正在挑起内战。③

与此同时，蒋政府和苏联的关系有了新的发展。蒋介石在接到赫尔利关于雅尔塔秘密条款的通知后，就派行政院长宋子文前往莫斯科，跟斯大林进行友好条约谈判。事先，斯大林已同意签订这样一个条约。杜鲁门也要求驻苏大使哈里曼在5月

---

① 《毛泽东选集》第3卷，第1115—1116页。
② 《美国对外关系》1945年第7卷，第317—322页，1945年4月2日。
③ 《毛泽东选集》第4卷，第1137—1139页。

底返回莫斯科，跟斯大林澄清两个问题：对中国的任务和对朝鲜的托管。所谓中国的任务，无非是苏联出兵打日本，以及跟蒋政府签订友好条约。这都是在雅尔塔规定好了的。宋子文于6月底到莫斯科，7月下半月返重庆与蒋介石磋商。经过艰苦的讨价还价，中苏友好合作条约于1945年8月14日在莫斯科签字。这一条约无疑增强了蒋介石对付中共的信心。

蒋介石自以为有了美、苏两家做靠山，跟中共谈判可能会给自己带来更大的好处。美国也强烈地要求他进行谈判。蒋对于毛泽东是否同意来重庆谈判并无把握，认为他很可能不会来。不过蒋仍在8月里给毛发了三份电报，邀请他到重庆进行和平谈判。出于蒋的意料之外，中共决定毛泽东、周恩来和王若飞去重庆谈判。毛泽东当时指出，苏、美、英都不赞成中国打内战。如果中共作出某些让步，有可能出现国共和平合作的新阶段。如果中共作了让步后蒋介石仍要打内战，中共就占了理。毛泽东要求全党保持警惕。①

为了表明美国的诚意，赫尔利于1945年8月27日飞往延安接毛泽东一行到重庆。经过六个星期的艰苦谈判，毛在10月11日返抵延安。离重庆前，他和蒋介石签订了《双十协定》。

谈判的核心问题是军队的统一。中共要求将其军队缩编至不少于20—24个师，蒋同意20个师，距离不是太大。关于政府统一之事，蒋方要求先统一，中共坚持在民选省级政府的宪法条款实施之前，中共控制地区的现状应暂时予以保持。双方同意此问题可进一步商谈。②

重庆谈判和《双十协定》给中国人民和全世界带来了希望：一触即发的中国内战有可能会得到避免。但是，实际情况全然不是这样。

---

① 《毛泽东选集》第4卷，第1151—1154页。
② 同上书，第1162—1164页。

1945年9月初，宋子文找到美国国务院，要求美国政府兑现罗斯福在开罗会议时的诺言，向蒋介石提供120个师的装备。国务院和白宫都找不到关于这一诺言的材料。后来白宫工作人员问到罗斯福的心腹智囊霍浦金斯，霍说确有其事，罗斯福曾在开罗口头答应提供总共90个师的装备，但这包括已在提供中的30个师在内。霍的证词说明，宋子文为了多搞装备，故意把已在提供中的30个师列在90个师之外。霍浦金斯说罗斯福曾讲，一旦大战结束，蒋政府可把尚未提供的装备全部用钱"买走"。霍浦金斯认为，罗斯福同意提供这么大量的装备有三个目的：确保中国继续打下去；加强蒋介石对付"不听话派别"的力量；实现罗让中国成为强大国家的愿望。霍浦金斯的看法是，罗斯福当时在利用所拥有的一切手段来防止蒋政府垮台。他建议白宫可回答宋子文找不到这一协议的记录。①

9月4日，总统海军助理瓦达曼上校说，杜鲁门认为"90个师的数目我们是摆脱不掉的"。②

毛泽东回到延安后，在10月17日向一批干部做了报告。他说，《双十协定》就某些原则达成了协议，但在其他问题上还没有。解放区的问题并未解决，军队的问题也未真正解决。毛说在谈判期间蒋军发动了进攻，中共的回答是"针锋相对"。他号召，一枝枪和一颗子弹都不要交出去。③ 事实是，在重庆谈判之前和之后，国共双方并未停止交战。

到大战结束时，美军在中国战区的人数和活动都已不少。其中主要有：

魏德迈中将领导的驻华美国陆军总司令部；

斯特拉特梅耶少将指挥的第10和第14航空队；

美军人员担任训练蒋军的教官；

---

① 埃尔西文件，第2盒，中国卷（8），第1卷宗，1945年9月5日。
② 同上档案，1945年9月4日。
③ 《毛泽东选集》第4卷，第1155—1162页。

向蒋军提供装备和补给；

战略情报局的破坏组织和情报组织；

由梅乐士领导的驻华美海军小组，与戴笠的军统局密切合作；

欧战结束后从欧洲战场调了一批美军将官来中国战区指挥蒋军。

早在1945年春季，魏德迈跟蒋政府商讨过他所提出的整军方案。他要求削减蒋军若干个师，以增进战斗力。魏德迈说在蒋军327个师中，只有在印度的5个师有战斗力。他认为执行地方保安任务有45个师便可，再加上已在美援计划内的39个师，总数只要有84个师便够用了。他要求把其余的200多个师砍掉。蒋政府军方告诉魏德迈，已削减35个师，但魏发现事实恰恰相反，在1945年5月上半月，又添了一个军。① 在削减军队的问题上，魏德迈是超越职权管了中国人的内政。不过蒋介石也会对付他：口头上说已减了，不得罪他；实际上自行其是，增加了军队数目。

据驻华的美国战时生产局代表团的调查结果，中国的经济实力被大大低估了。该团认为，以现存的物资加上1945年全年生产的装备，足可以装备和补给80个师。魏德迈接受了这一看法，提出蒋军总数为120个师，其中美国装备和补给的为40个师。②

1945年8月1日，美国参谋长联席会议规定魏德迈在华任务具有双重意义：替蒋介石出主意和辅助蒋，但不支持他打"兄弟阋墙之战"。这一自相矛盾的任务"把魏德迈置于一个迅速体会到了的两难境地"。③

在此两天之前，参谋长联席会议指示魏德迈应按顺序占领

---

① 美国陆军部：《在中缅印战区时已不多》，第381页。
② 同上。
③ 同上书，第394页。

下列亚洲港口：上海、釜山、烟台、秦皇岛，"以使中国军队迅速收复失地"。第二天，魏德迈和蒋介石、宋子文开了会，蒋、宋同意美国军队占领中国港口。①

当日本即将投降时，魏德迈致电陆军参谋长马歇尔，建议命令日军只许向蒋军而绝不许向中共投降。杜鲁门批准了这一建议，指示日本天皇下令所有在华（东北除外）皇军向蒋介石投降。②

在1945年8、9两个月里，美军运送了14万蒋军官兵到了中国东北。在9月底以前，所有沿海地区重要城市，包括南京和北京，均已被蒋军占领。美海军陆战队第六师进驻青岛；第一加强陆战师进驻天津，沿铁路展开部署。10月初，在天津建立了美海军陆战队第三两栖作战军司令部。在此以前，战略情报局在京津地区空投情报官员，在华北大城市里建立了机构。

尽管魏德迈要求削减蒋军部队，但租借法案装备和物资甚至在大战结束后仍在源源不断运交蒋介石政府。杜鲁门在9月5日批准了参谋长联席会议的下列建议：在日本投降后，"除盟军对未降日军作战之用外"一切租借法案补给均应中止。这一建议还说：对华租借法案应按最近给魏德迈的指示办理，该指示的内容包括"美国将不支持中央政府打内战"。③话虽说得好听，但里面有个大空子可钻。在日本投降后两个月内美国以日军在华尚未投降为借口，向蒋政府运交了4.3亿美元的租借法案军用物资。这一数额超过了整个战时军援的半数。当日本投降时，美国同意首批提供的39个师的装备中1/3已交付给蒋军；1/3已在中国战区和印缅战区，但尚未交付；1/5正在海运途中；其余部分已确定要给蒋介石但尚在美国未曾起运。在日

---

① 美国陆军部：《在中缅印战区时已不多》，第391页。
② 同上书，第394页。
③ 《美国对外关系》1945年第7卷，第558—559页。

本投降后，以租借法案的名义援蒋物资的总值为7亿美元。这一数目包含在中国西南地区存储的军火，足可供39个师作战120天之用，但仅作价两千万美元。实际上，这39个美械师除了两种武器外，都已有足够的武器和弹药去作战了。①

一些了解中国情况的美国人不断给总统或白宫写信，表达他们对中国问题的看法。美国红十字会中国主任罗兰·帕克在1945年10月给白宫写信，说他刚出国时是支持蒋介石的。但是最近一位美国军官对他讲"我恨蒋介石那一帮人"。还有两人对帕克说，"他们和他们的父亲一贯投民主党的票，但是下次就不投了，因为现任行政当局要就是不可饶恕地对情况无知，要就是知情而采取了不可饶恕的政策"。帕克说他"此后听到许多官兵都有类似的看法。只有一人说援蒋是对的，但此人是坐办公室的"。对蒋的痛恨几乎是普遍的，而且人们"害怕帮蒋调兵和补给物资会跟共产党发生冲突，这是犯不着的。有人还怕蒋的人会打下美国飞机来，并且在他们的美国宣传者的帮助下，把罪名栽到中共身上"。帕克认为："我不认为美国有权分裂中国……如果中国人想分裂，那是他们自己的事。"②

斯潘塞·肯纳德是一位基督教传教士，抗战时他在成都华西大学教了七年历史。他在1945年9月给一位国务院官员写信说，在中国的经历使他"深信美国自身的利益要求它在军事上严守中立。在对方也放下武器之前，中共是不会放下的……美国明智的做法是让中国自己去解决。谁也不会在达成妥协方面比中国人更高明了"。③

---

① 美国参谋长联席会议，1330/3，1945年9月27日卷，见帕奇博士论文：《武装自由世界》，美国西北大学，1981年，第122、150页；参考《在中缅印战区时已不多》。

② 杜鲁门图书馆：白宫中央档案，官方档案。罗兰德·帕克1945年9月7日所写报告，10月15日自中国发交沃汉。

③ 同上书，小斯潘瑟·肯纳德致美国国务院远东司约瑟夫·白兰廷信，1945年9月7日。

有些从未到过中国的人，也向他们的议员谈了自己的意见。得克萨斯州一位叫G.R.威廉斯的公民在1945年11月6日打电报给康纳利参议员，要求他向"国务院施加影响以防止进一步利用美军军火和运输工具打中国内战。正如他国无权干涉我国内政一样，我国也无权干涉他国内政"。有趣的是，身为民主党外交事务负责人的康纳利回电说，"同意你的意见，已向高级当局表达"。①

1945年8月，中国著名学者钱端升通过国务院官员转了一封信给白宫新闻秘书罗斯，指出国民党"似乎对美援已有把握，故已不再理睬公众要求"。这位国务院官员的评论是："鉴于中国当前局势，钱先生来信似恰逢其时。"②

杜鲁门对中国形势的看法，跟上面的种种意见恰恰相反。他压根儿就不喜欢国务院里的人。他上台刚一个月，就说国务院情况很糟。到了9月里，他又说国务院乱得一塌糊涂。总统跟李海上将都认为国务院里有不少"亲共分子"，他甚至说现在我明白为什么罗斯福不信任国务院了。③

但是国务院里有的人比总统的态度还要极端化。代理国务卿格鲁在1945年6月给陆军部长史汀生的备忘录中引用了原驻华公使麦克默雷在1935年给国务院的一份报告。麦克默雷说道：

日本在中国坚持顽固态度的情况下，以将近十年的耐心努力来维护华盛顿九国公约的文字和精神……日本军队恪守信义，只是被迫不得已才执行保护本国国民生命财产的任务。我们的态度宽恕了中国强硬的行为，鼓励了他们去走不遵守公约的道路。中国故意不顾自己承担的法律义务，肆无忌惮地采取暴力

---

① 美国国会图书馆：汤姆·康纳利文件，1945年11月6日威廉斯致康纳利电报。
② 官方档案，钱端升1945年7月30日致罗斯信，8月20日由美国国务院远东司林沃尔德转给罗斯。
③ 埃尔西文件，第1盒，中国卷（1）。

以达到自己的目的，而它的手法也是挑衅性的。

麦克默雷还说，中、美、英三国的行动将使日本相信"它只有依靠本身强大的武力来维护自己在东亚的合法地位"。①

如果说天下还有比这更加颠倒是非的评论，那可真是怪了。然而杜鲁门总统的代理国务卿竟在对日作战尚在进行时向陆军部长推荐这种荒谬绝伦的看法，实在令人费解。

美国战后继续在华驻军，受到各方的批评和责难。杜鲁门在1945年11月中旬写道，"我们应说明现正在结束对日战争，现在华中尚有100万以上日军士兵，俄、英、美三国都已承认蒋介石领导下的中央政府。斯大林也说中共不是共产党。我们正在彻底收拾大战残局"。② 新任陆军部长帕特森也说，美国在军事上只关心完成受降并遣送日军的任务，至今中国战区尚有"100万以上的武装日军"。他又说美军驻华是为了保护美国人生命财产，如果受到袭击，美军将积极予以还击并且取胜。③

上述说法实在难以站住脚。在中国战区（东北除外）投降的日军总数为109万人，凡作战、补给、卫生、运输、通讯等任何可称之为军人的日本人全都包括在内。④ 日军自8月15日以来一直在投降，即便还有部队在经过三个月后尚未完成投降，中国国共双方的部队足可以对付他们。日军在天皇下投降令后一直遵守不误。麦克阿瑟便在10月中旬说过，"迄今为止，日本人和美国占领军之间尚未发生任何不幸事件"。⑤ 中国战区的日军主要是遣送问题。当时美军船只忙于运蒋军去北方，而遣送日军在慢吞吞地进行，每月只有2万人。至于帕特森部长所说保护美国人生命财产和遇到袭击时美军将还击取胜，这无非

---

① 耶鲁大学图书馆：史汀生文件，格鲁致史汀生，1945年6月26日。
② 总统每日约会表，1945年11月15日。
③ 美国国会图书馆：帕特森文件，帕特森致罗森曼备忘录，1945年11月11日。
④ 中华民国国民政府军令部，战史学会，中国战区中国陆军总部受降报告，档案号（25）675。
⑤ 总统秘书档案，小洛克致杜鲁门备忘录，1945年10月19日。

是日本人多年来在华所用的故伎。

帕特森还打算在他发表的声明中说中共部队根本没有跟日军作战。杜鲁门也这样说过。但他把声明稿送交杜鲁门审查时，被杜鲁门的助理罗森曼打了回来。帕特森在第二稿中删去了中共不打日军的话，并在给罗森曼的信中说"改动原稿是为求其准确，你可以见到关于中共部队毫无贡献之说已被删掉"。可见杜鲁门、白宫班底及帕特森实际上并不相信所谓中共未打日军的说法。

自杜鲁门上台后，赫尔利还未见过这位新总统。大使对于总统的对华政策感到没有把握，便在国共重庆谈判期间要求国务院让他和魏德迈回国磋商。他俩在1945年10月上旬抵达华盛顿，10月19日见到了杜鲁门。总统在当天记下了谈话的核心内容："我告诉他们我的政策是支持蒋介石。"①

杜鲁门对中国局势的发展一直忧心忡忡。1945年11月，他向白宫人员谈到中国形势，说美国已"陷于其中"。他认为如果美国从中国撤出，国民党政府就维持不下去了。②

这时赫尔利不想再干下去了。他多次向贝尔纳斯提出要辞职，贝不同意。突然间，赫尔利公开宣布自己辞职了。他送交总统的辞呈上的日期是1945年11月26日。杜鲁门在次日复信同意。同一天，总统宣布马歇尔将以特别代表的身份前往中国。赫尔利的大使职位空了出来，直到第二年夏天才由司徒雷登补上。

赫尔利大使为何辞职？他跟杜鲁门当局在对华政策上有根本性分歧吗？

当初罗斯福派赫尔利来中国，给了他三个任务：防止蒋政府垮台；调解蒋和史迪威的关系；促使中国各派军队统一对日

---

① 总统每日约会表，1945年10月19日。
② 艾尔斯日记。

作战。这三个任务中，核心是防止蒋政府垮台。赫尔利完成了这一主要任务。

在统一中国各派抗日军队方面，赫尔利没有成功。但是他在促成国共两党举行重庆谈判和达成某些协议上起了重要作用。这一成就已超出了罗斯福所布置的任务。美国副总统华莱士曾于1944年秋访华，他后来对杜鲁门说，"我赴华前罗斯福对我讲的不是中国内部在政治上的联合而是把两个集团并到一起来打这场大战"。华莱士说蒋介石跟他说中共没有成功的可能。当华莱士向罗斯福报告时，他建议建立一种联合，"不是跟共产党，而是跟进步的银行家和商界领袖"，这批人中"许多都是西方训练出来的"。① 简言之，华莱士的意思是蒋介石、罗斯福或他本人都不想在国共之间搞长期的政治解决。

在论及二战后期中美关系时，中国学者里指责赫尔利的人很多。赫尔利并非一个支持中共的美国政客，这是毫无疑问的。但是他对中美关系究竟起了多大作用，值得探讨。有人认为史迪威被黜主要是赫尔利搞的。赫尔利跟史迪威矛盾很尖锐，但坚决罢黜史迪威是蒋介石根据情况作出的判断。蒋有一种可能不为人所注意的本领：制造"危机综合征"。他在二战中深知美国需要他甚于他需要美国。所以他不断让美国有一种危机感，似乎他明天就会搞不下去，要跟日本单独讲和了。他有足够的资本来跟罗斯福摊牌：不是史迪威走就是我下台。罗斯福只好迁就他，调回了史迪威。赫尔利本人是个俄克拉何马州牛仔式的人物，他对本州内的党派政治可能了如指掌，但对中国的政治历史则是一窍不通。中国历朝统治者在面对外来强敌时有一种惯用的策略："以夷制夷。"蒋介石是精于此道的。他既然能联合西方盟国来遏制日本，为什么就不能利用日本入侵来迫使

---

① 埃尔西文件，第59盒，对外关系卷——中国，华莱士致杜鲁门，1951年9月19日。

美国让步？

苏联跟德国单独媾和的可能性在整个二战过程中一直困扰着美国。在波茨坦会议前丘吉尔曾抱怨英国未曾因其功劳而得到美国奖励。他说英国在任何时候都可以跟德国单独媾和。别国可以用"危机"来压美国，而美国则不能回敬。这是因为美国有全球野心，它只得接受"危机综合征"的控制。

毛泽东批评赫尔利去延安时同意中共提出的五点建议，回到重庆后又支持蒋介石的三点反建议，出尔反尔。当时中共认为赫尔利态度的变化意味着美国对华政策的改变，但一时还不便直接批评美国总统，毛泽东对于赫尔利的批评在后来的几十年里不断受到中国学者的引用，好像事情都坏在赫尔利身上。其实毛用的是政治语言，是用敲山震虎不点名的办法批评美国政府的决策人，首先便是罗斯福和杜鲁门。

在国共两党中，美国从来就只支持国民党。赫尔利态度的变化，只能说明他的顾问们不是天真得可爱便是愚蠢得惊人，让他在延安开了一张无法兑现的支票。要知开空头支票还不如不开支票。

人们还批评赫尔利过于相信斯大林和莫洛托夫所讲关于中共的坏话。他们在赫尔利途经莫斯科时曾对他说，中共是人造黄油共产党人，跟他们没啥关系。其实这些话至少有一半是真心话。就赫尔利来说，他所做的并未越出当时美国政策的范围：通过跟苏联合作和竞争在中国分润，支持国民党，不支持共产党，最终将共产主义的势力逐出中国。

杜鲁门上台后，继承了罗斯福对华政策的主要内容，强调他的政策是支持蒋介石。他甚至说中共没有打日本，而是帮日本。有些美国外交官认为对华政策不应向蒋一边倒。但这些人地位不高，不能参与决策，而且他们中间很少有人找到了问题的症结。

赫尔利跟杜鲁门当局的分歧不在于实质而在于方法。赫尔利在1945年秋冬时认为雅尔塔关于中国问题的秘密协议已经行不通,苏联对中共也施加不了多少影响。而杜鲁门则坚持既跟苏联竞争又跟苏联合作来压中共。两人都认为苏联靠不住;只是一个处于领导地位,步子得迈得稳妥些而已。

赫尔利跟杜鲁门当局还有一项分歧。赫尔利批评美国支持英、法、荷等老殖民国家在亚洲的利益,还说这些"帝国主义政府"的政策是使中国继续分裂。他批评丘吉尔。丘说若要想香港归还中国,"除非我死了"。赫尔利建议美国在租借法案上采取措施,以使英国"就范"。① 杜鲁门当局自然愿意取老殖民大国而代之,但是美国还有不少地方得靠它们支持,因而不能贸然行事。

总之,赫尔利执行的是前后两位总统的对华政策,自己并没有什么新发明,因而他对这一政策的影响是有限的。杜鲁门不喜欢赫尔利。原因之一是赫尔利当陆军部长时杜鲁门还是个无名之辈,他并不把新总统放在眼里。不过杜鲁门也还希望有个像赫尔利那样的共和党人做驻华大使,以便减轻共和党对民主党当局的攻击,如果赫尔利要辞职,杜鲁门愿他别大事声张。然而恰恰相反,赫尔利在辞职时喧喧嚷嚷,使杜鲁门当局颇为恼火。

与此同时,中国局势继续恶化,国共内战迫在眉睫。

---

① 海军助理档案,第8盒,赫尔利—杜鲁门1945年通讯卷,赫尔利致杜鲁门。1945年5月10、29日。

## 第四章

# 原子外交出笼

1945年8月6日和9日，美国陆军航空队经总统授权，在日本广岛和长崎掷下了两颗原子弹。对于原子弹在迫使日本投降中的作用，人们的评价很不一致。杜鲁门总统本人在第一轮心理冲击波消失之后所作的评价，可算是一种清醒的说法。他说原子弹并未赢得战争，而是缩短了战争。[①] 原子弹这个庞然大物对于美国外交政策，特别是对苏政策所具有的分量，要比迫使日本投降更大。人们都知道，在8月初，日本就已快要投降，投掷原子弹和苏联参加对日作战，只不过是压断骆驼脊骨的最后两根稻草。

甚至在原子爆炸装置试验成功之前，原子弹这个怪物便已是杜鲁门当局内部知情人之间的争论题目了。

杜鲁门在当副总统时，根本就不知道有这么一个搞原子弹的"曼哈顿工程"。罗斯福并不把他当做自己圈内人。他从不跟杜鲁门谈管理国家的大事，甚至于连白宫地图室也不带他进去。杜鲁门是在就任总统后听了陆军部长史汀生的汇报后才知道有原子计划的。

---

① 总统秘书档案，第112盒，一般卷（原子弹），杜鲁门致国会，1945年10月3日。

4月下旬，史汀生和原子计划负责人凡尼伐尔·布什又向新总统详细报告了试制原子弹的具体情况，并说大约在四个月之内可以交付使用。

杜鲁门接受史汀生的建议，设立了一个临时委员会，由史汀生任主席，专司研究原子弹可能涉及的问题。这在当时主要是把原子弹用于对付日本的问题。贝尔纳斯担任杜鲁门在这个委员会中的代表。此外，还设立了一个科学家小组来协助临时委员会工作，组长是奥本海默。委员会和小组还负责将其他科学家的意见转达史汀生和杜鲁门。

随着原子弹的实际应用提上日程和欧战即将结束，一些了解情况的人，特别是参与其事的科学家，十分关心使用原子弹的道德问题和今后对于人类的影响，他们恪尽职责地把问题提了出来。其中最关心的人是西拉德。这位原籍匈牙利的科学家和另一位教授维格纳曾在1939年到纽约州彼康尼克去找爱因斯坦。这次访问实际上是美国原子弹计划的开端。但是时至1945年3月，西拉德再次去访问爱因斯坦，其目的恰恰相反。他请求爱因斯坦介绍他去见罗斯福，以便向总统表示他对于原子弹的未来深为担忧的心情。[①] 由于罗斯福在西拉德见爱因斯坦后不久就逝世，他始终未看到爱因斯坦寄的介绍信。新总统杜鲁门看了信后，交给贝尔纳斯去处理。于是，西拉德在1945年5月25日前往北卡罗来纳州斯帕腾堡去见贝尔纳斯。

临时委员会举行了几次会议，以对原子弹的使用问题达成一种共同意见。1945年6月1日，委员会得出了一些重要结论。史汀生于6月6日在杜鲁门的办公室向总统报告临时委员会的建议：原子弹应用于对日作战。然而，他报告的大部分内容是原子弹跟苏联的关系。史汀生和杜鲁门的谈话要点是：

1. 在原子弹成功地扔到日本之前，不向苏联透露。

---

① 杜鲁门图书馆：杂项历史文件收藏，第13盒，第345号卷。

2. 如果在原子弹试验之前苏联在即将举行的三巨头会议上提出有关它的问题，应拒绝吸收苏联参与其事，可对它说"我们现在还没打算这么做"。

3. 今后对原子力量的管制，可以由每一国家承诺将所做的一切工作公之于世，并设立一个具有检查全权的国际管制委员会。

4. 跟苏联之间可能有的交换条件是，以让苏联参与此事来换取现在出麻烦的波兰、罗马尼亚、南斯拉夫和中国东北问题的解决。杜鲁门同意这一建议，并说为了给科学家们更长的时间搞成原子弹，他已将三巨头会议推迟到7月15日。

5. 史汀生还报告说，他已令空军只进行定点轰炸，其原因之一是他"有点怕在我们准备好之前空军可能已把日本炸个精光，以致这一新武器找不到适当的地方来显示其威力"。杜鲁门听后哈哈大笑并说他了解这一点。[1]

6月11日，以詹姆斯·弗朗克为首的一批科学家，其中包括西拉德，向科学专家小组提交了一份报告。报告说核力量的重要性在于"可能在和平时期用来作为施加政治压力的手段，在战时则用于突然性的毁灭"。报告说有两种办法可以避免毁灭的危险：一是无限期地将此发现保密，二是加速生产，以致因怕受到报复而无人敢用它来进攻别人。但是第一种办法行不通，因为苏联反正能在几年内沿着美国所走过的路把它搞成功。垄断原料也办不到，因为在捷克斯洛伐克有老铀矿，苏联也有铀矿。如果美国继续保守原子弹秘密，军备竞赛将不可避免。至于第二种办法，大量储存兴许会招来潜在敌人突然的打击，而敌人的工业和人口却可能散布在大面积的领土上。"俄国和中国是目前惟一能经受得住核袭击的两个大国"。报告呼吁就核力量问题达成国际协议，并说不加警告便向日本投掷原子弹，将会

---

[1] 史汀生文件，6—159，史汀生备忘录，1945年6月6日。

轻易地毁掉达成协议的一切机会。"俄国,甚至盟国……及中立国家都可能深为震惊",而不再会相信美国作出的关于这一武器应予禁止的声明。报告建议应当首先邀请所有联合国家到一片沙漠或一个荒岛上去亲眼目睹原子弹爆炸,然后将它用于对付日本。否则就尽可能保密,能保多久就保多久。报告的作者们恳请千万别只让军事战术家来做决定。①

科学家小组在6月16日否决了弗朗克报告和其他反对军方使用原子弹的意见。在做出决定之后,小组说专家们"说不出有哪种战术行动能结束战争;我们找不到可行的办法来取代直接使用于军事"。②

1945年6月18日,在总统办公室里举行了一次决策会议,参加者有杜鲁门的主要僚属。会议决定对日本使用原子弹。在决定作出后,陪同史汀生出席会议的麦克洛伊提出,是否有可能在掷原子弹前预先给日本一个警告。杜鲁门鼓励他具体谈谈。海军部副部长巴尔德在一份备忘录中建议,应在扔原子弹前三天向日本发出警告,以便给它一个机会投降。③ 但在讨论过程中参谋长们和陆海军部长都不同意先发警告,理由是说不准原子弹究竟会不会炸。④

这种看法并非毫无道理。科学家们当时讲试验弹的当量是两万吨黄色炸药,但在洛斯阿拉莫斯实验室里的人对原子弹有无如此威力并没有把握。他们说它有可能根本不会爆炸,或者是刺啦一响了事。实验室的科学家们每人拿一块钱对此打了赌。工程负责人奥本海默把钱押在3百吨当量上。⑤ 当杜鲁门首次听史汀生汇报关于原子弹一事时,李海上将也在场。上将说他作

---

① 总统秘书档案,第199盒,主题卷(国家安全委员会原子)。
② 同上档案(原子弹)。
③ 《展望》杂志,1960年6月7日。
④ 《报告》杂志,迈克·阿迈因文章,1954年1月5日。
⑤ 杜鲁门图书馆:兰辛·拉蒙特文件,第1盒,威廉·劳伦斯谈话。

为一个爆炸物专家，认为原子弹根本爆炸不了。

5月17日曾在白宫投影室召集过一次会议，由海军部长福雷斯特尔主持。6月10日又开了一次参谋长联席会议的特别会，仍然在讨论进攻日本本土的详细计划。对于原子弹的威力，当时谁也没有把握。①

一部分科学家对于原子弹的前途深为关切。他们呼请别在第二次世界大战中使用原子弹。另一些科学家则发出了相反的呼吁。在"曼哈顿工程"的芝加哥实验室曾做过一次民意测验，绝大多数人赞成直接应用于军事目的。原子弹问题临时委员会6月21日的报告说，所有的科学家都对日后管制原子弹的问题甚为关注。他们提出，管制的方法之一便是原子弹的科学机密应进行国际交流。②

早在4月18日，杜鲁门便"授权国务院、陆军部和海军部就影响作战地区政治军事的问题进行商讨"。他说过去从未这样做过。这便是所谓三部委员会。组成委员会的三位部长于6月19日举行会议。他们建议，为了避免逐个山洞都得经过苦战，应当利用日本内部温和派的力量。部长们认为，扔下原子弹可能引发温和派的行动。③

三部委员会于6月26日再次开会。史汀生感到，如果不去用S—1号（即原子弹）削弱日本并表明已尽了一切努力来缩短战争，全国上下是不会满意的。④ 当天，史汀生派在原子临时委员会里的代表哈里逊送交他一份备忘录，建议在"三巨头"会议时把原子弹一事告诉苏联人。因为如果不在扔弹前告知他们，对苏联人的面子就太难堪了。

杜鲁门在7月2日和3日两次会见史汀生。史汀生交上一

---

① 总统每日约会表；李海：《躬逢其盛》，第245页，纽约，1950年。
② 总统秘书档案，第199盒，主题卷（原子弹）。
③ 同上。
④ 同上。

份在用 S—1 号轰炸日本后发表的总统声明稿，请杜鲁门批准。他还提出了总统宜用何种方式在波茨坦会议上通知斯大林。这样就改变了在原子弹轰炸日本前不预先告诉斯大林的决定。①美、英、加三国 S—1 号联合委员会在 7 月 4 日开会，至此，关于用原子弹轰炸日本和事先通知苏联的决策过程便完成了。然而，最终授权军方实施轰炸的命令尚待发出。②

当第一个原子装置在新墨西哥州试验成功时，杜鲁门已经在波茨坦了。

第二次世界大战期间最后一次"三巨头"会议，是于 1945 年 7 月 16 日至 8 月 2 日在德国波茨坦举行的。这次会议的代号是"公共交通起讫点"。它名副其实，既是一次旅行的终结，又是另一次旅行的开始。但是这次会议的内容却并没有什么划时代的重要性。杜鲁门后来说，"波茨坦只是一次炒冷饭。它是一次把雅尔塔协定付诸实施的会议"。③白宫助理伊本·艾尔斯在开会前说，国务卿只不过去参加几天，军方最高的人物是李海上将。美国代表团毫无计划，一切都对圈子外的人保密。总统新闻发言人罗斯对会议并无准备，对于他将会碰到什么情况毫不知晓。④要说波茨坦会议有什么新东西，那就是原子弹。

虽然将要把原子弹扔在日本，但只要一谈到原子弹，杜鲁门跟他的部属就对苏联比对日本更为关心。在首次试验成功后，作出用原子弹轰炸日本的最后决定是在 7 月 23 日的会上。到会的有史汀生、艾森豪威尔、马歇尔、贝尔纳斯、李海，以及另一位海军将官，可能是金上将。会议讨论了扔原子弹的利弊，所有的人都敦促使用它。⑤贝尔纳斯后来说，扔原子弹的原因之

---

① 总统秘书档案，第 199 盒，主题卷（原子弹）。
② 同上。
③ 总统卸任后文件，回忆录材料，第 4 盒，在堪萨斯城的谈话，1953 年 8 月 9 日。
④ 艾尔斯日记，1945 年 7 月 6 日。
⑤ 约瑟夫·丹尼尔斯：《独立城的那个人》，第 280 页，费城，1950 年。

一是在苏军参战之前结束对日战争。① 美国决策者确信，这时已再也用不着苏联在亚洲作战了。

原子弹试验的成功，对于波茨坦会议上美国决策人的想法影响很大。李海在回忆录中写道，"一个改变了许多看法其中包括我的看法的因素，就是当我们到达波茨坦那天才试验成功的原子弹"。② 史汀生在波茨坦会议期间写了一份文件，题为"关于我们面临的基本问题的反思"，可以说明他当时的思想。这份文件的要点是，在跟苏联共享原子机密之前，苏联必须"在其社会结构中采用西方的民主观念并有效地付诸实行"。③

杜鲁门这时要比原子弹试验成功前更想用密苏里州马贩子的干脆语言来跟斯大林讲话。当苏联对会议期间美国驻在波茨坦的军队人数进行争辩时，杜鲁门很不高兴，他说如果苏联人"不想按原定办法开会，我的飞机随时准备送我回国"。④ 另一方面，杜鲁门也对释放原子能的可怕景象感到震惊不已。李海后来回忆说，杜鲁门在试验成功后并不想使用它。但是人们告诉他这样做可以缩短战争，美国可以少死人，他也就听了劝。杜鲁门在1945年7月25日写道，"也许原子弹就是预言中所讲的，在诺亚方舟之后幼发拉底河谷时代的那种毁灭性大火"。⑤ 杜鲁门在卸任返乡后，原子弹是他经常的话题。

杜鲁门和丘吉尔在1945年7月18日共进午餐，谈到了原子弹，他们决定向斯大林打招呼。两人当时认为"不等俄国人插进来日本就完蛋了"（当时日本天皇正在求和）。杜鲁门说："一旦曼哈顿出现在他们国土上空，我想他们就会这样做的。"⑥

7月26日是英国领袖回国参加大选的日子。"三巨头"会

---

① 《美国新闻和世界报道》1960年8月9日。
② 《躬逢其盛》，第29页。
③ 史汀生文件，第422盒。
④ 总统卸任后文件，回忆录材料，第3盒。
⑤ 杜鲁门图书馆：罗斯文件，杜鲁门日记，1945年7月25日。
⑥ 杜鲁门日记，1945年7月18日。

议暂停，等英国领袖回来后再开。顾问会议则不停。杜鲁门在26日挑了一个会议中间休息的时机走近斯大林，对他讲美国已有了一种新炸弹，威力相当于两万吨黄色炸药，将在一周内扔到日本。他没跟斯大林讲炸弹的性质。斯大林对他表示感谢。①

史汀生在7月30日写了一份备忘录给总统，说原子计划"正在迅速进行，现已有必要请您最晚在8月1日星期三拿到用于发表的声明稿"。史汀生对于因"情况要求而采取这一紧急行动"表示歉意。所谓情况紧急，显然是指苏联就要出兵，日本也要投降而言。杜鲁门批示"同意所拟。准备好就发，但不得早于8月2日"。②

丘吉尔在大选中败北。杜鲁门对白宫人员说，"丘吉尔没料想到。他回国时还满怀信心"。③艾德礼成为英国新首相，贝文当上了外相。他俩返回波茨坦参加会议。现在原来战时的"三巨头"只剩下斯大林一个了，使会议更为失色。

波茨坦会议在8月2日以成绩了了而结束。但是由于这次会议上美、英向日本发出最后通牒，后来的事态发展又如此地为世人所瞩目，因而使这战时最后一次"巨头"会议戴上了一顶其实难副的桂冠。

李海上将后来说，这是一次对美、苏两国说来都够呛的会议。副国务卿克莱顿说在波茨坦发生的问题大都属于两种性质：一是俄国坚持要把波兰西部疆界定在奥得—尼斯河，二是俄国要求德国赔款100亿美元。④

波茨坦使杜鲁门能有机会直接观察他在此后八年里的主要对手斯大林，并作出评价。他的反应相当不错。会议期间，斯大林一度生病，没能开会。杜鲁门很担心，他说"要是斯大林

---

① 罗斯文件、罗斯日记，1946年9月5日。
② 埃尔西文件，第71盒。
③ 艾尔斯日记，1945年7月6日。
④ 《威尔·克莱顿文件选编》，巴尔的摩，1971年，第138页。

突然撒手而去……我怀疑是否能有第二个像他那样强硬有力和有那么多追随者的人来接替他，而且能在国内保持团结和安宁"。他怕某个"魔头"可能上台，而"把欧洲和平折腾上一大阵"。① 杜鲁门在波茨坦会议刚结束时说，"斯大林是个说话前后一致的人，这就是说，他是靠得住的"。但他对莫洛托夫和维辛斯基则并不这样看。② 后来国防部长福雷斯特尔在出版的日记中写道，贝尔纳斯曾对他讲过，斯大林不喜欢杜鲁门。杜鲁门对此说法很不高兴。他说，"我不相信。斯大林跟我能合作得不错。除了关于在保加利亚和罗马尼亚怎样对待我们的人的问题以外，我们之间没有分歧"。③ 杜鲁门在另一场合又说，苏联人不遵守协定是有道理的。"在让军人返回平民生活的问题上，他们遇到了困难。当斯大林从波茨坦回国后，他发现国内乱了。这跟他死后的情况一样。这就是为什么不守协议的原因"。杜鲁门也认为斯大林感到害怕是合乎情理的，"我肯定他是个很高明的历史学家，他非常怕美国会跟英、法一起建立又一条'隔离带'"。杜鲁门说他不认为斯大林是个"真正的独裁者"。他后来还说，"斯大林是会守约的，但是他也有跟第80届国会一样的政治局"。令人感到有趣的是，杜鲁门把斯大林比做自己的庇护人、密苏里州堪萨斯城的地头蛇彭德格斯特。他说，"斯大林在我所见到的人中，是最最像彭德格斯特的一个了"。斯大林也给了杜鲁门的幕僚们以深刻的印象。克莱顿后来说，"斯大林眼界宽、有气派，知道在有利于己时妥协。他讲话清晰、干脆，不用提纲，头脑有条理，在那里储存的东西次序有章不乱。他讲起话来总是不动声色"。④

盟军轰炸德国造成的惨状也使杜鲁门感受极深。他说驻法

---

① 杜鲁门日记，1945年7月26日。
② 艾尔斯日记，1945年7月6日。
③ 艾尔斯文件，第10盒，一般卷，波茨坦。
④ 《威尔·克莱顿文件选编》，第139页。

大使卡弗里到波茨坦去见他时，"让共产主义给吓傻了"。西欧一片断垣残瓦的景象和共产主义在这一地区兴起的现实，在杜鲁门从欧洲回国途中，一定不断地闪过他的脑际。

杜鲁门是在乘军舰回国途中接到原子弹轰炸广岛的消息的。但是日本并未像杜鲁门预言的那样在苏军参战之前投降。原子弹投下的次日，即8月7日，苏联向日本宣战。第二个原子弹是在8月9日扔到长崎的。那时苏军正在横扫中国东北的日本关东军。最后，日本在8月15日宣布投降。

杜鲁门在8月9日就波茨坦会议的结果向全国发表广播讲话。他说东欧"将不是任何大国的势力范围"。这一句他知道不是真话。关于原子弹，他说，"我们感谢上帝让原子弹到了我们手中而不是敌人手中。我们祈祷上帝引导我们以他的方式和为他的目的来使用它"。杜鲁门后来说，他对原子弹未掌握在希特勒或斯大林手中而感到高兴。[①] 然而，当日本说他们是被原子弹打败时，贝尔纳斯说俄国人可以证明，日本在第一颗原子弹投在广岛之前就已被打败，胜利的功劳应归于打仗的士兵们。[②]

美国在原子弹成功后并未躺在它上面睡大觉，而是在波茨坦会议后继续努力发展它。总统指示战时动员局局长，要继续实施曼哈顿工程及其有关单位尚未执行完的合同。这样做将有利于政府并对国防十分重要。他授权陆军部安排新的合同，而不必得到战时动员局的同意。[③] 在8月31日的内阁会议上，总统强调必须要有一个正确的军事政策。他说美国如想在世界上保持领导地位，应当继续做一个军事大国。[④]

与此同时，在杜鲁门当局高层人士中，有不少人对于怎样

---

[①] 《杜鲁门公开文件集》。
[②] 美联社新闻稿，1945年8月29日。
[③] 机密档案，第4盒，陆军，1945—1949年，原子弹，杜鲁门致斯奈德，1945年8月25日。
[④] 康奈利文件，第2盒，内阁会议，1945年8月31日。

在原子弹问题上跟苏联打交道深为关切。史汀生即将于1945年9月退休。他在9月11日给总统写信道，原子弹"不能作为一种直接的杠杆来改变俄国对于个人自由的态度"。如果要求这种改变是"分享原子武器的条件"，那将令对方十分反感。他"认为在原子弹上更为密切的关系将更可能促进这种变化"。显然，史汀生已经改变了他原先在波茨坦时的看法，不再认为苏联必须先作出改变才能获得原子知识。史汀生还附上了一份重要的备忘录，他在里面说，除非苏联被我们"自愿地邀请在合作和信任的基础上成为伙伴"，盎格鲁—萨克逊集团拥有原子弹这一事实"将会在实际上触发一次不惜孤注一掷的军备竞赛"。史汀生认为跟苏联的良好关系是"受原子弹问题支配的"。他建议马上直接找苏联人，而不是"把原子弹显眼地露在我们后裤袋外面跟他们继续谈判"。①

杜鲁门在9月20日对秘书讲，他将在次日的内阁会议上提出原子弹问题来讨论。当天早些时候，范登堡、康纳利和卢卡斯三位参议员代表参院外委会来见杜鲁门，谈原子弹的问题。范登堡想成立一个两院联合原子问题委员会，而不是在两院各自成立几个小组委员会。他主张由这个联合委员会来全面管原子弹的发展、管制和使用问题。他发现这也是杜鲁门的意思。但杜鲁门在私下则说参议员们想抢镜头。②

9月21日午后不久，杜鲁门授予史汀生以杰出服务奖章。授勋仪式后，内阁开会讨论原子弹问题。杜鲁门认为这次会议"非常有意思"。③ 史汀生在会上提出了他在任公职期间关于原子弹问题的最后一次意见。他建议，鉴于俄国是美国的牢固朋友，美国对将原子弹秘密交给俄国不应迟疑。他建议分两步走：先是科学知识部分，再是工业制造部分。他说，"我们并没有什

---

① 总统秘书档案，第112盒，一般卷（原子弹）。
② 艾尔斯文件，日记，1945年7月6日。
③ 总统每日约会表，1945年12月17日。

么秘密可以给出去。问题在于为了世界安全应如何对付这件事"。内阁成员们对史汀生的建议产生了不同意见。陆军部长帕特森坚决跟自己的导师站在一起。民主党主席汉涅根也跟史汀生一致。其他的部长们各执一端：克鲁格赞同史汀生，但建议有6个月的冻结期，以待事态发展，麦凯勒赞成克鲁格的意见；在另一边，文森说要是给了原子机密，美国就得把所有新式武器机密都给人家。"难道我们就都给了出去，而什么也拿不回来吗？"文森主张美国应当放弃搞强制军训的打算，并应拥有充足数量的陆海空军。他建议原子问题保持现状不变。克拉克同意文森意见，并说手里应当拿根大棒。处于两派中间的是凡尼瓦尔·布什，他说没什么问题可提。艾奇逊则不表态度。杜鲁门在考虑交换原子能科学知识，但不把工业生产机密给出去。他要求各部部长好好考虑后把各自的意见告诉他。①

农业部长安德森不同意史汀生的建议。他写信给总统说他十分反对把机密拿出去。但也有人写信同意史汀生意见的。新任陆军部长帕特森写信给杜鲁门，说他支持史汀生9月11日的备忘录。联邦工厂署主任弗莱明将军说他赞成给原子机密以使贸易增长。"分享机密可以获得一个可信赖的朋友"。他在俄国转了六个星期后，发现"俄国人民只渴求同我们的友谊及和平"。代理内政部长福塔斯写道，"如果美国科学与外绝缘，或建立英—美—加科学集团，乃是在邀请第三次世界大战的到来"。②

9月24日，杜鲁门在跟白宫心腹的每日碰头会上清楚地说明了他当时的看法："现在人们对于局势普遍存在着误解，有些人敦促美国继续把它掌握在手里，实际上这是一个向所有的人提供科学情报的问题。"他说："别的国家可能已有科学情报，

---

① 总统秘书档案，第112盒，一般卷（原子弹）。
② 同上。

实际上我们自己的实验也在很大程度上是从德国科学家已有的基础上发展起来的。但是用这些知识很难造出原子弹来，而我们是不会把制造工厂和设备给人家的。别的国家也造汽车和飞机，但是他们没有美国造得好。然而，他们拥有知识，并且也亲眼看过怎样造。"一位白宫工作人员说，如果美国一心想把原子弹只掌握在自己手里，那联合国就完了。杜鲁门对此表示同意。①

在 9 月 21 日内阁会议前两个星期左右，在加拿大渥太华响起了一个晴天霹雳。苏联大使馆的一个密码员叛逃到了加拿大骑警局。他的名字叫伊戈尔·古曾科，据说是苏军情报总局的情报人员。加拿大外交部副国务秘书诺曼·罗伯逊在 9 月 6 日向总理麦肯齐·金报告"发生了一件最可怕的事情。它就像在一切事情上都悬着一颗炸弹，而没法说清这可能有多严重，又将会出什么事情"。②

古曾科随身带去了秘密文件和情报。从这些材料可以得出一个结论：在加拿大和美国存在着了一个范围大、埋藏深的苏联间谍网。在这个网里，有个名叫努恩·梅的英国科学家，在蒙特利尔麦基尔研究实验室工作。他在西方原子专家中有着很高的地位，但是却在向苏联人报告原子项目的情况。加拿大人遇到此事简直是瞠目结舌。最初他们压下此案不通知美国和英国政府，生怕事件泄露后会影响加苏关系。后来发现此案牵涉的面实在太宽，才决定通知美、英。麦肯齐·金亲自去伦敦跟艾德礼磋商。赴英前，他先秘密访美，在 9 月 30 日跟杜鲁门会晤。③

麦肯齐·金向杜鲁门详细通报了古曾科提供的情报。杜鲁门说在弄清事情全貌前不要泄露出去。他认为俄国一定也打入

---

① 艾尔斯日记，1945 年 9 月 24 日。
② 《麦肯齐·金执政记》第 3 卷，多伦多，1970 年。
③ 同上。

了美国的原子工程，在采取行动前，一定要先深入调查。总统认为美、英、加三国政府首脑应好好商量一下。在谈话中他曾两三次强调在三国一致同意前不要采取行动。他还有两三次强调，他对有关美国的情况或能说明美国存在苏联间谍的证据特别感兴趣。加拿大总理给他念了一份有关苏联间谍网的材料，其中提到美国国务院有个助理国务卿的助理也牵扯其内。杜鲁门听后转身对代理国务卿艾奇逊说，这是不足为怪的。①

麦肯齐·金在同杜鲁门会见后又单独与艾奇逊会谈。艾奇逊认为英国政府要求马上抓人并将古曾科叛逃案公布，因为"他们已经对俄国人烦透了，打算什么都不顾了"。他讲，"我们在西半球，得考虑自己的处境"。他认为一旦跟苏联中断了关系，美、加两国所受的影响会比英国要大。如果打起仗来，加拿大肯定会成为战场。麦肯齐·金同意这一看法。艾奇逊认为加拿大应当拥有跟美国一样的武器。总理说英国也应该有。艾奇逊表示同意。② 杜鲁门对于跟麦肯齐·金的谈话严加保密，他甚至未向白宫心腹透露内容。③ 由上可见原子机密问题对于美国对外政策有多么大的影响。

多年之后，杜鲁门在接受访问时曾谈到他在波茨坦是怎么向斯大林透露原子弹的。他仍然认为，当时斯大林不知道他讲的是什么东西。采访者说，各个间谍案件的内情说明俄国人的确搞到了情报。杜鲁门回答道："我不认为斯大林当时知道这个情况。拿到了情报的是俄国科学家。"④ 然而朱可夫元帅在回忆录里曾讲，在杜鲁门跟斯大林讲到有这么个炸弹之后，斯大林立即指示苏联科学家加速进行原子计划。

1945年8月9日，驻苏大使哈里曼向总统报告了自己跟斯

---

① 《麦肯齐·金执政记》第3卷，多伦多，1970年。
② 同上。
③ 艾尔斯文件、日记，1945年10月1日。
④ 总统卸任后文件，回忆录卷。

大林谈话的情况。他说斯大林"对原子弹表现出很大兴趣,并说这可能是这次大战的结束,但是秘密要保守好。他们在柏林的实验室里发现德国人在进行分裂原子的工作,但是没有见到什么成果。苏联科学家也在研究这个问题,但还解决不了"。①

有的情报可能说明斯大林在杜鲁门透露新炸弹之前是否了解原子秘密。1945年6月15日至7月6日,一个由16人组成的美国科学家代表团应邀前往莫斯科参加苏联科学院220周年庆祝活动。团员中有位人类学家亨利·费尔德,是富兰克林·卡特手下的特工。费尔德又招募了另外两个科学家来为卡特工作。三人在9月间报告说,在访苏期间未曾发现苏联原子计划的迹象。他们说,"如果俄国也有类似'曼哈顿工程'的计划,许多最重要的科学家就不会出面,也不会让看他们的研究工作"。《时代》周刊记者的看法则不同。他于7月27日自莫斯科报道说,物理学家们都不见了。这恰好是在杜鲁门向斯大林透露原子弹的信息三天之后。②

让美国人对原子弹问题伤脑筋的,不仅仅是苏联人。英国首相艾德礼在第一颗原子弹投下三天之后写信给杜鲁门,他说,"必须对政策重新估价,国际关系也得重新调整。人们对于新的威力,究竟是为文明服务或是会毁灭它而深感焦虑"。"它对国际关系的影响是立竿见影的"。接着艾德礼讲了点杜鲁门不爱听的话:"您和我作为掌握这一巨大力量的政府首脑,应当立即发表一项联合声明,表明我们两国将不会使它只为自己所用,而会接受全人类的委托。"③ 艾德礼要求的是在原子能问题上与美国具有平等地位,这是杜鲁门所不能同意的。

---

① 总统卸任后文件,回忆录卷。
② 罗丝·康韦档案,第14盒,情报报告,1945年8月9日,关于亨利·费尔德苏联之行及其他。
③ 海军助理档案,第6盒,艾德礼—杜鲁门1945—1946年通讯卷,艾德礼致杜鲁门1945年8月8日。

杜鲁门在他向全国发表广播那天——8月9日——复信艾德礼，表示没有必要发表一个联合声明。于是艾德礼讲英国人就自己来发表一个声明。8月16日和17日，艾德礼两次致电杜鲁门，敦促继续在防务领域内进行研究和发展的合作。他表示希望新的时代将会继续带来两国原有的密切战友关系、相互了解和彼此良好的祝愿。9月25日，艾德礼写了一封长信给杜鲁门。信中说："这一新武器的出现说明……战争方式发生了质的变化。""我必须在旧金山会议已经开过的形势下来考虑今后的防御力量问题。但是在旧金山时并没有考虑到原子弹。那时的安全构想是以今年6月份情况为基础的。"艾德礼要求对原子能作出国际安排。①

杜鲁门对英国人是警惕的。在艾奇逊和克莱顿1945年9月18日来见总统之后，杜鲁门亲笔写下了这样一句话：我"告诉他们在跟英国人谈话时要考虑周全"。② 当加拿大总理9月30日拜访杜鲁门时，杜鲁门说艾德礼将要来见他，但日期未定。10月3日总统向国会提出关于原子能问题的特别咨文，要求通过立法建立一个原子能委员会，来管制美国在原子方面的一切活动。杜鲁门强调："战时发展起来的原子力量，在很大程度上要归功于美国的科学和美国的工业。"他又说，"许多人认为外国的研究可以在不久后便达到我们目前科学知识的水平"。他认为对原子能作出国际安排的希望在于把使用和发展原子弹，以及在于今后和平利用原子能的问题统一起来。他建议首先开始谈判的对象应是"我们在这一发明中的合作者，英国和加拿大。然后再和别的国家达成协议"。但是杜鲁门提出了一项一视同仁的谈判条件，他说道："我要强调说，这些谈判将不涉及有关透

---

① 总统秘书档案，第170盒，艾德礼杂项卷，艾德礼致杜鲁门，1945年9月25日。

② 总统每日约会表，1945年12月17日。

露原子弹的制造方法。"①

杜鲁门发表上述声明后,实际采取的措施并没有跟上来。总统心中另有打算。两天之后,当杜鲁门在回复艾德礼9月25日的长信时,他只是说"我在以后当会很高兴找个对双方都方便的时候跟你讨论这一问题",用语含混。② 在杜鲁门心里,此事尚未定下来。他在9月12日曾说过,应当"有个合乎最高道德标准的"计划。可以有两种办法:"甲美国严守机密,不给他人;乙把所有的牌都摊在桌面上,我们就会说'这就是它,人人都能有'。"③

波茨坦会议曾作出一个决定:由美、苏、英、中、法五国举行外长会议,每三个月开会一次。这一会议的最初任务是起草各国和约。1945年9月11日,首次外长会议在伦敦开幕,由五大国外长参加。美国国务卿贝尔纳斯在会议开始时提议,五国外长将参加所有会议,但只有在某项和约上的签字国,才有资格在讨论关于这一和约的会议上有表决权。

当贝尔纳斯初去伦敦赴会时,他认为由于原子弹所表现出的威力,俄国人要比以前容易对付了。这位国务卿自波茨坦会议后就一直陷于原子美梦中不能自拔。史汀生在1945年7月写道,贝尔纳斯对他说,美国立场很坚定,"他(贝尔纳斯)显然是在大力依赖有关S—1号(即原子弹)的消息"。④ 恰好像史汀生说过的那样,贝尔纳斯是后裤袋里露着原子弹去伦敦赴会的。在伦敦外长会议上,莫洛托夫再次提出苏联要在黑海海峡拥有一个基地,贝尔纳斯和贝文都加以拒绝。莫洛托夫还重提了过去的另一个要求:由苏联在的利波里塔尼亚建立一个点。

---

① 总统秘书档案,第112盒,一般卷(原子弹)。
② 同上档案,第170盒,艾德礼杂项卷,杜鲁门致艾德礼,1945年9月27日。
③ 艾尔斯日记,1945年7月6日。
④ 史汀生日记,1945年7月23日;《美国对外关系》,1945年,波茨坦卷,第260页。

这一要求也遭拒绝。他要求美、英两国承认罗马尼亚和保加利亚政府，对方的回答是在保证进行自由选举之前不予承认。美、英两国还提出了罗、保国内的个人自由问题。①

莫洛托夫大失所望，于是推翻了原来已同意的由美国提出的会议参加办法，并说要退出会议。贝尔纳斯气急败坏，在9月22日打电话到华盛顿，杜鲁门不在，由李海上将接电话。贝尔纳斯要求李海先斩后奏，以总统名义给斯大林打个电报。李海照办了。电文内容为：杜鲁门知悉莫洛托夫因中、法两国是否参加讨论巴尔干和约的外长会议的问题而考虑要退出外长会议。总统要求斯大林通知莫洛托夫不要退出外长会议，因为如此做将会对世界和平产生不良影响。三个小时后，贝尔纳斯发来了一份更为详细的电报稿。李海也以杜鲁门的名义照发了。这封电报说，在波茨坦会上各方曾同意只有和约签字国可参加讨论有关和约的会议。同时，也有一个口头协议：五大国中的非签字国可以参加讨论，但无表决权。斯大林回电说，在波茨坦时大家同意只让未来的签字国参加讨论有关的和约。②

自此之后，外长会议总算能继续开下去了，但参加讨论和约的大国名单仍未确定。贝尔纳斯提出一个新的建议，主张法、中两国可以跟所有参加联合国的欧洲国家和那些积极参与欧洲作战的非欧洲国家一起参加讨论。莫洛托夫还是不同意。另一方面，莫洛托夫要求讨论原来不在议程上的占领日本问题，使贝尔纳斯大吃一惊。他拒绝在会上讨论这一问题，但无法阻止代表们在会场外见面时谈及此事。大概一个月之前，美国政府提议盟国建立一个远东委员会来顾问日本占领问题。这一提议未能满足其他国家的要求，因为委员会只不过是顾问顾问而已。莫洛托夫在9月26日的会议上发难，批评美国占领日本的政

---

① 《美国对外关系》1945年第2卷，伦敦外长会议，1945年9月；海军助理档案，第9盒，1945年9月伦敦外长会议卷。

② 海军助理档案，第9盒，1945年9月伦敦外长会议卷。

策，要求在东京建立盟国管制委员会。在这一问题上，苏联得以和英、法、中及英国各自治领"结成一伙"来反对美国，因为别人也希望在东京能有某种像在德国那样的盟国管制委员会。贝尔纳斯无奈，只得答应在东京建立这样一个委员会。然而美国政府在委员会建立前说明，美国将由麦克阿瑟代表，并将有效地主宰这个将建立的委员会。①

杜鲁门在 1953 年 8 月，亦即在卸任半年后说，"如果用日本方式处理德国问题，权力就会在我们手里了。别的国家就会像在日本那样，处于顾问地位"。② 杜鲁门在这里少讲了一句话，就是他在德国实际上有无可能做到像他在日本做的那样，也没讲苏联会不会让他这么做。

然而，不管实际效果如何，达成在东京建立管制委员会的协议，总算让开了三个星期的外长会议不至于一事无成。

与会代表在会内外提出了种种建议，但是彼此都摸不透对方究竟意图如何。谁也不愿让步，伦敦外长会议终于在发不出一份联合公报的情况下宣告结束。

美国驻英大使怀南特在 10 月 5 日致电贝尔纳斯，向他报告英国负责对苏事务的外交部次官萨金特的看法。萨金特认为，苏联代表在外长会上的表现说明：

1. 苏联仍想同西方合作，但是要按自己的条件。

2. 在讨论罗、保和约时，苏联始终念念不忘法国。苏联想把法国降为一个二三流国家，以造成法国与美、英之间矛盾。

3. 苏联想在苏军还有重兵驻在欧洲时，进行讨价还价。③

同一天，美国驻法大使卡弗里也致电贝尔纳斯，说法国外长皮杜尔对俄国的态度深感不快，并担心这种态度在今后对法

---

① 《美国对外关系》1945 年第 2 卷，伦敦外长会议，1945 年 9 月。
② 总统卸任后文件，回忆录材料，第 4 盒，在堪萨斯城的谈话，1953 年 8 月 26 日。
③ 《美国对外关系》1945 年第 2 卷，第 558 页。

国产生的影响。原子外交也没有产生贝尔纳斯所预期的那种效果①

美国驻英武官丁达尔在10月2日报告陆军部说，英国外交部一位官员表示："由于在这次会议上尝到的滋味，俄国再也不会同意举行五大国外长会议了。"他们只会在必要时参加三国外长会议。丁达尔还说《泰晤士报》的看法是"真正的问题在于势力范围。这只要从美国对日本的态度，俄国对巴尔干的态度和英国对西欧集团的态度便可看出"。②还有报道说，莫洛托夫在一次宴会上讲，贝尔纳斯"用不着去劝说任何人。他只要举起一个小小的炸弹便行了"。

代理国务卿艾奇逊在9月25日给总统送去一份备忘录，这实际上是国务院的一份重要政策声明，其内容跟总统的想法是一致的。艾奇逊说保密（指原子机密）的方针是无效和危险的。真正的问题"在于交换（原子弹）科学知识的方式和条件……"他说美、英的共同发现"对于苏联来说肯定是一种铁的证据，证明美、英在合伙对付他们"，"苏联绝不可能对此置之不理"，"看来跟苏联全面的不一致正在加剧。但是我看不出为什么美、苏两国的基本利益要发生冲突"。如果不能跟俄国达成长期谅解，"便不会有由制度保证的和平，而只有不放下枪的停战"。艾奇逊建议在跟英国商量之后找俄国人谈，与此同时，"在国内要设法使公众舆论认识到有必要进行交换（知识）"。③

杜鲁门在1945年10月3日向国会发表了一篇原子能问题的特别咨文。总统说不能将原子弹用于"战争的破坏，而是要为了人类未来的福祉"。"为此，我们必须在国内和国际两条战线上作战"。他敦促国会立法以便将美国一切原子活动置于全面管制之下。为此目的，要建立一个原子能委员会。在国际方面，

---

① 《美国对外关系》1945年第2卷，第559页。
② 海军助理档案，第9盒，1945年9月伦敦外长会议卷。
③ 《美国对外关系》1945年第2卷。

"作为这一发现的基础的重要理论知识已尽为人知",而且"外国的研究将很快会掌握我国现有的理论知识"。杜鲁门断言,国际安排"不能再推迟了,除非联合国起作用并且能够对付这一问题"。他建议先跟英、加两国商量,然后再找其他国家。"其目的是为了找到大家能同意的条件,在原子能领域内以合作取代竞争"。这是美国总统首次就原子能问题作的全面政策声明。

然而杜鲁门并未在特别咨文中提出开始国际谈判的日期。他在10月5日致艾德礼的信中也没有提到这一点。鉴于伦敦外长会议毫无进展,杜鲁门的答复又语焉不详,艾德礼发急了。他在10月17日致信杜鲁门称,"我现在处于议会两党的沉重压力之下,要求我对政府的政策作出声明。我明天就得回答问题"。"我们认为外长会议受到这一问题的严重影响,在我们澄清态度之前,拟议中的联合国会议也会受到阻碍"。艾德礼说他已和麦肯齐·金商量过,他俩都认为他们三人应尽早会晤。杜鲁门答复同意,会晤最后定于11月11日在华盛顿举行。但是杜鲁门建议,为避免曼哈顿计划招人惹眼,他们应另找一个会晤的借口。艾德礼对此不肯合作。他讲这件事情已经再也压不住了。①

杜鲁门当然担心伦敦外长会议的结果,但他并未放弃希望。他在9月24日说,俄国人"是干实事的,他们知道自己要什么东西","如果我们这样做了,便能跟他们继续处下去"。② 在10月8日的记者招待会上,杜鲁门又说,美国对俄国有误会,俄国也对美国有误会,"我想这个问题是我们跟俄国互不了解造成的。问题一直存在着,主要因为我们的语言不同"。③ 总统的一部分僚属也有类似看法。海军部长福雷斯特尔在11月1日说,"大家都要和平,但大家都希望对方脱光衣服以表诚意","问

---

① 海军助理档案,第6盒,杜鲁门与艾德礼通讯卷,1945年10月。
② 艾尔斯日记,1945年9月24日。
③ 《杜鲁门公开文件集》,1945年10月8日记者招待会。

题在于我们得找到某种办法来打破现存的这堵互不沟通的墙"。①

这时杜鲁门就任总统已有半年之久。但人们仍然把他看作是位名不见经传的密苏里乡下人。除了贝尔纳斯一贯自以为是之外，还有战略情报局的头目杜诺万跑来跟杜鲁门讲"如何稳妥地管政府的工作"。海军的拜尔德将军来白宫告诉总统"怎样建造世界和平"。② 报业大亨小伦道夫·赫斯特告诉总统"我爹是怎么考虑的"。杜鲁门事后说自己"用了外交辞令说让他去他妈的"。驻墨西哥大使梅塞史密斯也去对总统讲"怎样管理政府，还包括德国、日本、南美等等事情"。甚至桥牌大王克伯森也告诉总统他有一个"拯救世界的办法"，但是杜鲁门对这个办法的"有效性甚感怀疑"。③ 有的白宫工作人员对总统讲，总统一直在把事情交给一些人去办，但他们都辜负了信任。杜鲁门回答说，今后"我先作出决定，然后再商量"。④

杜鲁门于美国海军日在纽约发表了一篇演说。他讲美国对外政策的基础是它的军事实力，而对外政策的原则是公平和正义。在实行这些原则时，美国人必须坚定地站在他们认为正确的立场上，而不得与邪恶妥协。美国应稳步地朝着国际合作的方向前进，但其目的只是为了在公平和正义的范围之内履行他们的责任。他讲了美国对外政策的十二条要点。虽然没有公开点名，但是其中九条是矛头对着苏联或是跟苏联有关的。杜鲁门也谈到世界不能听任战时盟友的合作精神土崩瓦解。有一个共同的危险在战时促使他们团结了起来，也让一个共同的希望在未来的年月里使他们走到一起吧。杜鲁门威胁说，已经掷下的原子弹应当是一个促使达到空前团结的信号。至于自由交换

---

① 官方档案，692系列，第1523盒（1945—1947年）。
② 总统每日约会表，1945年5月14日。
③ 同上档案，1945年9月18、26、29日。
④ 艾尔斯日记，1945年10月19日。

（原子能）基础科学知识已刻不容缓，不能等到联合国成立正式组织后再办，而是不久就应开始。纽约州的共和党人州长杜威表示支持杜鲁门的立场，他讲"这是一篇历史上最伟大的对外政策演说"。① 前国务卿赫尔也讲，这是一次"了不起的外交政策演说"。②

1945年10月29日，国务卿贝尔纳斯在陆军部建议下，在备忘录中提出，由于减少了驻在欧洲的美军总人数，必须在11月15日以前将驻在捷克斯洛伐克的两个美国陆军师完全撤出。他给总统附去了一份致斯大林的电稿，要求批准。贝尔纳斯的备忘录中说，这两个师作为美、苏两国军队交界处的保安部队是完全必要的。据艾森豪威尔估计，苏联有30万军队在捷克斯洛伐克。到了冬天会增加到50万人。苏联已经在要求捷政府为苏军提供补给。捷总统贝奈斯一再要求苏军撤走，未有结果。苏联曾许诺到7月时将驻捷苏军减少到8个师，但未兑现。贝尔纳斯说，他这份给斯大林的电稿，是贝奈斯总统和美国大使斯坦哈特提出来的，他们认为这是使苏军撤走的最好办法。美军将跟苏军同时撤出。如果苏联拒绝或拖延，美国应把事情弄得众所周知。杜鲁门仔细地考虑了这一建议，他最初批示："让我们也撤看来有理，但是我想俄国佬不会听我们的。杜鲁门。"他后来又批示："我们撤军必须以俄国人同时撤离为条件。杜鲁门。"他最后批示："照办。杜鲁门。"经过李海上将的手，电报发给了斯大林。电文中提出撤军的理由为：捷克斯洛伐克是一个遭受纳粹统治比联合国成员中任何国家都要久的盟国，美、苏两国军队驻捷，已使该国财源趋于枯竭。11月2日，又以总统名义发给驻苏大使哈里曼一份电报，将撤军日期从11月15日推迟到12月1日。③ 苏联政府同意苏、美两国军队同时自捷

---

① 艾尔斯日记，1945年10月29日。
② 同上。
③ 海军助理档案，第9盒，杜鲁门致斯大林，1945年卷。

撤出。① 对苏联来说，这样做是仔细盘算过的。

在这一阶段里，所有的热点，如伊朗、中国等等，都同苏联有关。杜鲁门对白宫人员说，"俄国国内形势极不稳定"，但是他"无从获悉情报"。他抱怨在整个大战期间，美国人从不了解"俄国人在干些什么，生产情况，武装情况等等"。杜鲁门拿不准他是否该派个特使去见斯大林。他曾经考虑派霍浦金斯去，但罗森曼说霍已住院去不了。也考虑过李海。杜鲁门最后说，没啥理由在近期再开一个"三巨头"会议，开了也不会有什么成效。②

杜鲁门对黑海海峡的形势也感到关切。11月1日，他打开一个大夹子，摊在办公桌上。夹子里有一幅土耳其地图。图上有许多小标记。杜鲁门说这些都是土耳其周围的一师师俄国军队。③ 11月19日，总统又对白宫人员说，他感到国际形势又在趋于老一套的集团化，俄国人想"把黑海海峡控制在自己手里"。他说土耳其是会打的，但也就是像苏—芬战争那样。他感到美国一定得与俄国共处，不能跟俄国打仗。④

哈里曼大使在11月22日电告华盛顿，他最近同苏联老外交家李维诺夫谈过一次话。李维诺夫认为西方和苏联都不知应怎样对待对方，这就是伦敦外长会议失败和此后发生的种种麻烦的实际原因。当问到美国人应怎样做时，李维诺夫答称："没有什么可做的。"当问到他本人可做些什么，李回答："没有可做的。"他说他认为自己知道应怎样做，但他没权。他承认自己是极为悲观的。哈里曼敦促总统注意李维诺夫的看法，但同时又说，李的看法可能跟他长期失宠有关。⑤

---

① 总统秘书档案，第188盒，俄国—斯大林卷，1945年11月7日。
② 艾尔斯日记，1945年11月19日。
③ 同上档案，1945年11月1日。
④ 同上档案，1945年11月19日。
⑤ 《美国对外关系》1945年第5卷，欧洲，第921页。

哈里曼大使在 11 月 27 日发回备忘录，这一备忘录表明他试图从苏联的角度来看问题，这跟他在 1945 年早些时候的态度成鲜明对照。他说苏联高层党政领导人一生都处于恐惧和紧张状态之下。他们怕资本主义包围和怕下面有不同看法。大战的胜利首次给了他们以一种安全感。但是紧接着又来了原子弹，又使那种不安全感油然而生。这便是为什么莫洛托夫在伦敦会议上态度很强硬，为什么他在 11 月 1 日的演说中吹嘘已有了更大更好的武器。哈里曼认为他们感到美帝国主义确实对苏联有威胁。①

此时，杜鲁门当局在原子战线上面临三大问题：第一，艾德礼在麦肯齐·金的支持下，即将前来华盛顿商谈国际安排问题。其核心为凡是美国手中有关原子计划的一切英国都想分享。第二，对于是否跟苏联分享任何原子情报的问题尚未做出决定。第三，国内关于究竟由军方还是文职人员来控制原子能的争论正处于高潮之中。

国务卿、陆军部长和海军部长在 10 月里就原子能商谈了三次，研究怎样处理苏联和英国的问题。他们决定跟英国交换科学情报，条件是英国同意让美国视察和原子能有关的工厂。至于原子能的工业情报是不给的。② 科研及发展局局长布什在 11 月 5 日对贝尔纳斯讲，自从 1944 年魁北克会议以来，美国并未给英国多少制造原子弹的情报。③ 至于苏联，部长们决定，给科学情报必须以苏联准许美国进行视察为前提。他们不相信俄国人。斯大林既然能违反苏日互不侵犯条约而在雅尔塔策划对日作战，他现在也可以干同样的事情。如果连罗马尼亚和保加利亚的情况都不肯讲，怎么能相信俄国人会让视察工厂？④

---

① 《美国对外关系》1945 年第 5 卷，哈里曼致贝尔纳斯，1945 年 11 月 27 日。
② 《美国对外关系》第 2 卷，第 55—57、59—62 页。
③ 同上书，第 69 页。
④ 《美国对外关系》1945 年第 5 卷，欧洲，第 55—57、59—62 页。

艾德礼和麦肯齐·金在 11 月 11 日到达华盛顿，就原子能的国际管制和美、英、加三国在原子领域的合作进行商谈。会晤的结果是三国发表了一份声明和签署了一份备忘录。艾德礼在 16 日返国。

但是光跟西方盟国商谈解决不了最主要的问题——美苏关系，还有签订对德、意以及纳粹卫星国的和约问题。不管有多么不愉快，美国还是不得不坐下来跟苏联谈怎么解决这些问题和找出某种答案。

据贝尔纳斯讲，跟俄国人会谈是他出的主意，经总统同意的。鉴于伦敦外长会议的失败，这次会不能让五大国都参加，只是让美、苏、英三家出席。11 月 23 日贝尔纳斯通过哈里曼大使将开会的意见送交莫洛托夫，建议这次会在莫斯科举行。①

莫洛托夫收到建议后说，"贝尔纳斯先生还记得我们三人可以独立会晤，这是件好事"。他想知道议题是什么。哈里曼说可以谈所有美、苏之间悬而未决的问题，诸如今后外长会议的安排、远东问题、中国内战、伊朗动乱、保加利亚等等。哈里曼建议外长们可以提出自己的建议。会议将跟过去一样，不拘形式，别的事情也可以谈。哈里曼在给贝尔纳斯的电报中说，他本人对开会的建议极表欣慰，认为这次会可以打消苏联人"毫无根据"的猜疑。②

杜鲁门在此时认为局势令人费解。他在 12 月 17 日，即莫斯科外长会议开幕的次日说："苏联人让我们面对的是既成事实，我们难以有所作为。波兰的情况是这样，现在又有苏军 50 万在保加利亚，有朝一日还会进驻黑海海峡，又是一个既成事实。"然而杜鲁门又说，"我们不可能派出部队去阻止他们从保加利亚出兵。我不知道该怎么办"。③ 这一天也是一颗新星露头

---

① 总统秘书档案，第 187 盒，外交事务，俄国—莫洛托夫卷。
② 同上。
③ 艾尔斯日记，1945 年 12 月 17 日。

的日子。杜鲁门在当天的约会表上写道："已跟福雷斯特尔谈让约翰·肯尼迪当海军部助理部长的事。"①

美、苏、英三国外长于1945年12月16—26日在莫斯科会晤。斯大林从休养地回来，分别会见了美国和英国外长。这次外长会议的气氛比9月的伦敦会议要好。《时代》周刊记者在会议结束后报道，"有贝文和莫洛托夫在场的房间，绝不会让人误以为是大学校友们在聚会。但是在伦敦大拍桌子的表演之后，莫斯科会议冷静和务实的亲切气氛似乎让人感到放心"。②

为了让读者了解大国领袖们究竟是怎样搞交易的，下面记录一段斯大林和贝文的对话：

斯：英国有印度和在印度洋的属地做势力范围，美国有中国和日本，而苏联一无所有。

贝：俄国的范围从吕贝克一直伸展到旅顺口。③

在反复讨价还价之后，莫斯科三国外长会议就一些问题达成了协议。会议决定对纳粹卫星国的和约应在1946年5月1日以前搞妥，以供和会之用。这一点后来实现了。关于占领日本，决定在华盛顿建立盟国远东委员会和在东京建立盟国管制委员会。由于美国掌握占领日本的实权，这两个委员会形同虚设。会议决定在朝鲜建立临时政府和由四大国实施五年托管，这根本没有兑现。苏联决定在罗、保两国采取某些行动以给西方一点面子，西方同意在外交上承认两国政府作为交换。

惟一见诸行动的实质问题是关于中国，苏联和西方在会上都同意支持蒋介石。当时决定的苏联撤军时间后来被推迟了，而美国的撤军时间就更加没准了。

关于最重要的议题，国际管制原子能问题，会议决定建立一个向联合国安理会负责的原子能管制委员会。争论的焦点是

---

① 总统每日约会表，1945年12月17日。
② 《时代》周刊，1945年12月31日，第22页。
③ 《美国对外关系》1945年第2卷，第776页。

安理会跟这个管制委员会究竟是什么关系。西方要求原子能管制委员会具有相对独立性，这是因为它们可以控制大多数。苏联则强调安理会有领导权，这是因为苏联在安理会有否决权。只有天晓得这个委员会或安理会怎样来管制某个国家的原子活动。公报中连交换科学情报都没提。后来的事态说明，莫斯科三国外长会议关于原子能问题的决议什么用处也没有。①

对于还有一个重要问题——伊朗，什么协议也达不成。莫洛托夫说关于伊朗的讨论没啥可写进公报的。②

美国政府高层认为莫斯科三国外长会议是失败的。这一估计显然过于悲观。因为苏联人主要只不过是坚持不肯让出已在手中的既得利益而已。然而，当权者的看法能决定行动，对他们的看法是不能视若等闲的。杜鲁门的参谋长李海上将说，会议公报是"一份绥靖的文件。它给了苏联人以所要的一切，给美国人什么也没留下……贝尔纳斯终于还是受到了国务院里亲共分子的影响"。③

杜鲁门对于莫斯科会议的结果以及贝尔纳斯在会上的表现极为不快。不幸的是，国务卿本人的看法要乐观的多，而且他没把总统当回事。这就难怪他会挨总统一顿大批。挨批的主要原因之一，便是对苏联"软"了。

杜鲁门在卸任回老家后曾说，"1945年末和1946年初，贝尔纳斯去莫斯科，既不向我报告情况，又未取得任何成就。我当时便得出结论，俄国不会跟我们再搞下去了"。④ 显然，从9月伦敦五国外长会议上贝尔纳斯在后裤袋里插个原子弹晃来晃去，到12月莫斯科三国外长会议上他对苏态度发"软"，仅三

---

① 关于1945年12月莫斯科外长会议达成的协议和达不成之点，请参看上卷。
② 同上卷，12月莫斯科外长会议，关于12月26日正式会议的记载。
③ 美国国会图书馆：李海文件，日记，1945年12月26、28日；见赫伯特·菲斯：《从信任到恐怖》，1970年，纽约，第55页。
④ 总统卸任后文件，回忆录材料。

个月时间，便已看出原子外交的局限性。手里有着几个原子弹是一回事，把这些原子弹变成达到某种困难目的的手段却又是另一回事。在1945年年底时，杜鲁门当局大失所望，几乎已下定决心要跟苏联来硬的了。这将不是一种策略考虑，而是基本政策。然而，化友为敌需要有个酝酿过程，也得有个理论来阐明原由，不过这是1946年的事情了。

## 第五章

# 大转折的1946年

对于杜鲁门当局来说，1946是个部分雅尔塔框架失效的年头。框架的一部分：联合国合作，在1945年搞得并不好。当时惟一的前景是不放枪的对抗。但是框架的另一部分：两个未来的超级大国划分势力范围并企图主宰世界，尽管遇到了种种阻力，却还在起作用。美国为了把对抗（或叫遏制）的概念转变成为国家政策，需要有几个前提。它们主要是：发生了导致对抗的新事件；政府机器的改革；对公众进行反共反苏的再教育；以及有了能阐明新政策的理论。要做到上述几点，美国需要时间。对于苏联来讲，情况也是仿佛的。

原子弹仍然是美苏之间的一个重要争端，这一战场是在联合国内。1946年初美国政府建立了一个委员会，以拟订国际原子能计划。杜鲁门打算在不久后公布一大批有关原子能科技而不涉及军事方面的材料。陆军部同意了为总统拟的声明稿，但是内阁会议决定不予发表。这是1946年3月8日的事，恰好在丘吉尔的富尔敦演说之后。①

联合国也建立了一个原子能委员会。美国需要派一个强硬的谈判代表参加委员会，于是老牌民主党人巴鲁克便中选了。

---

① 总统每日约会表，1946年3月8日。

杜鲁门在3月16日跟巴鲁克作了一番长谈。事后总统记述道，巴鲁克"想管理全球、月亮，甚至还有木星——等着瞧吧"。①杜鲁门提出了巴鲁克应当遵循的三项原则：1. 把发展原子能的事交给各国自己去办而单纯依靠国际制度，是达不到安全目的的。2. 建立一个具有充分权力的国际原子能发展权威组织。3. 这一国际组织必须对于一切对会危及世界安全的原子能活动实施管理，并具有对一切活动和阶段进行管制、监督和发放许可证的权力。②

英国首相艾德礼在这时向杜鲁门提出，英国要求全面交换原子能情报，其中包括技术情报和公平分配原料。③

哈里曼在1946年6月向杜鲁门报告，英国人对于美国关于原子能的麦克马洪法案感到十分关切，因为这一法案把英国跟其他国家等同对待。艾德礼对哈里曼说，"英国政府将会被迫发展原子能生产"。哈里曼的看法是：英国人"很想跟美国人会谈，但不知如何去做为好。他们要求我们澄清情况"。④

美国决定于1946年在太平洋上比基尼岛进行原子试验。参谋长联席会议打算试验原子爆炸的效果。他们认为及早确定原子弹对海军舰只的破坏力，对于评估原子弹的战略价值有着重要意义。杜鲁门批准了参谋长联席会议的计划。3月14日，杜鲁门又批准了观察试验的方案，但"要求参众两院的陆军、海军和拨款等委员会有相等人数参加"。⑤试验的代号是"十字路口"，同时邀请了外国观察员，以为炫耀。在此之前，对于美国战略轰炸的效果进行了评估，起草了一份关于美国战略轰炸的

---

① 总统每日约会表，1946年3月16日。
② 机密档案，第4盒，陆军，1945—1949年，原子弹卷。
③ 海军助理档案，第6盒，艾德礼—杜鲁门通信1945—1946年，艾德礼致杜鲁门，1946年4月16日。
④ 总统秘书档案，第170盒，主题卷艾德礼，哈里曼致杜鲁门，1946年6月12日。
⑤ 机密档案，第4盒，陆军，1945—1949年，原子弹卷。

调查报告。陆军部希望这一报告在原子弹公开试验前完成并公布。①

莫洛托夫对美国大使说，苏联将派观察员出席"十字路口行动"。他说他明白苏联观察员将不会获得跟其他人一样的方便，大使回答说，他们将得到同样的方便。也就是说待遇是平等的。②

比基尼试验的结果并不惊人。瑞典人认为效果比预期的要小。美国驻斯德哥尔摩代表在7月里报告，这一试验削弱了美国的影响力。③

美国代表巴鲁克在1946年7月向联合国原子能委员会提出了一个计划。在此之前，他在5月底向金海军上将征求意见。巴鲁克问金是否能够出出主意，以使人的头脑中产生一种想要遵守未来关于原子能管制条约的愿望。此外，在计划中又怎样对违约者将会自动受到惩罚这一点作出规定。金上将的回答是，应当采取步骤"来造成一种恐惧"，使人们为了保存自己而愿意遵守条约，而且签约国应当不顾违约大国的"否决"，哪怕是引起战争也罢。金说在条约中，应当写明对违约者将如何"自动地"进行惩罚。④

艾森豪威尔这时担任陆军参谋长。他对巴鲁克向参谋长联席会议提出的问题表示了个人意见。他主张不管其他国家如何让步，美国也要继续处于领先地位。作为预防性措施，他认为一定得有规定报复的条款，并且得有能力来用原子武器对付不

---

① 总统秘书档案，第170盒，主题卷，国家安全委员会，原子，小洛克致杜鲁门，1946年6月21日。
② 美国国务院电报摘要，1946年6月3日。
③ 美国国务院电报摘要，1946年7月8日。
④ 美国国会图书馆：恩斯特·金文件，第17盒，巴鲁克致金，1946年5月24日；金致巴鲁克，1946年6月5日。

听话的人。①

1946年7月10日，杜鲁门指示巴鲁克一定要从原子原料来源上就开始进行管制。在确定其他国家已不再可能用武力对付美国之前，不得刀枪入库，马放南山。②

巴鲁克计划的要点，便是对原子能实行国际管制，对材料及工厂进行视察，而在联合国安理会中则任何人对原子问题不得具有否决权。与此同时，美国将继续对原子武器享有垄断。巴鲁克要求对违约者进行制裁，但是艾奇逊不同意。在联合国原子能委员会中，巴鲁克计划不但遭到苏联反对，而且也让英国很不高兴。美国的目的非常清楚：利用持有原子弹的优势地位迫使苏联要就接受国际管制，要就一点原子能知识也得不到。杜鲁门当局显然并不期望苏联接受这一计划。

巴鲁克在9月间便已等待着联合国原子能委员会垮台。他对手下的人讲，鉴于有一天谈判将会破裂，应当加倍努力储存原料和原子弹。他认为，即使这一回他强要苏联接受他的计划，其他国家在这时候也不会跟着美国走。美国已经丢失了主动权，别的国家已越来越摇摆不定了。③

联合国的一位苏联官员在私下讲，巴鲁克计划是给世界政府用的，但是现在并不存在这样一个政府。他说关于世界政府的构想是1944年在顿巴敦橡树园会议上提出来的，后来在1945年旧金山会议上遭到了否定。④

美国不失时机地进行了关于外国发展原子能状况的情报活动。国家情报委员会在1946年8月2日授权并指示中央情报主任，应对所有收集外国原子能情报的活动进行协调，曼哈顿计

---

① 普林斯顿大学西利·马德手稿图书馆：巴鲁克文件，艾森豪威尔致巴鲁克，1946年6月14日。
② 同上档案，杜鲁门致巴鲁克，1946年7月10日。
③ 普林斯顿大学西利·马德手稿图书馆：巴鲁克文件，联合国原子能委员会美方人员会议，1946年9月10日。
④ 同上档案，弗兰克·林赛致巴鲁克，1946年10月21日。

划的外国情报处的全部人员和工作档案应尽快移交给中央情报组。①

1946年12月30日,联合国原子能委员会对巴鲁克计划进行了表决。据巴鲁克本人讲,开始英国并不支持这个计划。在他的坚持之下,英国代表让步了。最后,除了苏联和波兰弃权外,委员会同意将此问题列入安理会议程。② 从这时开始,美国就再也不能用分享原子能知识来吊苏联的胃口了。这件事情成为僵局。苏联人加足马力发展自己的原子武器。英国人也是一样。事实上,巴鲁克计划并未增强美国原子外交的实力,反倒削弱了它施加影响的能力。

在1946年里,除了中国的全面内战外,最最爆炸性的局势要算在伊朗了。这里的情况表现出苏联和西方关系的恶化,也揭示了美英关系之微妙。关于黑海海峡和希腊、土耳其的局势则是另外一个例证。

对于英、美两国来说,1945年在波兰内部事务上跟苏联的争端,并不直接涉及两国本身的重大利害,是一件可以拿得起也可以放得下的事情。但是苏联要求控制黑海海峡和在北非的利波里塔尼亚建立桥头堡;这就是英国万万不能接受的了。从英伦三岛经直布罗陀、地中海、苏伊士直抵远东的海上航线,乃是大英帝国的生命线。苏联的上述要求等于是把这条生命线拦腰截断。再者,英、苏关于伊朗问题的争端,又直接关系到石油和英国在中东的势力范围的安全。这些便是为什么战后初期英苏关系比美苏关系还要紧张的原因。贝文在1946年初的内阁会议上说,苏联"对于土耳其、波斯的态度,他们对北非意大利殖民地的要求,以及他们想让安理会干预希腊,都说明他们是在想削弱英国在地中海的势力"。③

---

① 机密档案,第4盒,陆军,1945—1949年,原子弹卷。
② 伯纳德·巴鲁克:《公职年代》,纽约,1960年,第379页。
③ 英国内阁档案,128/7,(46)第14次会议结论,1946年2月11日。

巴西政治家阿尔哈那当时认为，苏联正在建造一种机器以专司摧毁大英帝国。而由于英国变弱，她便不得不把自己纳入美国的轨道。① 这说明，英国地位的削弱并不一定有害于美国的利益，有时倒会恰恰相反。对此英国政府是了解的。

1946年2月7日，美国驻英国大使馆报告了关于英国外交部一位官员的讲话。这位外交官说，苏联在的利波里、近东、印尼及东南亚等落后地区的兴趣是搞共产主义理论的一种混合物。他们既设法在穷人中制造动乱，又增进了苏联的利益、声望和影响，还要让英国人下不来台。他们想取代英国在落后地区的地位，并且用经济因素在邻国增强其影响。②

美国国务院在1946年5月认为，在苏联看来，美、英之间的冲突是资本主义制度所固有的，他们正在设法促进这种冲突的爆发。苏联也在苏、英之间有利害冲突的许多重要地方施加压力。国务院说苏联所用的两种方法是：1. 威胁英国在东方、的利波里塔尼亚和法国的生命线，迫使它从希腊、叙利亚、黑海海峡、伊拉克和伊朗撤出。如果共产党拿下了法国，他们便能使用法国的大西洋港口和英法海峡中的基地；2. 用第五纵队和宣传把大英帝国逐渐地暗中啃光。③

早在1945年9月，英国政府召开了为期两周的英国驻中东外交代表会议，讨论对这一地区的政策。苏、美在中东的活动，也是会议讨论的内容。会议当时认为，在跟苏联的短期关系上以伊朗问题最为突出。在那里，英、苏都驻有军队，但条约规定双方应在战后6个月内将军队撤出。会上对苏联在整个中东进行渗透感到担心，认为由于中东各国人民在现行社会制度下命运多舛，很容易接受共产宣传。英国人也认识到美国人在这

---

① 美国国务院电报摘要，1946年2月20日。
② 同上档案，1946年2月7日。
③ 杜鲁门图书馆：克拉克·克利福德文件，第14盒，国务院，美—苏政策，1946年5月15日。

一地区的商业活动来势很猛。他们认为英、美应进入商业竞争时期，不应做出任何让步来有利于美国商业渗透既有的英国市场。①

在1945年12月的莫斯科外长会议期间，贝文非正式地向斯大林建议建立一个三方委员会以加速盟军自伊朗撤出。这个委员会还应向伊朗政府提供咨询和协助，以便伊朗根据宪法建立省级的评议会。斯大林表示这些意见有可能作为解决问题的基础，但是后来莫洛托夫说苏联政府不准备在这基础上谈此问题，这一讨论便中断了。②

与此同时，伊朗阿塞拜疆的一个分离主义运动，在苏联鼓励下成立了一个对德黑兰中央政府独立的政府。

西方大国企图让伊朗把苏联不肯撤军的问题提交联合国，但是伊朗怕这样做得罪苏联。在1946年1月里，伊朗大使一连几天要求面见杜鲁门。但国务院说，在伊朗决定是否将问题提交联合国前，总统不会见他。1月23日，国务院建议总统接见伊朗大使，因为伊朗已经做出决定。杜鲁门说，他认为没有必要见，但如国务院让见，他将跟贝尔纳斯国务卿一起出面见见。③

1946年1月29日，新上任的伊朗首相卡瓦姆在让联合国考虑苏联撤军问题的同时，也想跟维辛斯基来直接解决这个问题。中国大使建议安理会不要在伊朗问题上采取行动，而让伊、苏去进行双边会谈。美国驻联合国大使斯退丁纽斯拒绝了这个建议。④

安理会最终还是同意让伊、苏进行双边会谈，但保留在任

---

① 英国内阁档案，129/2，内阁文件（45），174，1945年9月17日。
② 同上档案，128/5，内阁备忘录，(46) 1。
③ 官方档案，134系列，第569盒，(1945—1949年)，乔治·艾伦致伍德沃德，1946年1月23日；康奈利致伍德沃德，1946年1月26日。
④ 美国国务院电报摘要，1946年1月29日。

何时候都可了解进展情况的权利。如果谈判不能令人满意,安理会有权随时重新研究这一问题。①

卡瓦姆在2月末到达莫斯科进行谈判。伊朗国王对此感到担心,他向美国大使表示,卡瓦姆是个伊朗的克伦斯基,在替苏联扫清主宰伊朗的道路。他说伊朗是中东石油的第一个牺牲者。②

美国外交官凯南于卡瓦姆在莫斯科期间拜访了他。卡瓦姆对他说因未能跟苏联达成谅解,而准备在3月5日回国。卡瓦姆询问美国是否肯于支持伊朗?凯南说,如果事情回到安理会手中,美国将尽一切努力帮忙。③伊朗国王在第二天说,如果苏联在联合国遭到激烈反对,它将会退出联合国组织。他说英国已没多少实力,惟一只有指望美国了。④卡瓦姆告诉美国大使,斯大林和莫洛托夫在莫斯科讲,苏联的利益要求苏军留在伊朗。他们说,"我们不在乎美国和英国怎么样,我们不怕他们"。斯大林还说在伊朗这件事情上有个"苏联尊严"的问题。卡瓦姆接着讲到,当他途经巴库时见到城周围布满了高射炮。据伊朗驻巴库领事告诉他,这是一个关于总动员的总命令所产生的效果。苏联给人的印象是准备动武。⑤美国大使向国内报告,苏联在沿土耳其边境部署了7—12个师。他说这些军队可以从西北东三面包围德黑兰。伊朗国王对于卡瓦姆的忠诚感到怀疑,他怕苏联来个闪电战。⑥而这时卡瓦姆告诉美国大使,他准备把伊朗的不满意见提交安理会。⑦

苏联怕伊朗把问题提交安理会。据卡瓦姆特派的秘密使者

---

① 美国国务院电报摘要,1946年1月31日。
② 同上档案,1946年2月25日。
③ 同上档案,1946年3月5日。
④ 同上档案,1946年3月6日。
⑤ 同上档案,1946年3月12日。
⑥ 同上档案,1946年3月14日。
⑦ 同上档案,1946年3月15日。

对美、英大使说，苏联代表表示：任何把伊朗问题提交安理会的行动"都是敌对行动，将会给伊朗带来不幸的后果"。但是卡瓦姆态度坚定，苏联代办改变了态度。他要求伊朗先别采取主动行动，等安理会索要报告时再说。卡瓦姆怕自己将被推翻，紧急要求美、英出主意。① 美国领事报称，大批苏联军队和坦克从塔布里兹开向马拉盖。这位领事被人用枪逼迫着离开塔布里兹市外的一个火车站。在此情况下，伊朗外交大臣准备将伊朗问题提交安理会，但方式比较缓和，以免刺激苏联。美国驻苏大使馆报告，苏联一定要建立一个肯于屈从苏联要求的伊朗政府。这些要求便是苏联继续驻军和租让油田。美国大使馆认为，苏联的中东政策旨在不与英国断交的情况下避免撤军。② 贝文强烈地感到安理会会议不能再推迟了，如果在这件事上对苏联让步，将会严重危及联合国的前途。③

苏联最后终于建议将其军队撤出伊朗。其交换条件是就开发伊朗北部的石油达成一个协议。苏联发出了给伊朗的照会，内称：1．"如果不发生新的情况"，将在5—6周内自伊朗撤军；2．建立伊—苏石油公司，伊朗占股份49%；3．苏联支持的"阿塞拜疆总理"将改称为总督。当地的立法机构将成为总评议会。卡瓦姆对英、美说，他将要求苏军在4周内撤完；将苏联决定正式通知安理会；对石油问题提出反建议；不同意苏联关于阿塞拜疆的建议。英国的态度是苏军撤出乃是应当无条件履行的义务。凯南建议，鉴于撤出苏军将会遇到苏联权势人物的强烈反对，美国应要求联合国保证苏—伊协议将得到公正的执行。④ 斯大林和葛罗米柯表示，他们已跟伊朗政府达成了协议。而卡瓦姆则说并非这么一回事。他说目前危机的症结在于苏联

---

① 美国国务院电报摘要，1946年3月16日。
② 同上档案，1946年3月18日。
③ 同上档案，1946年3月22日。
④ 同上档案，1946年3月26日。

对于伊朗石油的要求。美国大使在 3 月 28 日报告国内，英国在伊朗的威望和领导作用已大大降低。许多伊朗人认为英国已经撒手，对于伊朗已无兴趣了。①

然而，伊朗政府在 1946 年 6 月跟苏联达成了协议，规定苏军将撤出，伊朗也不把此事提交安理会。伊朗将在议会批准后跟苏联建立一个合资石油公司。美国向卡瓦姆施加压力，让他别在安理会撤回伊朗问题。但卡瓦姆说在苏联压力下已答应不再提了。他将要发表一个声明，把问题交给安理会去随便做什么都行。② 后来的实际情况是，伊朗议会不批准建立阿塞拜疆合资石油公司，不过那是 1947 年 10 月的事了。

1946 年 4 月，苏军开始从伊朗（除阿塞拜疆外）撤出，到 5 月初尚未撤完。伊朗国王生怕卡瓦姆会在跟阿塞拜疆代表谈判时同意他们保有自己的军队。5 月中旬，阿塞拜疆代表团怒气冲冲地离开德黑兰。苏联大使对卡瓦姆讲，其结果可能是"铁和血"。美国敦促伊朗说，如果想在战斗爆发时得到外国干预，就别再像以前那样摇摆不定了。③

在这一段时间里，卡瓦姆政府在极其危险的环境中走钢索。一方面，它需要西方帮忙，来抵消苏联的压力。于是，是否把问题提交安理会，便成了伊朗跟苏联讨价还价的筹码。另一方面，伊朗又得做出一定让步，以免激怒苏联人。联合国对于伊朗局势感到束手无策。赖伊秘书长在 1946 年 5 月 20 日对美国驻联合国大使斯退丁纽斯讲，整个伊朗问题是非常困难的，特别是内战已经爆发。赖伊表示不知何时才有个解决。④

6 月初，美国大使自德黑兰报告说，伊朗局势一触即发。左

---

① 美国国务院电报摘要，1946 年 4 月 9 日。
② 同上档案，1946 年 4 月 12、15 日。
③ 同上档案，1946 年 5 月 14 日。
④ 海军助理档案，第 3 盒，1946 年致杜鲁门杂项信电，斯退丁纽斯致贝尔纳斯，1946 年 5 月 20 日。

派和右派都可能搞政变。① 这时英国驻德黑兰大使打算在伊朗起更积极的作用。他认为英国不能眼看着自己在伊朗南部的地位和石油利益付诸东流。②

苏联则认为此时应缓慢行事。6月10日，美国驻苏大使对在伊朗有可能发生的政变提出看法。他说苏联会慢慢地前进，因为他们认为时间对自己有利。伊朗外交部的一位官员在次日说，阿塞拜疆问题有望在近日内解决。6月14日，伊朗国王通报美国大使，他已接到苏联方面的表示，想跟他个人改善关系。③ 6月18日，美国大使从德黑兰报告，卡瓦姆已经在亲苏阵营中陷得太深，难以回头了。④

英国人也想跟美国人一起向卡瓦姆提出警告。但是美国认为一起来干会给人以英、美在中东合伙反对苏联的印象，因而是不可取的。美国大使将继续独自警告卡瓦姆。⑤ 显然，杜鲁门当局并不想为英国利益干事，而只想使伊朗局势有利于美国。美国政府在6月25日对卡瓦姆的访美愿望做出答复，欢迎他前来访问。⑥

在另一方，苏联也邀请伊朗公主访苏。美国国务院认为，这是表示对国王的支持，也是给卡瓦姆的一个信息：没有你也行。

1946年11月底，美国政府指示驻伊大使通知伊朗，美国将维护伊朗主权，反对外来压力。美国支持伊朗的独立，不单是说说，而将采取适宜的行动。⑦ 当卡瓦姆在12月初告诉美国大使，苏联表示反对伊朗派兵去阿塞拜疆时，大使说他被授权通

---

① 美国国务院电报摘要，1946年6月3日。
② 同上档案，1946年6月10日。
③ 同上档案，1946年6月。
④ 同上档案，1946年6月18日。
⑤ 同上档案，1946年6月21日。
⑥ 同上档案，1946年6月25日。
⑦ 同上档案，1946年11月25日。

知首相，派兵是完全应该的，美国支持，而且卡瓦姆完全有理由把这事通知安理会，美国将在那里做坚强后盾。①美国驻苏大使史密斯报告道，他认为苏联正在遵循一种在政治上而不是军事上臣服阿塞拜疆的政策。苏联是想利用这一地区做工具，来搞乱中央政府并在最后把它拿过来。这正是它用在伊朗、中国、伊拉克、阿富汗和不久以后就会用在印度身上的政策。②

英国对于自己在伊朗的势力遭到削弱，心中实在不甘。如有可能，它是不会听任这样下去的。下面的材料可以说明伊朗对于英国的重要性。

根据1947年1月价格来算，预测英国控制的中东原油制成品的大概售货量为：

1945年　　2.05千万吨　　0.8亿英镑

1950年　　4.2千万吨　　1.64亿英镑

1955年　　5.8千万吨　　2.26亿英镑

根据1946年价格，英国在中东的主要石油工业资产为：

伊朗阿巴丹炼油厂　1.2亿—1.5亿英镑

巴勒斯坦海法炼油厂　0.25亿英镑

输油管　0.2亿英镑以上

在1947年1月，中东石油占英国石油消耗的60%。到1955年将增至70%。③

看了上面的数字就明白为什么苏联想把英国赶出伊朗，而美国又想取英国而代之。虽然自大战开始以来美国人已把中东石油已知储量的40%拿到手，但到了1946年，美国人显然是在把原来归于英国势力范围的伊朗的事务抓在自己手里了。

1946年10月20日，美国参谋长联席会议提出了一份备忘录，阐明为什么不能把伊朗石油交给苏联而只能交给美国。备

---

① 美国国务院电报摘要，1946年12月3日。
② 同上档案，1946年12月10日。
③ 英国内阁档案，129/16，内阁文件（47）11，1947年1月3日。

忘录指出了伊朗在地缘政治上的重要性。在第四个五年计划里，苏联的石油70%来自巴库油田。苏联84%的炼油能力在高加索地区。上述油田和炼油厂都处于自伊朗起飞的轰炸机的有效半径之内。许多苏联军工厂也在这半径内。当美国及其盟国从南方袭击苏联时，如果中东和伊朗石油是在苏联手里，美、英便会在后勤上遇到巨大困难。参谋长联席会议对于苏联在伊朗北部建立合资石油公司的企图感到怀疑，因为那里石油储量不大。苏联很可能是想在伊朗内部制造不和，以作为将伊朗拉入其势力范围（指波兰、罗马尼亚等国）的前奏。美国的利益在于让苏联离开中东和伊朗石油，愈远愈好。备忘录认为苏、英将伊朗瓜分为南北两个势力范围，将会在政治上增强苏联的安全能力。这也会让别人认为西方没有能力来保护它在这一地区的利益。这将会巩固苏联在伊朗的基地，苏联将进一步向南推进。[①]然而，认为苏联会轻易地把伊朗和整个中东撒手，就太天真了。英国如有可能，也不会肯让美国闯入它的传统势力范围。在伊朗进行的这一场三大国比赛加剧了国际紧张局势和三国间关系的复杂性，在以后的年月里，这些都将会进一步公开化。

关于黑海海峡和希、土两国局势，是老问题了。这两个问题在波茨坦会议和1945年9月的伦敦外长会议上都是热门题目。杜鲁门在波茨坦时曾说过："领土租借是土耳其和俄国之间的争端，得让它们自己去解决。但是黑海海峡问题跟美国和全世界都有关系。"当时斯大林把黑海海峡跟巴拿马、苏伊士和直布罗陀做了比较，他说后面这几个地方都有军队保护。[②] 苏联要求对关于黑海海峡的蒙特勒公约做有利于己的修改。它还要求土耳其将租借给黑海海峡的基地及卡斯和阿尔达汗两省的领土交给苏联，理由是这些地方过去曾属于俄国。在希腊问题上，

---

① 美国参谋长联席会议，1714/1，1946年10月12日。
② 海军助理档案，第2盒，柏林会议材料，会议记录卷，1946年7月23日。

巴尔干各国共产党领导下的政府支持希腊的解放运动，但是苏联却不太起劲，因为"百分比协定"已将希腊基本上划为英国势力范围。总的说来，希、土局势在1945年里是紧张的。苏联不断向土耳其施加压力，希腊的战斗也在升级。

1946年3月，美国驻土耳其大使威尔逊报告国务院，苏联军队进入保加利亚，并通过伊朗领土向土耳其边界推进。大使认为，当4月15日以后道路变得干燥时，不能排除苏联动武的可能性。苏联的目标是建立一个"友好的"土耳其政府，这样便可取得黑海海峡的控制权和填满从波罗的海到黑海这条带上的空隙。①

针对以上情况，美国采取了炮舰政策。1946年春，美国战列舰密苏里号开抵土耳其以炫耀武力。威尔逊大使报告说，这一军舰对土耳其的访问获得完全成功。土耳其人没有夸大该舰到来的政治意义，也未做任何会使美国难堪或引起苏联猜疑的事。② 国务院在1946年6月11日告诉总统，斯大林一再向英国驻苏大使表示，苏联的大部分船只都需要有自由通过黑海海峡的权利，但是除非苏联在地中海某处有个基地，也就谈不上什么自由通过了。③

土耳其总理在6月27日通报美国大使，说是苏联大使要求土耳其承认黑海海峡对苏联要比对别的大国更为重要，因为一旦有了战事，苏联需要在海峡有个基地。如果土耳其承认并愿意讨论这一点，就可以不去考虑苏联对卡斯和阿尔达汗的要求。土耳其总理对苏联的回答是，在苏联收回关于领土和基地的要求之前，讨论是无法进行的。④

虽然局势看来紧张，但美国驻苏大使馆在8月6日报称，

---

① 美国国务院电报摘要，1946年3月19日。
② 同上档案，1946年4月11日。
③ 同上档案，1946年6月11日。
④ 同上档案，1946年6月27日。

它很不相信苏联会在计划攻打土耳其。苏联在8月9日通报美国，它已向土耳其建议"共同"组织对黑海海峡的防务。① 3天后，土耳其总理通报美国，苏联上述建议与波茨坦会议精神相冲突。波茨坦只要求对蒙特娄国际公约作出修改。② 紧接着在又过了一天之后，斯大林在会见捷克斯洛伐克外长马萨里克时，先后三次突然文不对题地表示苏联无意进攻土耳其。③ 看来，由于土耳其在美国撑腰下态度强硬，使斯大林从原来的立场上退了回去。

当时凯南曾就苏联对黑海海峡形势的意图作过评论。他说，"我很怀疑俄国对土耳其神经战的主要目的是开放黑海海峡。它的真正目的是摧毁土耳其的独立，将它变成一个傀儡国家，以作为主宰东地中海的跳板"。④

美国在8月19日通知土耳其，它不同意苏联的建议，但愿意参加有关蒙特娄国际公约的会议。第二天，美国又把上述态度通报了苏联。⑤ 这样一来，黑海海峡问题就直接掌握在两个未来的超级大国手中了。几年之后，艾奇逊对土耳其总理说，1946年8月拒绝苏联的要求，"被总统认为是在往广岛扔下原子弹之后所做出的最为重要的决定"。⑥

美国国务院在9月26日报告总统，贝尔纳斯国务卿深信，现在已是时候了，美国应当尽力帮助自己的朋友，而不再帮助那些反对美国为之奋斗的原则的人。他认为美国帮助希腊和土耳其是极为重要的。他已向贝文建议，由英国提供军事装备，由美国给经援。他也希望能尽一切努力来向希腊提供这种经济

---

① 美国国务院电报摘要，1946年8月9日。
② 同上档案，1946年8月13日。
③ 同上。
④ 克利福德文件，第15盒，俄国卷（5），凯南对克利福德—埃尔西文件（稿）的意见。
⑤ 美国国务院电报摘要，1946年8月19、20日。
⑥ 艾奇逊文件，第64盒。

援助。①

驻雅典的英国代表在12月初向伦敦报告,希腊军事形势日益恶化。美国驻土耳其大使馆报告称,土耳其同意希腊关于武器的请求,并将卖给希腊大宗小麦。②

美国驻希腊大使在12月中报告道,尽可能早日装备希腊陆军乃是至关重要的事。希腊财政已到达灾难性程度。③

12月20日,美国国务院通知英国政府,美国急切希望及早知道英国究竟能向希腊提供多少武器以应维护和平稳定之需。④

上述情况说明,到1946年年底,土耳其的状况已相当不错,希腊则仍需援助。但是谁也料想不到,在1947年春天会在希、土问题上出现戏剧性的一幕。

美国在战时的经验和战后的实际需要,告诉杜鲁门当局非得对国家安全机构重作安排不可。1946年这一年,对于完成这一重新安排的计划和准备工作具有决定性意义。安排的结果是:设立国家安全委员会,海、陆、空军三部统归一个新设的国防部领导之下,参谋长联席会议正式立法,一个前所未有的中央情报局宣告成立。作为以上改革的立法基础,国会在1947年通过了一项国家安全法,后来在1949年又对此法案做了修正。在杜鲁门当政时期,国家安全委员会还处于襁褓阶段,国务卿和国防部长都能对它起强大的影响作用。1947—1948年国家安全委员会的经费预算只有11万美元。第二年它要求拨给20万美元,仅够雇请31个工作人员之用。⑤国家安全委员会的执行秘书也远远没有后来国家安全事务特别助理那么大的权力。当首任执行秘书索尔斯少将辞职离任时,他向杜鲁门建议今后执行

---

① 美国国务院电报摘要,1946年9月26日。
② 同上档案,1946年12月2日。
③ 同上档案,1946年12月18日。
④ 同上档案,1946年12月19日。
⑤ 《圣路易邮报》1948年2月29日。

秘书应当是一个由总统信任的人担任的非党派性职务。这个人应当客观，肯于为了综合协调所有负责官员的意见而牺牲自己对政策的看法，并乐于身居幕后，不事张扬。①后来在艾森豪威尔时期，设立了国家安全事务特别助理，以使国家安全委员会首次成为政府的正式机构，对外交和防务进行长期规划和决策。②杜鲁门时期设立国防部统管三个军种部，是自世界大战以前就开始了的辩论的结果。至于中央情报局，既是战时经验的总结，又反映了杜鲁门本人对于情报工作的想法。

由于杜鲁门在日本正式投降后三周内便解散了战略情报局，有人便说总统是看不起情报工作的。这不是事实。杜鲁门了解情报工作的重要性，但是他不愿要战略情报局，也不喜欢联邦调查局的某些职能。他在1945年5月便对预算局长哈罗德·史密斯说，他已布置对于美国在南美洲的情报工作做一番研究。有人提出联邦调查局在南美的工作经费问题。他本人反对建立一个盖世太保式的组织。③史密斯在1945年8月15日送了一个报告给国务卿，要在国务院里设立一个情报和研究司。这个司里要有计划办公室，有负责情报研究、分析和发送的各处，一个国务院图书馆，还要有自己的档案。国务院将通过情报和研究司把整个政府的国外情报和研究工作作为一个统一项目抓起来，由副国务卿领导。两个星期后，杜鲁门说，"这下子总统和国务院有了一个好情报机构了"。④杜鲁门认为，中央情报局应当由文职领导。他很快决定，联邦调查局的活动应至少削减到战前水平，并且应局限在美国国内。⑤他对情报工作有自己的计划。他让哈罗德·史密斯不管战略情报局局长杜诺万愿不愿意，

---

① 杜鲁门图书馆：索尔斯文件，第1盒，国家安全委员会，1947—1950年卷。
② 小萨姆·F. 威尔斯：《大规模报复的起源》，载《政治学季刊》1981年春季号。
③ 艾尔斯文件，第7盒，情报机构卷宗。
④ 同上档案，日记，1945年8月27日。
⑤ 同上档案，第7盒，情报机构卷宗。

放手去解散这个局。当史密斯在1945年9月20日把解散战略情报局的命令交杜鲁门签署时，总统说他头脑里有一个跟美国过去有过的全然不同的情报机构。杜鲁门的意思是要有一个直属总统办公室的庞大情报机构。①

杜鲁门的构想也可以从他对前面已经提到过的富兰克林·卡特情报组织的态度看出来。1940年，罗斯福总统建立了一个秘密情报小组织，由富兰克林·卡特（又名杰伊·富兰克林）领导，执行总统直接交派的秘密任务。杜鲁门接任总统后，要求卡特的组织继续工作，直到战略情报局被解散两个月后，才让卡特在1945年11月6日结束活动。卡特在机构解散时报告总统，他的小组织一共存在了57个月，从事了26项工作。杜鲁门在1945年12月11日写信给卡特，对他的工作表示感谢。此后虽然已无正式关系，总统还继续征求卡特的意见。卡特曾在1946年1月写信给杜鲁门，两天以后就收到了回信。杜鲁门在信中谈到设立国家情报委员会的问题。卡特在1946年4月再次写信，他说他设计了一个方案，以挫败苏联在近东的势力和关于美国在苏联国内的宣传问题。杜鲁门在次日复信，让卡特就挫败苏联势力问题提出备忘录。② 杜鲁门对于卡特和对战略情报局的态度截然不同，这很可能是因为他想要一个总统能直接管辖的情报机关。

1946年1月9日，杜鲁门召集会议研究情报工作问题。参加会议的有：李海海军上将、罗森曼顾问、预算局长史密斯、陆军助理沃汉、海军助理瓦达曼，还有海军部的一些官员。史密斯报告道，大战期间美国各情报机构的人在南美老是互相撞车。李海说，情报工作干得不好，他在战时从陆军、海军和国务院根本什么情报也要不出来。③

---

① 艾尔斯文件，第7盒，情报机构卷宗。
② 同上。
③ 同上。

这时国家情报委员会建立起来了。杜鲁门说这个委员会很有必要，可以让所有需要情报来实施对外政策的人都能得到。他说国家情报委员会把国务院、陆军部和海军部的情报工作合到一起了。当有人问到如果在1940年和1941年时有这么一个机构，还会有珍珠港事变吗？杜鲁门回答道，"遇什么情况建什么机构"。① 杜鲁门显然认为，为了对付新的形势，情报工作需要有一个新的面貌。

　　1946年春，先设立了一个中央情报组。杜鲁门对一批报刊和电台编辑们说：一方面，需要有一个中央情报机构，包括所有情报单位在内，连联邦调查局也不例外；另一方面，美国人必须防止出现盖世太保和军人独裁，在实现国防计划和设立中央情报组时，必须强调文职领导，由人民选举出来的人领导。"这样，在今后就不会有任何麻烦了。"②

　　事实上，最重要的情报单位从来也没有停止过工作：英、美两国在战时合搞的对苏电波监听工作，经总统授权在战后继续进行着。英、美联合参谋长会议在1945年9月16日发出命令给所有"'超级机密'的接受单位"。在这前四天，杜鲁门指示国务卿、陆军部长和海军部长，"战争结束并不影响继续保守'超级机密'的安全"。来自德国和日本以外的威胁"可能会在将来出现，如果让未来的敌人了解到'超级机密'在这次战争中所达到的成就，将会使他们警惕起来"。③ 这里所说的"超级机密"，是指破译德国纳粹密码的工作；而这里说的"威胁"和"敌人"指的是谁，无疑是指苏联了。

　　总之，杜鲁门懂得他需要有效的情报工作来应付战后的局势。但他不希望有一个到处伸手的联邦调查局，更讨厌战略情

---

　　① 艾尔斯文件，第7盒，情报机构卷宗。
　　② 同上。
　　③ 见布雷德利·F. 史密斯：《有关战略情报局、超级，以及美国的二战情报工作遗产》，载于英国《防务分析》第3卷第2期，1987年。

报局在世界各地随意乱来。他要一个在他直接监督下的文职中央情报机构。

但是杜诺万的追随者们从未放弃建立一个按他们设计搞起来的中央情报机构。原战略情报局驻欧洲负责人戴维·布鲁斯，在1945年12月写信给原该局驻瑞士办事处主任艾伦·杜勒斯，说是最好让纽约时报和纽约先驱论坛报能在社论里讲到，关于珍珠港事件的调查再次表明需要有一个中央情报局。[①] 在华盛顿人们常讲有两种官僚。一种是随总统进退的，也就是我们中国人所说的飞鸽牌；另一种是总在那里不动的，也就是永久牌。华盛顿是属于第二种人的。连杜鲁门也躲不开这条规律。到了1946年底，中央情报组显然已不能应付局面，一个庞大和强有力的中央情报局就应运而生了。中央情报局后来的所作所为让战略情报局比起它来有如小巫见大巫。

美、苏两国政府为了证明各自的行为是对的，在1946年里下了大力气来做理论上的研究。斯大林和丘吉尔分别出马，来阐明各自对于苏联和西方关系的看法。

先是有一个年轻的美国陆军中校威勒特在1946年1月4日提出了一篇论文，题为"辩证唯物主义和俄国的目标"，论述苏联的目的和动机。这是美国政府中战后第一篇关于苏维埃国家和共产主义的理论文章。

威勒特认为，如果严格地按照共产主义学说来看当代世界，必然会得出苏联共产主义一定会和资本主义民主发生激烈冲突的结论。然而，现在苏联、美国都已经打仗打累了。威勒特在叙述了两次世界大战之间共产主义历史后，说他还不清楚东欧在今后究竟是做一条隔离带呢还是做侵略别国的跳板？比较而言，共产主义有如救世主，而资本主义则处于被动，缺少精神

---

[①] 西利·马德手稿图书馆：艾伦·杜勒斯文件，戴维·布鲁斯致杜勒斯，1945年12月10日。

动力。在将来，美国和苏联是不会为了理论而打仗的。因此，美国不应在经济上做有利于俄国的事情，而应使自己保持坚强的防务地位。①

威勒特的论文不是写给公众看的。但它获得了杜鲁门当局高级官员的青睐。福雷斯特尔特别欣赏这篇文章。李海上将也读了。美国正好需要给自己未来的政策和行动寻找理论根据，这篇论文来得正是时候。

1946年2月8日，斯大林在莫斯科选民代表大会上发表了一篇著名的演说。斯大林开头说，一般讲来，资本主义应当对发生当代世界战争负责。他接着说苏联在战争中的胜利应当归功于苏维埃制度。他赞扬了红军和苏联的备战工作，这显然是在为自己对希特勒对苏发动战争警惕不够的错误做辩护。斯大林在演说中对苏联今后的工作提出了任务：他强调了发展科学技术，特别强调了发展钢铁、煤炭和石油等重工业产品的生产。他认为再经过三个五年计划的努力，就有可能应付一切意外事件。这是苏联领袖自世界大战结束以来的第一篇重要的政策演说，也是苏联此后外交政策的理论基础。多年来，许多西方人士把它说成是一篇鼓吹战争的演说。

事实上，斯大林在莫斯科选民大会上的演说并不是宣传战争的。它是斯大林常用的防御武器。然而，西方国家的政府和报刊可以随心所欲地向群众作解释，因为群众对苏联和对共产主义并不了解。斯大林的演说是一个信号，表明苏联领导人也认为，跟西方在一系列重大问题上有可能达不成谅解。它也是苏联在跟西方方兴未艾的神经战中的一项措施。当时苏联在本意上是真正希望避免跟美国及其西方盟国发生战争的。它根本就没有打大仗的实力。

美国驻莫斯科代办凯南在1946年2月22日发回一份长电

---

① 总统秘书档案，第187盒，俄国，1945—1948年卷。

报，评论斯大林的演说，并就苏联制度的基本点和苏联的外交政策提出自己的看法。后来凯南把电报要点改写成为一篇文章发表，题为"苏联行为的根源"，署以笔名"X先生"。

凯南认为苏联领导人是正统的马克思主义者。他们的外交政策是从苏联正在遭到资本主义包围出发的。他们公开地参与国际活动以削弱西方和加强自己，暗地里他们将利用一切手段搞颠覆和离间活动，以达到同样的目的。凯南的结论是苏联政权干事情是有盘算的，它不冒不必要的风险。在总体上它不如西方强，它的制度还未能证明是成功的。它在自己范围以外的宣传也是很容易被击败的。

长电报没有讲用什么具体办法来对付苏联。但是凯南提出了一些原则：美国政府和人民不应对苏联抱有幻想；要让美国处于更强的讨价还价地位；要给盟友们以希望。长电报无疑是当时研究苏联最重要的理论文件。当然，它在形式上还很粗糙。以后的事态发展可以说明，上面提出的几点原则是怎样被美国决策者接受的。

接着，在1946年3月，英国反对党领袖丘吉尔出头来为他自己和美国的需要服务了。美国中部密苏里州的小镇富尔敦，因杜鲁门总统陪同丘吉尔来发表关于世界事务的演说，而在一夜之间名闻天下。

四十多年来，人们都管丘吉尔的富尔敦演说叫铁幕演说，因为丘吉尔在里面讲到苏联在它的势力范围和西方之间落下了一层铁幕。但是铁幕并非演说的惟一内容。丘吉尔是在用这个词来达到一些对英帝国有利的目标。至于富尔敦演说是怎么样出笼的，人们了解不多。本书作者愿意在这里和读者分享他对此事的了解。

杜鲁门的陆军武官沃汉将军是密苏里州富尔敦镇威斯敏斯特学院的毕业生。1945年9月，沃汉接到这个学院同学会主席兰姆金的来信，请他设法说服杜鲁门接受学院的名誉法学博士学位。沃汉在同月27日复信说，他已对总统讲了，如果他接受别的学院的学位，"那他也得接受威斯敏斯特的。我将继续对他做工作，看看如何"。①

杜鲁门和丘吉尔在波茨坦会议后一直有通信往来，后者曾经提到有可能到美国来看看。

1945年10月3日，威斯敏斯特学院发出邀请，要求丘吉尔来院就世界事务作讲演。杜鲁门在邀请信的下方亲笔写了一段话："这是我老家州里一所很棒的学校。希望你能做到。我会来介绍你的。祝好。哈里·杜鲁门。"②

1945年10月29日，沃汉在给这个学院圣路易市同学会的尤金·贝克复信时说，他想总统今年可能没有时间来接受威斯敏斯特的学位。不过丘吉尔有可能来美国在威斯敏斯特发表演说。"当然，这都还没定局。但若这事实现了，总统一定会在场，那时也许能把学位授给他。"③

丘吉尔在11月8日写信给杜鲁门说，"不管怎么说，这是我现在惟一打算作的公开演说，这是为了表达我对你和你的愿望的尊敬"。他说这次演说将"由你来主持"，"这样可能在很多方面看来都有好处"。④丘吉尔于11月29日又写道，"我自然会在事先让你知道我想在演说中对世界事务讲些什么，因而我在这场合下讲的东西不会使你难堪。我想不会有这样的事，因为我们俩在总的看法上是如此地一致"。⑤

丘吉尔在1945年整个冬天里都被感冒咳嗽所困扰。⑥加拿大的克拉克上校请他去阳光明媚的美国佛罗里达州休养地度假，

---

① 总统个人档案，1429系列，第504盒，兰姆金致沃汉，1945年9月17日；沃汉致兰姆金，1945年9月27日。
② 总统秘书档案，第116盒，一般卷，丘吉尔卷。
③ 总统个人档案，1429系列，第504盒。
④ 总统秘书档案，第116盒，一般卷，丘吉尔卷。
⑤ 海军助理档案，第7盒，丘吉尔佛罗里达之行，1945年。
⑥ 《时代》周刊，1946年1月21日。

丘吉尔感到十分高兴。丘吉尔听说杜鲁门有可能坐游艇到迈阿密来，便在1946年1月29日给杜写信道，"我在去富尔敦前得跟你好好谈一谈。我要向你的国家和全世界传达一个信息，而我认为我俩对它是会完全一致的。在你主持之下，不管我讲些什么，都会引起一些注意。这是一个为这让人感到茫然、迷惑不解和喘不过气来的世界做点好事的机会"。①

杜鲁门在2月2日回信说，"我知道你在富尔敦有一个真正的信息要传达。我当然愿意跟你谈谈这件事"。② 杜鲁门打算在2月11日乘总统游艇"威廉斯堡"号前往佛罗里达，并通知了丘吉尔。但是他未能成行。丘吉尔在2月10日飞到华盛顿来，他住在英国大使馆里。当晚8点半到10点他去白宫看望杜鲁门，谈关于去富尔敦的事。③

3月初，丘吉尔再度来到华盛顿。这回杜鲁门陪他一道在3月4日坐火车前往密苏里州富尔敦。他们一路上跟随行人员玩扑克牌，一直玩到深夜1时半。④

小小的富尔敦镇由于这两位大人物的到来而挤满了来自世界各国的记者。在丘吉尔开始讲话前，杜鲁门如约先把他介绍给听众。总统原来准备了一个讲话稿，说他"事先不了解丘吉尔先生要讲些什么。但是我要他放心，我们都希望他对于自己认为有利于防止战争和我们两国人民今后福祉的想法，尽情地想讲什么就讲什么"。杜鲁门在讲稿上用铅笔亲手把"不了解"三个字改为"不知道"，又加上了一句话："一位是半个美国人的伟大的英国人。"⑤ 然而，当他真正开讲的时候，杜鲁门完全离开了讲稿，讲了另外一套。

---

① 总统秘书档案，第116盒，一般卷，丘吉尔卷。
② 同上。
③ 艾尔斯日记，1946年2月11日。
④ 罗斯日记，1946年3月4日。
⑤ 总统秘书档案，第116盒，一般卷，丘吉尔卷。

杜鲁门说，他在"跟斯大林先生和丘吉尔先生一道参加柏林（即波茨坦）会议以前从未与丘吉尔先生见过面。我后来对他们两位都很喜欢。他们是人，也是我们在此需要领导之际的世界领导人。向诸位介绍丘吉尔先生对我说来是愉快的事，他是我们时代的伟人之一。他是一位伟大的英国人，但他又是半个美国人。丘吉尔先生和我都相信言论自由。我知道丘吉尔先生要讲'和平的中坚'，我知道他要在演说中对全世界讲些建设性的东西"。美国总统说这是他三生有幸，来请这位"伟大的世界公民"给各位讲话。①

讲演结束后，丘吉尔对杜鲁门的身边工作人员说，这是他"一生中最为重要的演说"。在坐火车回华盛顿的路上，车厢的壁上挂着一个用总统大印做的徽章。杜鲁门说，现在和平已经来到，他已让把美国鹰的头转朝橄榄枝，而不再朝着那束箭。丘吉尔说，他认为得让鹰头转来转去，橄榄枝上的小果看上去像原子弹。那天夜里又有扑克牌局，直到午夜。杜鲁门离开较早，去睡了。在打扑克时，丘吉尔问杜鲁门，他能否在打牌时叫他哈里？杜鲁门答道，"温斯顿，行"。② 3月6日早晨，杜鲁门坐"圣牛"号总统专机飞回华盛顿，丘吉尔继续乘火车前行。

关于杜鲁门向听众介绍丘吉尔的开场白，从原先起草的讲稿可以看出，美国政府是在有意识地淡化杜鲁门和丘吉尔讲话之间的关系。然而这个介绍稿过于明目张胆地不顾事实，杜鲁门不得不在最后关头把话说得隐晦一点。在丘吉尔发表演说后，白宫工作人员也按这个路子来谈这件事。总统新闻秘书查尔斯·罗斯在日记里写道，他在记者招待会上"不得不再次否认"总统对丘吉尔演说事先便了解。罗斯对记者们说，虽然丘吉尔在2月里到过华盛顿，并和杜鲁门谈过一个半小时，但是话题

---

① 威斯敏斯特学院：《其言与其人》，富尔敦，1960年。
② 罗斯日记，1946年3月4、5日。

并未涉及丘的演说。① 纽约市于 3 月 15 日在华尔道夫—阿斯托里亚饭店的大舞厅为丘吉尔举行欢迎宴会。贝尔纳斯国务卿指定由艾奇逊副国务卿代替他发表演说，然而在 14 日，艾奇逊突然取消了赴宴的计划。

对此，《纽约时报》评论道，人们猜测当局不愿把自己跟丘吉尔今后可能提出的种种建议联系在一起。②

原先一手安排丘吉尔和杜鲁门去富尔敦的沃汉将军，这时在回答询问时强调，"我们不知丘吉尔先生在美国有什么计划，当他回来说愿意陪总统去并如约发表演说时，我们感到高兴和惊讶"。沃汉又说，"跟新闻界的一些报道相反，总统并未跟丘吉尔先生讨论过他的演说，直到演说发表前几个小时由新闻发布了讲稿时，我们中也没有一个人事先看到过它"。③

大体就在 2 月 11 日丘吉尔到华盛顿来磋商前，杜鲁门已经从美国驻哈瓦那大使那里了解到丘吉尔的想法。大使此前在丘吉尔去古巴时宴请了他。大使报告说，丘吉尔对联合国的前途极为担心。他管俄国叫做一贯富有威胁性的"走起路来像人的熊"。他说"俄国不但将会掌握原子战争的秘密，而且在战后这种摩擦和混乱的气氛中将会用它来达到自己的目标"。一旦发生这样的事，联合国组织（U. N. O.）便会成为联合国孤儿（U. N. O.）。丘吉尔说他命中注定总是要来对见到的危险吹"警号"。他承认，英、美两国"正式的合并或结盟显然是不可能的。因为这对大西洋两岸来说都还不是时候，也不受欢迎。"然而，"事态本身的压力会迫使两个伟大的联邦以某种可行的形式走到一起来"。④

---

① 罗斯日记，1946 年 3 月 18 日。
② 《纽约时报》1946 年 3 月 15 日。
③ 总统个人档案，324 系列，第 479 盒，沃汉致 K. C. 马歇尔，1946 年 4 月 19 日。
④ 总统秘书档案，第 116 盒，一般卷，丘吉尔卷。

杜鲁门在3月8日回答记者提问时坚持说，他"并不像丘吉尔的一位随行人员所说的那样，在演说发表前并没有看到过讲稿"。然而杜鲁门却没有说他事先不知道演说的内容。① 还有报道说，贝尔纳斯和巴鲁克曾在丘吉尔来华盛顿前去佛罗里达看望过他，他们此行也跟演说有关系。当记者在3月8日问贝尔纳斯，美国跟富尔敦演说"有没有关系"时，国务卿的回答也是"毫无关系"。②

虽然丘吉尔的演说后来被称为"铁幕演说"，在起初时人们更为关心的是他对建立英美同盟的建议。白宫助理艾尔斯在日记中写道，"丘吉尔发表了一篇引起轰动的演说。他号召美、英结为更紧密的盟友关系"。③ 有记者问杜鲁门他是否反对丘吉尔所建议的英美同盟？总统回答说，"不"。④ 但是，多年之后，杜鲁门的高级助手之一的克利福德回答记者说，"杜鲁门总统对英美同盟不感兴趣。没有理由非得有某种确定的英美义务，同盟的范围得比这更大"。⑤

实际上且不管事先既有通信又有见面商量，只要杜鲁门往讲台上一站，把丘吉尔介绍给听众，就足以使人们认为富尔敦演说是得到美国总统正式支持的了。不管杜鲁门手下的人如何否认总统事先并不知情，全世界和美国人就是不听这一套。杜鲁门本人并未坚持说他不知情，他只是强调未看过讲稿，这可能接近于事实。杜鲁门不可能完全同意丘吉尔演说的内容。有的他可能同意但认为时机未到。有的他可能想说而自己不便说。总之，杜鲁门不想因丘吉尔瞎出主意而不利于美国，但不论是他还是丘吉尔，都在想利用对方达到自己的目的。谁也不是在

---

① 《纽约时报》1946年3月9日第2版。
② 同上。
③ 艾尔斯文件、日记，1946年3月6日。
④ 同上档案，第5盒，主题卷，杜鲁门—丘吉尔—斯大林卷宗，1946年3月8日，记者招待会。
⑤ 杜鲁门图书馆：克拉克·克利福德口述历史，第81—82页。

那里让对方来利用自己从火中取栗。

杜鲁门对丘吉尔很了解。当他首次在波茨坦跟丘吉尔会面之后，他在背后说丘吉尔"是个非常讨人喜欢和非常聪明的人——这是指英国人所说的聪明而不是肯塔基人所说的聪明。他跟我说了一大堆废话，什么我们国家多么伟大啊，他多么爱罗斯福啊，他又要怎样爱我啊"。"我认为只要他不对我灌太多的米汤，我们一定会处得不错。"① 关于富尔敦演说，除了一些美国不同意的地方外，至少在两个方面对美国是有利的。

在国际上，杜鲁门"可以盯住了这个大试探气球，且看全世界和俄国做何反应"。② 现在是教训一下斯大林的时候了。让他别什么事情都那么顽固。富尔敦演说也给西方盟国和亲西方的国家打了气。在国内，演说有一个重要的作用不大为人注意，这便是可以用它来扭转国内的舆论。放手让丘吉尔去讲，这是最便宜的事了。丘吉尔已经不是首相了。美国总统不便也用不着对英国反对党领袖的政策声明公开表态。丘吉尔又是个世界性的大人物，人们都知道此人是不会听任杜鲁门摆布的，再说，不管丘吉尔讲什么，美国宪法第一修正案不是规定有言论自由吗？总而言之，既可让丘吉尔为代言人，美国又可以不负责任。

英国执政的工党政府不想把自己和丘吉尔的演说挂到一起。演说发表后，艾德礼首相说他要讲明自己事先并不知晓。贝文说丘吉尔文责自负，关于对苏政策，他已在2月21日向下院的讲话里阐明了。由于富尔敦演说讲稿是由英国新闻部颁发的，英国内阁打算发出一个指示，今后凡不是英国政府成员的演说，都不应如此处理。过了一个星期之后，艾德礼首相说，发这么一个一般性的指示不大合适。③ 然而，工党政府逐渐地越来越感

---

① 杜鲁门日记，柏林，1945年7月16日。
② 《时代》周刊，1946年3月18日。
③ 英国内阁档案，128/5，（46）第23次会议结论，1946年3月11日；（46）第25次会议结论，1946年3月18日。

到富尔敦演说给他们找了麻烦。贝文1946年6月在内阁会议上说，这篇演说使英国政府在外长会议上和其他场合更加困难了，因为它从未把自己跟富尔敦演说的观点脱钩。他建议，在下院即将举行的辩论中，必须说清女王陛下政府不同意演说的观点。艾德礼对贝文的看法表示同意。①

1946年3月，杜鲁门任命原来艾森豪威尔将军战时的参谋长比德尔·史密斯将军为新的驻苏联大使。在史密斯1946年3月底赴莫斯科前，杜鲁门让他"对斯大林讲，我一直都认为他是个说话算数的人。但是3月2日以后，军队在伊朗推翻了这一看法"。杜鲁门还要史密斯"敦促斯大林到美国来"。②

4月1日，史密斯报告了莫洛托夫在他到莫斯科后首次来看他的情形。莫洛托夫对他讲了两点：1. 列出了两国间从过去到今天的种种问题；2. 他说虽然永远不打仗是困难的，但是美苏两国没道理不认为有可能维持这种局面。他说这是苏联当前惟一的态度。凯南认为，这次来访的气氛不如过去类似场合那样亲切。③

1946年4月3日，史密斯向贝尔纳斯报告了呈递国书时的情况。他说在呈递仪式后的私下谈话时，苏联主席什维尔尼克和维辛斯基的确都很亲切。史密斯要求贝尔纳斯报告总统，什维尔尼克问了他很久关于美国的复员军人问题。苏联主席对于工业如何吸收他们和如何给他们以教育资助特别感兴趣。苏联复员军人想长期休息和不受纪律约束。他们不愿立即就开始工作。④

4月6日，斯大林就访美邀请作了答复。他说医生不让他作

---

① 英国内阁档案，128/5，(46) 54，1946年6月3日。
② 总统每日约会表，1946年3月23日。
③ 美国国务院电报摘要，1946年4月1日。
④ 海军助理档案，第8盒，1946年致杜鲁门杂项信电，史密斯致贝尔纳斯，1946年4月3日。

去美国的长途旅行。斯大林还说到他已见过史密斯大使。他说他了解杜鲁门所强调的联合国的重要性。但他考虑联合国不应像国际联盟那样被利用来达到某个人自己的目的。①

美国国务院在1946年春天并不认为世界局势已到了有战争危险，但它也主张采取对苏强硬的政策。国务院在5月15日发出一份文件，题为"苏联——政策和情报的声明"，概括了当时美国政府对于苏联外交政策的看法。

文件说美国对外政策的首要目标是使苏联相信建立在国际正义基础上的世界合作。这是通向和平的惟一道路。达到这一目标的障碍在于苏联有着传统的猜疑心理，夸大自身与资本主义的敌对性，对实力和工业新近才有的自豪感，倾向于依靠自己的资源，以及利用第五纵队的能力。

文件说苏联声称它的目标是安全。在自身力量还不强大时，它依靠国际安全组织和三大国的一致。在胜利以后他们用否决权和单方面行动来防止发生他们不喜欢的事。他们显然对西方不信任而要搞自力更生。现在还弄不清苏联扩张的目的是为了安全还是为了扩大势力。在弄清以前，美国必须假设苏联是会采取单方面行动来扩张的，也得制定一种可以应付这种紧急局面的政策。

国务院认为，在搞不清苏联是否已经决定了政策方向的情况下，美国不能跟苏联在国际合作上走得过远。同时，对苏联施加压力也不会有多大效果。惟一的办法是动员美国和世界舆论。美国需要公开坦率直言，并在国内"教育人民"，在国际上要利用联合国组织这个地方。

文件主张，对付苏联应有全球观点，而不能就事来论得失。美国的政策应当坚定。"以道理和权利为后盾的强硬语言，是克

---

① 同上档案，第9盒，斯大林—杜鲁门1946年通信卷，斯大林致杜鲁门，1946年4月6日。

里姆林宫所懂得的惟一语言"。如果苏联退出联合国，那么美国便跟彼此想法相似的"自由政府"一起来搞。而且，美国应当不顾苏联的批评和好恶，支持有需要的朋友。

美国国务院的结论是，苏联对于大国关系的看法极为灵活，俄国人头脑清楚，不会跟一个强于自己或实力相当的国家打仗。

很明显，凯南1946年2月从莫斯科发回的长电报对于美国国务院5月15日的政策文件起了重大的影响。跟凯南的电报一样，国务院文件并未说斯大林2月8日的演说是在宣传战争。它强调了斯大林演说的经济内容，说苏联的目标是第四个五年计划，要恢复并"在一定规模上"超过战前水平。①

美国国务院这种并不是大发警报的平静调子，跟杜鲁门是一致的。总统虽然对于美国无力对苏联在其接壤地区的行动作出有效反应而感到不安，但他对苏联的实际战争潜力估计不高。他手中不仅有着原子弹的垄断权，他还深信，"俄国在今后10年里如果没有我国援助，连一个轮子都转不起来"。②

然而，美国军方的看法却不同。总统的参谋长李海海军上将在1946年7月26日送交总统一份备忘录。它打一开头就说，"本备忘录提出了各地司令官对于一旦爆发对苏战争时的计划。参谋长联席会议认为，此件内容不得外传"。

李海汇报说，苏联在德国有42个师，在奥地利有4个师。在德国和波兰还有4000架飞机。麦克纳尼将军认为苏军可以在1天内到达莱茵河，5天便可横扫美占区。麦克纳尼准备在战斗一开始便将部队撤至英国。在意大利，美、英、法、意军队面对的是在巴尔干有着大批军事力量的南、苏两国军队。在日本和朝鲜，17万美国和英国军队要对付15万在北朝鲜的苏军。苏联在远东的总兵力是65万。一旦开战，在朝鲜的5.7万

---

① 克利福德文件，第14盒，俄国卷（1），国务院政策情报和声明，1946年5月15日。

② 罗斯日记，1945年3月25日。

美军将在5天内撤至日本，然后不惜任何代价也要保住日本列岛。①

杜鲁门不相信同苏联的战争已迫在眉睫。他在7月17日跟麦格劳—希尔出版公司的一批编辑和负责人说，"世界事务已有了某种改善"。他说，"世界局势正在逐渐缓慢地接近一种解决——能够签署（二战）各国和约了"，又说，"只剩下对付德国和奥地利了"。② 9月里，杜鲁门给前副总统约翰·加纳写信道，"关于跟俄国的情况现在说啥的都有。我们跟他们打不起来。但他们是些谈判能手，总是开口要整个地球，而实际上只打算要一亩地"。③

英国政府认为这时有可能同苏联改善关系了。英国外交部一位官员告诉哈里曼，英苏贸易谈判已顺利结束。他说英国现在极其希望解决所有跟苏联悬而未决的问题。他对这次谈判有了满意结果感到高兴。④ 英国外交部甚至认真考虑在乌克兰和白俄罗斯设立外交使团的问题。英国政府已经在事实上承认了3个波罗的海国家被并入苏联。⑤

1946年9月，前副总统、现任商业部长华莱士发表了一次外交政策演说。这篇演说事先经总统秘书罗斯建议得到杜鲁门批准。华莱士在演说中批评了对苏联的僵化态度，引起当时正在巴黎参加外长会的国务卿贝尔纳斯大怒。他打电话回来说，要就是把华莱士炒鱿鱼，要就是他贝尔纳斯辞职。华莱士的演说在国内也引起了大吵大嚷，巴鲁克也要辞职。最后，杜鲁门只好让华莱士辞职。杜鲁门关于华莱士辞职的声明乃是好几个人的杰作。第一段是白宫的克利福德写的，第二段是国务院的

---

① 美国国务院电报摘要，李海致杜鲁门备忘录，1946年7月26日。
② 艾尔斯日记，1946年7月17日。
③ 总统秘书档案，第187盒，杜鲁门致加纳，1946年9月21日。
④ 美国国务院电报摘要，1946年7月26日。
⑤ 同上档案，1946年7月30日。

克莱顿写的,最后一段是总统的老同学、新闻秘书罗斯的手笔。杜鲁门在声明发表后对罗斯说,"这一下子把骰子给掷下去了"。① 但是杜鲁门对于此时的整个形势感到情绪不高。他登上"威廉斯堡"号游艇,给在伦敦的哈里曼打电话。他问道:"你来干商务部长怎么样?"哈里曼的回答是,"见鬼,好的"。② 罗斯对杜鲁门说,跟华莱士分手是早晚的事,他不可能用向相反方向跑的两匹马驾车,他是被"形势夹在中间",身不由己了。杜鲁门说他觉得这一回内阁会议上的紧张气氛可以结束了,他现在可以指望全体成员一起来干了。杜鲁门还说,内阁成员都认为,不管在党派问题上发生什么事情,他们走的路是对的。③

杜鲁门在解除华莱士职务后的次日对前副总统加纳说,情况"从昨天开始已在明朗起来,今后的路就顺当了"。④ 贝尔纳斯也从巴黎打来电话,说他觉得华莱士的走和哈里曼的来让俄国人靠过来了。莫洛托夫第一次要求来见他。杜鲁门认为这是"这儿发生的情况"的一个直接结果。⑤

由于华莱士被人们认为是杜鲁门当局内部的左派,他的被迫离去无疑是杜鲁门打算跟苏联决裂的一个公开信号。

在美苏关系上,在美国政府1946年的政府文件中,最重要的莫过于所谓"克利福德文件"了。这一题为"美国与苏联的关系"的文件,是杜鲁门让他的特别顾问克拉克·克利福德起草的。这个材料有时又被叫做"克利福德—埃尔西文件",因为白宫助理埃尔西参加了起草工作。1946年9月24日,文件完成,交到了杜鲁门手里。

---

① 艾尔斯日记,1946年9月20日。
② 同上档案,1946年9月21日。
③ 罗斯日记,1945年9月23日。
④ 总统秘书档案,第187盒,杜鲁门致加纳,1946年9月21日。
⑤ 罗斯日记,1946年。

这一白宫政策文件第一次对美苏关系做了全面的考察。它综合了杜鲁门当局各部门各单位正式向白宫提交的情况和意见。杜鲁门看后非常高兴，但是又怕内容被泄露出去，他让克利福德把正本和副本全都交给他本人，然后锁在总统保险箱里。不过这个文件实际上是前面已经讲过的威勒特、凯南和国务院5月15日的文件及其他材料的综合，不论在事实上或是在观点上都没有太新鲜的东西。

文件强调了美苏关系对于世界战争与和平的重要性。它说一定要了解苏联对于美国对苏政策的态度和对策。要了解，由于苏联相信它与资本主义国家之间的战争是不可避免的，因而它将利用一切手段加强自己的和削弱潜在敌人的实力。要记住美、苏之间自美国参加第二次世界大战以来的各项协议及苏联对协议的违反。还要了解，美、苏间一大争端是赔偿问题。影响美国安全的是苏联建立基地，它设法削弱美国军事地位和影响，并进行间谍活动。

文件建议美国政策的首要目标是使苏联领导人相信，加入世界合作的体制是符合苏联利益的。美国应寻求进行文化、知识和经济的交流，以向苏联表明美国并无侵略意图。但是在一个关键问题上，文件跟凯南和国务院看法不同而跟军方一致。这就是说，在苏联放弃两种制度间战争不可避免和停止削弱别人以增强自己之前，美国必须假设苏联将会随时发动战争。①

在各部门为白宫文件准备的材料中，有艾奇逊写的一份关于美、苏之间协定的备忘录。它首次承认，两国间有些争端是来源于双方对于概念的解释不同。克利福德文件吸收了这一看法。艾奇逊在1946年8月6日写道，"苏联政府通常并不蓄意违反它所参加的国际协议"。在实施协议上的许多困难"来自两

---

① 克利福德文件；亚瑟·克罗克也曾将克利福德—埃尔西文件全文作为他的《回忆录》的附录。

国处理战后问题的目的之不同"。他指出，"苏联对于诸如民主，友好，法西斯等名词的定义跟非共产党人的理解根本不同"。他还说苏联利用这一不同来作为避免被直接指责为违反协议的手段。①

上面说到的这份白宫文件实际上是埃尔西写的。克利福德既未规划文件大纲，又未进行材料研究。他很少跟埃尔西谈这件事情，也没看过文件清样。埃尔西是个年轻的海军上尉，思路敏捷，但是他对马克思主义的理论和实践并不熟悉，也无外交工作的亲身体验。②

然而，"克利福德—埃尔西文件"的出笼，标志着美国在1946年对于国际新格局的酝酿达到了一个高潮。在政策上，美国已确定要把跟苏联势力范围之间的分界固定下来，并将对苏联的挑战给予坚定的回答。对杜鲁门说来，现在就只剩下选择合适的时机和恰当的理由来宣布他的决定了。③

苏联肯定也感到了公开对抗可能即将来临。1946年9月24日，美国政府致苏联政府的照会要求解决租借法案的债务问题，苏联未作答复。国务院指示史密斯大使尽早向苏联当局提出这个问题。常识告诉人们，不论是个人还是国家之间，讨欠账往往说明关系不大融洽。同月，斯大林在回答英国记者提问时强调指出，目前并无真正的战争危险。西方资本主义即使想包围苏联，也是包围不了的。苏联是可以跟其他国家和平合作的。美国驻英大使馆在9月23日报告说，过去4个星期里英国政府的对苏态度趋于强硬。9月28日，几个驻莫斯科的美国记者对美国大使馆说，他们认为斯大林最近的声明里有一种手法，也就是有些人盼望已久的英美分裂。④

---

① 克利福德文件，第15盒，艾奇逊致克利福德备忘录，1946年8月6日。
② 杜鲁门图书馆：卡洛尔·布莱莉硕士论文（堪萨斯城密苏里大学历史系）。
③ 美国国务院电报摘要，1946年12月24日。
④ 同上档案，1946年9月23、28日。

10月末，斯大林在回答合众社总裁提出的31个问题时说，苏、美之间的紧张状态并未加剧，苏联也没有原子弹。他说英军"没有必要"驻在希腊，这跟美国在地中海的军舰不一样。他建议德国应成为单一的政治经济单位。美国驻苏大使馆认为斯大林对合众社的回答是想欺骗西方。①《时代》周刊说许多人认为斯大林希望和平，但是有人讲他的目的是为了稳住已经厌战的俄国群众，安抚美国的华莱士追随者，和在美、英之间打进一个楔子。②

　　杜鲁门自己在家里也有不顺心的事情。1946年11月中期选举的结果让他高兴不起来。恰好莫洛托夫在11月7日路过华盛顿，对总统作了礼节性拜访。他对杜鲁门说，选举结果不好并不影响两国关系。杜鲁门回答道，就"我国睦邻政策"来讲，选举结果能改变它的。杜鲁门此时又邀请斯大林访美。③ 说实话，总统对于选举结果的确担心。它是如此之糟，以至于身为民主党人的富布赖特参议员说，"杜鲁门总统应当任命一个共和党人国务卿，自己辞职"。④ 要想让民主党重获公众过去给予的那种支持，总统得做出点惊人的事情来。但是1946年已经来不及了。

　　这时有无大战危险？回答是否定的。据报道，到1946年冬季，苏联1946年军费预算已削减了54%。以卢布计算，1945年是1280亿，1946年是760亿。美国说它的军费预算在1946年减少了73%。以美元计，1946年财政年度为450亿，1947年为120亿。就开支结果看，美国减少了63%。美国还说大量苏联军队驻扎在国境之外不必由自己开支，而美军则不依靠驻在

---

① 美国国务院电报摘要，1946年10月31日。
② 《时代》周刊，1946年11月11日。
③ 总统秘书档案，第187盒，俄国—莫洛托夫卷宗，1946年11月7日。
④ 《时代》周刊，1946年11月18日。

国生活。① 不管美、苏两国对此如何争论，反正都削减了大量军费。

然而，在年关将临之际，人们已可隐约听到从远处越移越近的雷声。

---

① 帕特森文件，Q101，帕特森致朱利叶斯·阿德勒，1946年11月2日。

# 第六章

# "西线无战事"

美苏之间那种相互敌视的关系，一直被两国政府羞羞答答地掩盖着。经过1946年的酝酿发展，这一关系就像生疮一样，终于快要穿孔出脓了。然而，美、苏两国在欧洲的敌对，就像我们中国人常说的，是"雷声大，雨点小"。表面看来，似乎真刀真枪的冲突在欧洲已迫在眉睫，但双方内心里都知道不是那么回事。可是小国被吓得不轻。两国老百姓也受到了摆弄，或如美国国务院所说，受到了教育，让他们抛掉战时的情谊，以为帝国主义者或共产党人正在准备发动战争。也许有人会问，上述断言有几分接近历史的实际？本章所要研究的四个例子也许能够回答这个问题。这些例子是杜鲁门主义、马歇尔计划、捷克斯洛伐克1948年2月事件和柏林封锁。

英国政府在1947年初向美国表示，由于财政困难，英军得从希腊撤出，要求美国帮忙解决那里的问题。在2月末，英国政府要求美国进入希腊，因为英军反正是要撤走了。鉴于英国将自这一地区撤出，杜鲁门当局决定向希腊和土耳其提供大量援助。杜鲁门在3月12日出席国会两院联席会议，并发表了演说。演说的主旨本是要求为援助希、土两国拨款，而结果是发表了一个重要的政策声明。杜鲁门利用这一场合，宣布了一项反对苏联和共产主义扩张的总方针，从而公开揭示了已在进行的美苏冷战。因之，这一演说影响深远，人称杜鲁门主义。

杜鲁门主义作为美国的一项政策声明，是无可厚非的。任何政府都有权发表自己想发表的声明。然而，以希、土两国局势作为支持杜鲁门主义的根据，这就值得仔细研究了。也就是说，当时希、土两国有这么严重的局势吗？事实上，美国国务院在1946年向总统报称，土耳其表示，如果有可能得到合理解决，准备跟苏联妥协。土耳其外交部在考虑达成一项美、英、苏、土四国在一旦发生战争时共同保卫黑海海峡的地区性协议。除非能够迅速做出消除苏联压力的安排，土耳其将不得不向美国请求经济援助。它已实在负担不起一支为对付苏联威胁而保持的巨大军队了。[①] 土耳其认为，苏联有可能表现出合乎情理的态度。[②] 美国政府后来说，达成一项关于海峡的地区性协议是不明智的；因为苏联是不会满足的。[③]

1947年1月中旬，希腊首相查尔达里斯抱怨说，反对派领袖们不肯合作来搞一个为解决国内财经困难而扩大的政府。首相希望美国及时的援助将会使希腊克服困难。在这时，希腊首相丝毫未提及有受到入侵的危险。至于土耳其，美国驻土大使威尔逊认为，此时土耳其外交部主要担心的问题是，美、英、苏在全球问题上可能达成的总协议有可能牺牲土耳其的利益。土耳其已做好准备，当讨论海峡问题时，他们有自己的打算。[④]

2月初，美国驻希腊大使麦克维表示，英军逐步撤出希腊不会在希腊引起问题，也会受到欢迎。因为，现在联合国对边境问题已有了解，希腊军队也得到了加强，可以处理纯属国内动荡的问题。[⑤] 至于严重的经济形势，麦克维和另一美国外交官埃

---

[①] 美国国务院电报摘要，1946年12月31日。
[②] 同上档案，1947年1月9日。
[③] 同上档案，1947年1月21日。
[④] 同上档案，1947年1月13日。
[⑤] 同上档案，1947年2月6日。

斯里奇在2月里建议向希腊提供援助，以防止迫在眉睫的财政崩溃。麦克维说如果希腊落入共产党手里，整个中东和北非的一部分都将处于苏联势力影响之下。① 美国参加联合国希腊调查团的代表也报称，苏联人把希腊当做一个熟了的梅子，其他国家成员也认为希腊比起阿塞拜疆和土耳其来是太软弱了。苏联人现在是在全力以赴地用刀子杀人。这位美国代表建议应向苏联发出警告。②

可是英国外交部却不这样看。它向美国驻英使馆代办说，根据英国从希腊得来的消息，局势并不像美国代表讲的那样严重。③

美国在希腊的官方代表们继续发回跟英国对局势看法相对立的报告。美国驻苏大使馆也报告称，希腊迄今为止尚未落入苏联手中的惟一原因是英国有军队在那里。

2月底，美国驻英大使馆报告说，英国关于撤军的照会是真心实意的。④ 同一天，土耳其外交部长告知美国大使威尔逊，苏联的政策目标是把土耳其置于其支配之下，所以土耳其需要一支数量大的军队。现在随着跟原来纳粹卫星国的条约一一签订，苏军已撤出这些国家并复了员，土耳其已有条件多少缩减些军队，从而减轻经济负担。⑤

3月初，英国外交部一位官员向美国外交官马修斯说，在苏军根据条约规定，在保加利亚和约批准后90天内自保撤出之前，英将继续在希腊保留数千军队。⑥ 与此同时，希腊使馆代办向美国国务院正式提出"财政和其他援助"的要求，以为军事和文职单位购买食品和衣服，在全国恢复秩序。这份照会并未

---

① 美国国务院电报摘要，1947年2月12日。
② 同上档案，1947年2月18日。
③ 同上档案，1947年2月20日。
④ 同上档案，1947年2月27日。
⑤ 同上。
⑥ 同上档案，1947年3月4日。

提及苏联军队可能发动进攻的问题。当时估计，在联合国善后救济总署的工作结束后，希腊的救济需要为5600万美元。① 美援能帮助改善希腊局势吗？没有把握。泡特大使认为，如果向希腊保证长期提供慷慨而无条件的美援，有可能造成希腊政府不断地乱来。美国应当在美援的每一方面都要求对方保证采取自救措施。②

以上说明了一个问题：虽然美、英官员各有自己的看法，但是大家都认为来自苏联及其盟友的威胁已不如以前严重了。

甚至美国在希腊进行军事参与也并不是一种新主意。早在1945年11月1日，白宫顾问罗森曼送交杜鲁门一份备忘录，载明了希腊政治家斯库腊斯的一个意见。斯库腊斯提议，由希、英两国政府出面建议，英国将其军队的半数撤离希腊，由美军取代之，并宣布美军进入是应希、英两国的请求。他们还应声明，美、英两国将在选举90天后同时撤军。杜鲁门跟李海和贝尔纳斯商量后说，他将跟艾德礼一谈。③

然而，在1947年年初，杜鲁门当局认为需要在世界公众面前澄清美苏关系问题。除了长期考虑之外，也还有需要这样做的现实原因。美国驻苏大使史密斯在1947年1月底从莫斯科发回报告，对于美国传播工具引起的困惑和混乱深感焦虑。这些传播单位说，苏联似乎采取了和解的外交政策。大使认为其原因是这些传播单位对于共产主义的理论和历史了解甚微，他们不了解"苏联的政策是由一种明确规定，经久不变和基本上前后一致的理论所造成和指导的，已在列宁逝世后存在了23年之久"。④ 威尔逊大使自土耳其报告称，土耳其外交部对于苏联近日做出的和解姿态深为关切，认为这种姿态可能使美、英两国

---

① 美国国务院电报摘要，1947年3月3日及4日。
② 同上档案，1947年3月7日。
③ 总统秘书档案，第180盒，希腊卷。
④ 美国国务院电报摘要，1947年1月28日。

有可能谋求跟莫斯科就世界问题作出总的安排，其中也包括土耳其在内。这种让步可能会牺牲土耳其的利益。① 英国的情况使美国更为不安。2月初，英国外交部负责苏联事务的官员一再向美国人表示，尽管英国对苏联政策在实质上不变，但有必要每迈一步都加以细心考虑和计划，以保护贝文不受"工党叛逆分子"之害。他们说英国公众基本上是期望跟苏联有密切和盟友关系的。② 美国驻伦敦使馆在数日后报告称，工党政府首次真正失掉了公众支持，他们已尝到了生产和出口的努力因煤矿工人罢工而遭到的失败。③

对于杜鲁门在国会的演说，不少人认为对希、土的援助应经过联合国。④ 国会虽然很快就批准拨款援助希、土，但这并未反映议员们真正的意见。众院希土法案委员会主席凯斯向杜鲁门道出了真相。他说："印发的记录永远不能反映出伴随着这些文字的紧张感。""对这个法案热心表态的人寥寥无几。支持是出于无奈的"。"我认为如果不是怕拆了你和马歇尔国务卿在莫斯科过去和今后采取的立场的台，连我在内至少有75位议员会投反对票"。他讲众院通过这一法案"是希望能给你一点点帮助，以使这件事能办起来"。凯斯指出，有些众议员对于中东石油储备的谈判很感兴趣，但他们认为美国可以比用在地中海和中东当警察要便宜得多的办法解决它的用油问题。凯斯说，"美国人民已对'危机政府'感到厌倦"，众院"也不愿绕过或削弱联合国"。⑤

一些议员的看法也带有当时颇为时髦的反英情绪。早在3月里，班内特众议员便给范登堡参议员写信，反对资助英国去

---

① 美国国务院电报摘要，1947年1月13日。
② 同上档案，1947年2月6、7日。
③ 同上档案，1947年2月10日。
④ 官方档案，第426系列，第1278盒，希腊和土耳其第1947卷。
⑤ 官方档案，第426系列，第1278盒，希腊和土耳其第1947卷。凯斯致杜鲁门信，1947年5月10日。

维持一个"他们认为希腊人该有的政府"。① 奥马奥尼参议员（参院拨款委员会委员）在宣布杜鲁门主义之前给杜鲁门写信道，"不难看出，为什么英帝国政府想用美国的钱来维持它的政策"。②

当时英国财力有限，问题不少。因此，英国不得不断改变工作重点。除了英帝国外，工党政府的注意力集中到了中东石油上。1947年初，外相和燃料贸易大臣彻底研究了中东石油生产的现状和前景。结论是这一地区的石油资源对于帝国及英国本身都是至关重要的。他们认为，趋向表明中东石油将在世界石油生产增长总量中占多数，而美国石油生产将因找不到新的油田而持续下降。他们预测中东石油生产将在1945—1955年这段时间里增长四倍。③ 所以，英国把希、土地区移交美国人去管，而把自己的力量集中到中东及其他关键性地区，乃是顺理成章的事。

另外一个因素是斯大林伸出的橄榄枝。1947年1月，英帝国参谋总长蒙哥马利元帅访问了莫斯科。斯大林对他说，现在联合国已经建立，英苏条约的地位有待澄清。后来《真理报》报道说，贝文曾在广播中讲英国认为这个条约"悬在空中"。英国工党政府感到斯大林的话富有威胁性，于是急忙致电他再次确认英国的态度并无变化，并表示希望延长这一条约。斯大林表示基本同意。他对蒙哥马利说，他并不反对美英军事同盟，只要它不是针对苏联的。他还提到了英苏同盟的可能性，但未说清楚这是否仅仅为了遏制德国。贝文在1947年2月初向内阁报告说，任何关于英苏同盟的谈判都不能影响对美关系。因为一旦美国撤出欧洲，英国就不好办了。贝文建议先别跟苏联提军事同盟的事。他就此事致电马歇尔国务卿，但是美国政府未

---

① 范登堡文件，班内特致范登堡信，1947年3月3日。
② 官方档案，第386系列，第60盒，奥马奥尼致杜鲁门信，1947年3月10日。
③ 英国内阁档案，129/16，内阁文件（47）11，1947年1月3日。

作答复。由于贝文无法推迟给斯大林的回答，他对内阁讲即将发出电报。在内阁讨论时，参谋长会议深信跟苏联结盟将会严重影响跟美国的情报交换关系。贝文讲，他向美、苏表示过，在任何未来战争中，英国不会在美、苏准备好参战之前投入战斗。他对内阁同事们说，如果英国想在任何冲突一开始就跟美国站在一起，两国必须在有关共同军事利益的事情上密切合作。内阁成员们认为，苏联仍在顾虑德国发动侵略，因此他们想确保西部边疆。大臣们建议开始跟苏联搞经济合作，例如在中东石油资源方面。但是除非同时在政治领域里也取得进展，关系是难以改善的。他们讲苏联人生怕美国对欧洲和中东进行经济渗透。苏联虽然并非国际银行的成员国，但如该行能给一笔建设用贷款，就会减少他们的猜疑。有的人认为，任何英苏军事同盟都应在联合国框架之内，并有美、法两国及一些小国参加。内阁最后决定给斯大林发电报，表示愿意修改条约，请斯大林提出建议。电报中不提军事同盟问题。内阁将在斯大林回电后再作讨论。[①] 2月19日，美国国务院报告总统，一位英国外务次官告诉美国大使说，英苏条约的修改稿将会跟英法条约的文本极为相近。他讲"我们给俄国的不能比给法国的少，但也不能给得更多"。[②] 不管怎样，当时英苏关系是较前缓和了。

美国国会议员针对杜鲁门主义发表的议论并没有讲到点子上。他们如果不是不了解情况，便是过于天真。中国宋代的大散文家欧阳修说过，"醉翁之意不在酒"。杜鲁门脑子里想的不仅仅是希腊和土耳其，或帮英国的忙。当然，他不反对取英国的利益而代之。实际的情况是，希、土两国的情况并没有严重到需要美国总统来发表一个粗暴、激烈和走极端的反苏反共政策总声明。杜鲁门总统是利用了英国撤出希腊的机会，来宣布

---

① 英国内阁档案，128/9，内阁备忘录（47）15，1947年2月3日。
② 美国国务院电报摘要，1947年2月19日。

他所认为是烙上他本人印记的美国对外政策。作者曾请教过一位老资格的前英国外交部高级官员:"当宣布杜鲁门主义的时候,真的存在着那样的苏联威胁吗?"这位老先生答道,"不是苏联的威胁,而是美国的一种看法,我们英国人同意了这一看法"。① 尽管如此,我们并不能就此说杜鲁门当时对苏联人毫不担心。他在1947年5月10日写道:"过去总是从小木屋进入白宫",现在有可能从克里姆林宫进入白宫。②

后来的事态发展表明,杜鲁门之意并不在于酒,而在山水之间,杜鲁门主义导致的直接后果,并非是一场通常意义上的战争,而是拉开了一场冷战的帷幕。杜鲁门主义规定了进行冷战游戏的规则,也就是遏制政策。具体说来,它将美、苏两大势力范围的分界线固定化了。它既是进攻性的,又是防御性的。政治上的进攻性和军事上的防御性。杜鲁门主义明确规定,苏联不得企图干预美国势力范围。但是它也并未说美国可以越过分界线。杜鲁门主义发表后,美、苏双方主要致力于巩固自己的势力范围。这是雅尔塔协议在新形势下的体现。同时,英国打算跟苏联达成交易之际,美国总统发表了如此强硬的讲话,这反映了英帝国的进一步衰败和工党政府的困难处境。大国实力进一步集中到美、苏两极上去了。

杜鲁门主义发表三个月之后,马歇尔国务卿于6月6日在哈佛大学提出了复兴欧洲的建议。这一建议后来发展成为欧洲复兴计划,亦即马歇尔计划。在发表上述讲话前两天,马歇尔和杜鲁门研究了由谁来主持"欧洲救济工作"的问题。③ 后来有不少人都讲自己是马歇尔计划的发起者。这大概是因为这是一个经济计划,人家不会说自己是战争贩子。凯南讲是他要求

---

① 谢菲尔德勋爵,即罗杰·梅金斯爵士,当时的英国外交部高级官员和杜鲁门总统任期内最后一任英国驻美大使,1987年10月在伦敦家中与作者的谈话。
② 总统每日约会表,1947年5月10日。
③ 总统每日约会表,1947年6月4日。

实行遏制，并提出援欧作为遏制的一种形式。波伦说马歇尔计划肇始于莫斯科，当时他随马歇尔在那里开外长会议。杜鲁门说是他先让艾奇逊去克利夫兰谈援欧问题，而如果这个计划以他来命名，便难以在国会通过。

杜鲁门把杜鲁门主义和马歇尔计划说成"一个核桃的两半"。也就是说，两者是同一类事物。他在1948年讲的一番话似乎可以用来作为注脚。他讲道，"欧洲复兴计划既是用来复兴欧洲，又是用来以和平方式拉开铁幕"。[①] 这就是说，马歇尔计划也具有既进攻又防守的两重性。马歇尔计划实际上是一石五鸟：善后西欧经济以挽救世界资本主义经济；阻止西欧国家发生革命以排除苏联势力；用苏联不能提供的东西来吸引东欧国家，以鼓励它们的离心倾向；打开美国商品和资本进入欧洲的大门；更加深化和明确两大势力范围的分界。

当马歇尔在哈佛大学毕业典礼上向师生发表演说时，这个名牌大学里的贵族化学生正处于兴高采烈之际。刚到来不久的战后时期为他们打开了许许多多的大门。美国家庭正在享受第一批战后多产儿带来的天伦之乐。人们排着长队去买为和平时期制造的新汽车。与此成鲜明对照的是，饱受蹂躏的欧洲在经济上是一塌糊涂。旧大陆上到处都是断垣残瓦。人们每日摄入的热量处于水平之下。英国人惯常吃的火腿煎鸡蛋成了稀有食品。许多美国家庭寄食品和衣服包裹给在欧洲的亲戚和陌生人。在此情况下，英国作为西欧的首要大国率先发出了反响。而马歇尔正等着要听英国的反响。国务院也知道英国是一定会热烈响应的。就在马歇尔发表演说的前一天，国务院向总统汇报说，据驻英大使馆报告，贝文对西欧严峻的食品状况极为不安，生怕苏联会利用这一机会。贝文此刻正在考虑将西欧局势作为一

---

[①] 艾尔斯文件，第7盒，俄国关系卷，杜鲁门非正式记者招待会，1947年4月17日。

个整体来考虑,而不是作为临时的和一件件的事情来处理。①

贝文在6月17日向英国内阁报告说,他即将去巴黎和法国商量马歇尔的建议。他也向苏联说明,就英国来说,美国的建议只涉及经济善后问题,而并无政治目的。他希望这一援欧计划将德国包括在内,以减轻英国在德的财政负担。贝文在跟法国、比利时和荷兰官员商讨后返回伦敦,向内阁报告了磋商结果。法国的部长们强调说,要尽量得到苏联的合作,并有苏联及其势力范围内国家的参加。法国国内有人说对待苏联不公,不让人家有充分的机会参加进来。法国政府的目的是想消除国内的批评。贝文对法国人说,如果苏联不参加,他们会去搞自己的一套。法国人也有同感。英、法两国外长给莫洛托夫发去电报,请他下周来巴黎开会商量。英、法并不真想吸引苏联进入援欧计划,但是他们需要莫洛托夫给一个回答。一旦苏联拒绝来开会,英、法便可以说自己已经尽到了力。他们也让美国随时了解情况发展。②

莫洛托夫来到巴黎参加欧洲复兴计划的首次会议。美国大使史密斯从莫斯科报告说,莫洛托夫此行是为了破坏复兴计划,因为这一计划的实施将不利于苏联的政治目的。美国驻法大使卡弗里自巴黎报告说,不少法国人对莫洛托夫的到来感到关切,他们认为他来是为了破坏磋商。③然而后来的情况说明,莫洛托夫初来时的态度是诚恳的。但他在开会期间接到了莫斯科的指示,退出了会议,使西方国家舒了一口气。

英、法、苏三国外长在巴黎对一个问题争论了五天。这个问题是:美国是会让受援国自行支配援助项目呢,还是受援国得先说清楚用什么办法把家里整顿好?莫洛托夫坚持前者,贝

---

① 美国国务院电报摘要,1947年6月5日。
② 英国内阁档案,128/10,内阁备忘录(47)54,1947年6月17日;(47)55,1947年6月19日;129/19,内阁文件(47)188,1947年6月23日。
③ 美国国务院电报摘要,1947年6月27日。

文和皮杜尔坚持后者。莫洛托夫说他将只提出一份关于苏联所需援助的声明，如果再要别的东西就是在政治和经济上干涉受援国的内政。争论者都不肯让步。最后莫洛托夫说，如果英、法像这样坚持下去，他们就得负将欧洲分裂为两个敌对集团的责任。贝文报告内阁说，如果苏联人来了，他们会扮演特洛伊木马的角色，从而毁掉美国援欧的前景。① 贝文给马歇尔发去一份私人电报。他讲英、法、苏三国的谈判将在明天中断。贝文高兴地说，"牌都摊在了桌子上，责任将是莫斯科的"。②

在另一方面，马歇尔计划也暴露出了美、英两国间的利益冲突。英国成了欧洲争取美援的障碍。在马歇尔发表哈佛演说之前，杜鲁门便已收到对英国政府不利的报告。尽管总统和国务卿都认为英国对苏所作的姿态基本上是一种策略手段。

美国中央情报组主任范登堡中将在1947年2月底报告总统说，近几个月来，英国人在对外关系上表现出一种看来独立的态度，跟他们过去几乎在一切国际问题上都与美国密切合作的做法成为鲜明对比，在与东欧交换正式外交代表的问题上，英国不愿美国知道，或者采取跟美国类似的态度。他们有时在联合国也不支持美国对原子能管制和太平洋岛屿托管等问题上的意见。他们向苏联作出友好表示，诸如派蒙哥马利访苏，请苏联议会代表团访英。这样做的直接原因，是想在国内重新获得信任和消除左派的批评。人们批评工党政府和贝文本人不去设法和苏联取得谅解，而盲目亲美。范登堡说，英国采取独立的态度的长期原因，是英国人日益顾虑跟美国建立紧密的经济联系会带来后果，以及英国人为了世界稳定而想调和美、英、苏三大国的分歧。因为在三大国中，世界稳定对英国最重要，而且极为现实。有鉴于此，英国政府决定，不论是从意识形态上

---

① 英国内阁档案，129/19，内阁文件，(47) 197，1947年6月5日。
② 美国国务院电报摘要，1947年7月1日。

或是实际需要上,英国都有必要成为美、苏两国之间的调停者。但是,英国态度带来的真正后果是,在三大国争论的根本性问题上不与美国结盟。① 国务院在2月3日报告总统,英国外交部中负责苏联事务的官员一再提出,一切对苏行动都得经过深思熟虑,以保护贝文不受"工党叛逆分子"的攻击。他们说英国公众大都希望跟美国保持密切关系和结盟。一周以后,美国驻英大使馆报告,工党果然首次失去公众支持。由于煤矿工人罢工,英国促进生产和出口的努力在过去两个月内遭到失败,在今后三个月里还将如此。②

杜鲁门主义对于美苏关系的严重影响并不是立竿见影的。这是因为杜鲁门主义基本上是一项意向和政策的声明,造成的影响要慢慢地才能显现出来。但是马歇尔计划便不同了。它是一项行动,直接关系到所有欧洲国家,因而杜鲁门主义所希望造成的欧洲进一步分裂在这时便实现了。美国驻英大使道格拉斯从伦敦报告道,英国对于苏联抵制马歇尔计划的反应,是对东西方冲突终于公开化感到"不安而高兴"。他说人们支持贝文在欧洲重建问题上的态度,他们为了能实现重建而会跟贝文跑到底。③ 美国也认为由于苏联拒绝参加欧洲复兴计划,法共也遭到了孤立。④

英国在成为欧洲复兴的带头羊之后,认为自己在跟美国打交道时比过去有了更多发言权。美、英在德国工业水平问题上的看法一致,也给英国带来了较前为强的地位。在6月底,贝文不失时机地通知马歇尔说英国财政状况极为不妙。要想英国在欧洲复兴计划中和在德国起到重要作用,必得让英国获得国

---

① 总统秘书档案,中央情报组致总统的备忘录,1947年2月26日。
② 美国国务院电报摘要,1947年2月10日。
③ 同上档案,1947年7月21日。
④ 美国国务院电报摘要,1947年7月25日。

际银行10亿美元的贷款。这笔钱可以使英国"越过驼峰"。① 8月初，贝文敦促立即就英国财政问题及其国际影响进行美英高级会谈。②

然而，杜鲁门当局的高级官员和国会议员们仍然对工党政府持有偏见。财政部长施奈德说："英国是想'狙击'我们，让我们在那里空张着口袋。"③ 这时美、英双边贸易谈判已在进行。美国国务院的弗朗西斯·威尔考克斯报告说，英国不打算取消选择性待遇。他问道：美国究竟该不该跟英国签订贸易协议？威尔考克斯建议，应告诉英国代表，如果他们继续坚持贸易上的选择性待遇，"将会严重影响国会通过增加援助，不论是在马歇尔计划的范围之内还是之外"。④ 贝文报告内阁说，副国务卿克莱顿和美国大使在9月21日暗示，如果英国政府不肯做出进一步退让，将会不利于他们取得马歇尔所提援助的前景。⑤ 在10月中，哈罗德·史塔生在他那"对外政策四点"中向白宫幕僚表示："美援应是有条件的。"应当把"绳子"结到美援上。他们所详细谈到的"绳子"只有"英国应当停止对基础工业进一步实现国有化"。⑥

美国政府又指示驻英使馆向贝文表示，美国对于英国打算再卖些喷气机给苏联表示严重关切。⑦ 在美军内部，参谋长联席会议1947年8月13日给驻欧美军总司令的指示规定，如果只是英国军队遭到苏联进攻，美军在获得美国政府指示前不应采取攻势行动。直到1949年1月24日，杜鲁门才批准改为执行

---

① 美国国务院电报摘要，1947年7月28日。
② 同上档案，1947年8月4日；英国内阁档案，128/10，内阁备忘录（47）71，1947年8月17日；同上档案，(47) 72，1947年8月19日；同上书，(47) 73，1947年8月20日。
③ 总统每日约会表，1947年8月5日。
④ 威尔考克斯文件，威尔考克斯致克莱顿备忘录，1947年8月6日。
⑤ 英国内阁档案，128/10，内阁备忘录（47）77，1947年8月25日。
⑥ 克利福德文件，埃尔西致克利福德备忘录，1947年10月16日。
⑦ 美国国务院电报摘要，1947年8月13日。

国家安全委员会第39号文件的规定,即当在欧洲的英、法占领军受到攻击时,美军应当采取攻势行动。① 这不但反映了当时美、英关系的冷淡,也表明战争还离得很远,杜鲁门当局可以不慌不忙的玩弄国际政治。

到了1947年年底,奥利弗·弗朗克斯爵士在经济计划委员会的一次会议上,就马歇尔计划的谈判作了一个声明。财政部把这个声明报告了英国内阁。弗朗克斯认为,并不是所有的美国人都充分认识到,一旦把影响16个马歇尔计划参加国主权的条件附加在援助上,将会带来何种政治困难。他说杜鲁门当局总的说来了解这一点,但他们也怀疑如不施加压力有的国家能否稳定。接着弗朗克斯反驳了史塔生提的问题,他说"我们用不着怕那种用简单脑袋提出来的政治条件,例如不许实行国有化"。他深信,在英国带领下,16个国家大概可以在马歇尔经援5年期内进行密切合作。弗朗克斯最后主张,总的说来用不着修改英国的主要政策以迎合美国舆论。② 对于美国政府来说,英国显然是个难嗑的硬壳果,或如我们中国人所说,"狗咬刺猬,没法下嘴"。

在杜鲁门主义宣布后,美、苏两国都有些家务事得了结。美国实行了忠诚审查制度,通过了国家安全法,建立了国家安全机构。苏联则强调意识形态的纯洁性,在苏联和东欧开始进行反帝反美的清洗和成立九国共产党和工人党情报局。还建立了经济互助合作委员会,这是一个类似马歇尔计划加共同市场的组织。这时美国的军事实力,不算原子弹,仍然很低。美国需要补充4万兵员,但到1946年底只征到两万。战时军人的复员工作也还未完全结束。③

做慈善家不一定就得到好报应。美国国务院在1947年9月

---

① 总统秘书档案,第205盒,国家安全委员会,第32次会议,1949年1月24日。
② 英国内阁档案,129/22,内阁文件(47)340,1947年12月22日。
③ 帕特森文件,第27盒,帕特森致各陆军部队司令,1947年1月4日。

报告总统，比利时驻葡萄牙公使在欧洲作短期旅行后对美国大使怀利说，他只在意大利发现对美国持乐观友好态度，而在英国有着"让人害怕"的反美情绪。①

在《苏联文学报》9月里登了鲍里斯·戈尔巴托夫的一篇讽刺文章后，美、苏关系的紧张加剧了。戈尔巴托夫把杜鲁门形容为"一个穿短裤的小人物"，等等。史密斯大使奉命就对于美国总统个人进行的"无耻诽谤"提出抗议。莫洛托夫的回答是苏联政府对此不负责任。他还讲苏联报刊对于外国的情况讲真话，并且是增进国家间友好关系的。② 一位国务院官员说，"如果这小子再写上两篇文章，总统用不着竞选便一定能够连任"。③ 这说明美国政府所进行的反苏反共再教育已收到了效果。

在受国务院之命提出抗议的同时，史密斯大使也报告说，苏联人民担心很快就可能发生战争。还有报告说蒙哥马利元帅在布鲁塞尔对人讲，现在跟苏联打仗已是不可避免。然而1947年终于以在美、苏两集团在欧洲的分界线上一枪未发而告结束。跟发生战争恰恰相反，由于已经公开分道扬镳，双方都在致力于巩固自身。美国驻苏使馆在10月初报告，苏联正在全力进行战争宣传，其目的是：1. 使小国在联合国大会上多作考虑，从而避免作出态度明确的决定。2. 破坏经济恢复，使其他国家不敢痛快接受"美国帝国主义援助"。3. 能使美国国会认为战争不可避免而不肯（向外国）提供信贷。4. 加强国内控制和纪律。④ 欧洲的实际情况是，在恐战气氛下，局势反倒变得更加稳定了。

本章要研究的第三个事例是捷克二月事件。1948年初，捷克出现了一种新的局势，人们称之为"1948年2月捷克斯洛伐

---

① 美国国务院电报摘要，1947年9月5日。
② 同上档案，1947年9月23、25、29日。
③ 克利福德文件，第15盒，俄国卷（6）。
④ 美国国务院电报摘要，1947年10月1日。

克危机"、"捷克斯洛伐克政变"或者"二月革命"。怎么个叫法取决于讲话的人居住在哪里和站在什么立场上。当时,捷克斯洛伐克在东欧国家中处于一种独一无二的地位。它既不是纳粹卫星国,又不是像奥地利那样的日耳曼国家,更不是德国的一部分。它的政府是个联合政府,主要由贝奈斯、马萨里克和他们的追随者及共产党人组成。贝奈斯是总统,他的人占有大多数部长位置。共产党人哥特瓦尔德是总理,另一些共产党人当部长,其中包括管保安警察的部长。原来美、苏两国在捷驻有军队,经双方商定在1945年底都撤出了。

1948年2月17日,有些非共部长们抱怨说,共产党的内政部长未执行内阁关于取消对某些共产党人警察职位的任命。由于警察在和平时期所处的重要位置,上述指责显然是对捷共和苏联的挑衅。三天之后,由于得不到对上述指责的任何回答,一些非共部长拒绝出席内阁会议并且辞职,以为抗议。这就又是进一步挑衅。然而,这也恰好是捷共把这些部长赶出政府的天赐良机。捷共建立起基层组织,发给它们武器。一些辞职的部长遭到逮捕。2月25日,贝奈斯总统正式宣布接受上述部长辞职,并批准了一个由捷共领袖哥特瓦尔德组成的新内阁。由国防部长斯沃博达指挥的军队支持哥特瓦尔德。这样,政府便完全由捷共控制了。

为了弄明白当时捷克斯洛伐克局势的性质,就有必要先弄清它在1948年初处于哪个势力范围之内。这在当时,甚至到现在,都颇有些不同的看法。有人说它在苏联范围内。有人说它处于中间地带。说它在西方范围内的人不多。

早在1945年4月,凯南便已经把捷克斯洛伐克打入另册了。他认为美国不应派外交代表团去那里,因为贝奈斯政府并非是自主的。①

---

① 西利·马德手稿图书馆:凯南文件,第23盒,1945年4月12日。

美国驻捷大使馆在1946年1月报告，捷政府内部的激进派和温和派之间的分裂日益严重。前者要把国家纳入苏联经济势力范围，并已有了一些进展。使馆建议在弄清捷、苏关系之前不要给捷以贷款。① 同年2月，美军一支小部队越境进入捷克斯洛伐克，用炸药炸开了一个密封的地道大门。这条地道是用铁板造成的。三名美军士兵被捷方逮捕。这说明，不管出于什么原因，捷方对于美军侵权是很在意的。美国大使斯坦哈特于1946年6月自布拉格发回报告，说捷共在最近的选举中受到公众和一些党派领袖的支持。捷共领袖似乎因负有新的责任而处事较前冷静。②

1947年9月17日，美国中央情报局报告说，捷共正在蓄意实行一种"不是搞垮也是削弱"祖国阵线政府的方针。③ 1947年10月，一个在布拉格的情报来源向美国大使馆报告，如果美、苏敌对更趋严重，捷共很可能会变得"更加危险，并且采取明显的不民主手段"。当时捷共的方针尚未确定，还在看11月大国外长会议会有什么结果。④ 次日，斯坦哈特大使报告说，他发现"肯定的证据"可以说明捷共已决定在明春大选前"采取警方施加压力和恐怖的手段"。"在几个月内政府便会成为莫斯科的驯服工具"。⑤ 这是在1948年捷克二月事件前四个月时说的话，当时美国大使便预言将会发生后来的变化。1947年11月末，贝奈斯总统告诉美国大使，在捷克斯洛伐克反对共产党的"转折点"已经到来。⑥

早在1947年7月，捷政府官员曾去巴黎参加欧洲复兴计划

---

① 美国国务院电报摘要，1946年1月29日。
② 同上档案，1946年6月5日。
③ 总统秘书档案，第250盒，1950—1952年卷，中央情报局备忘录，1950年8月3日。
④ 美国国务院电报摘要，1947年10月1日。
⑤ 同上档案，1947年10月2日。
⑥ 同上档案，1947年11月25日。

会议。但是在苏联发出严重警告后，捷代表团被从会上召回。这一举动足以使西方认识到，他们应当放弃那种认为捷克斯洛伐克不在苏联范围之内的自我安慰的想法。

1947年8月里，当国务院中欧处的维德勒给斯坦哈特写信详细分析捷克斯洛伐克局势时，他们仍然认为这个国家最终还会亲西方。维德勒说，中欧处倾向于认为，苏联给捷的警告被国务院一些部门夸大了。捷克人去巴黎时本来就是三心二意的。

维德勒把捷、匈两国的情况作了比较。他说改组匈牙利政府是盟国管制委员会苏联代表单方面的决定。他列举了为什么国务院不把匈牙利问题提交联合国安理会的种种考虑。一个是美国应当集中解决对希政策问题，不然对希腊计划会受到影响。另一个是如果推迟提出匈牙利问题，匈有可能参加马歇尔计划。这是在莫洛托夫抵制马歇尔计划之前的事。最后一个重要原因是，如果美国指责苏联单方面决定匈牙利问题，苏联有可能反过来提出麦克阿瑟在日本独断独行的事。维德勒认为，正如斯坦哈特曾建议的那样，应把捷、匈两国问题合并在一起考虑。为了鼓励所有欧洲国家中的温和派，也许针对在捷克斯洛伐克发生的事情采取某种行动。斯坦哈特还曾建议，应在此关头跟捷签订文化协定。维德勒同意这一建议，但又说在考虑其他因素后，认为这件事很难办到。① 以上说明，国务院还认为捷克斯洛伐克局势有可能会变得对西方有利，同时又想对即将在捷发生的事态预先采取补救措施，但感到心有余而力不足。

底特律市的银行家道奇是杜鲁门当局和麦克阿瑟总部的顾问。他在1947年7月自维也纳写道，捷、匈两国都想参加欧洲复兴计划，但被苏联阻挡。"这表明，卫星国家是如何想搭乘乐队大车。也说明这些国家受到了何种控制，他们所害怕的又是

---

① 美国国家档案馆：斯坦哈特文件，第55盒，维德勒致斯坦哈特，1947年8月12日。

谁。"道奇又说，"据我看，苏联正在蓄意扩大裂痕，在巴黎以行动清楚地划上了一道线。但是他们为什么不把坐探派进（马歇尔计划）来，而弄得国会不愿意给钱？为什么不虚与委蛇骗骗这帮小伙子，对马歇尔计划进行破坏，或者在美国制造反对它的势力？事实是，他们自己的东方集团已经一切安顿就绪，控制得住。他们的结构和控制安排，在除东德和奥地利之外的其他国家都弄妥了，而我们的连地基上的油毡还没铺呢"。[1] 道奇上面这番话，在一定程度上反映了杜鲁门在1947年2月宣布杜鲁门主义时的一些想法。

1947年8月，斯坦哈特大使写信说，他跟贝奈斯手下的部长们关系如何之好。他写道，"我跟政府所有最高级官员的关系中，除了如柯佩茨基和杜里斯等二三人之外，从未感到政府对我有何猜疑之处"。他还说，"当然，跟共产党是有分歧的。但是，共产党只占政府一半职位。他们的猜疑全都被最高级非共官员的善意所抵消了"。[2]

国务院官员威廉森在1947年写信给斯坦哈特，说是美国报刊已经把捷克斯洛伐克一笔勾销，把它作为"俄国统治地区"。但是他们在国务院里的人认为，局势可能通过"自由选举"的办法来改变。"直到发生政变之前"，美国应当将捷当做可能成为对欧政策的重要方面来考虑，有可能将捷作为美国所认为的欧洲文明来挽救。威廉森说国务院对英国政府的态度表示怀疑，想知道英国是否想到了跟共产党领导下的捷政府保持密切关系的前景如何。他说，"这向我国对外政策提出了一个真正的问题，对这个问题我们应采取现实的方针"。[3] 在这里，英国人又在让美国人头痛了。

美国驻法使馆在1947年8月6日从法国情报部门获悉，苏

---

[1] 道奇文件，德国使命（1947年7月），道奇通讯，1947年7月1日发自维也纳。
[2] 斯坦哈特文件，第8盒，斯坦哈特致戴蒙德，1947年8月1日。
[3] 斯坦哈特文件，第51盒，威廉森致斯坦哈特，1947年7月7日。

联在向捷调动军队,以继续向捷政府施加压力。① 在捷共取得政权前四天,美国中央情报局估计捷共有可能在使因政府瓦解而产生的政治危机尖锐化。②

以上种种都说明,捷克斯洛伐克1948年2月事件的发生并非没有前兆和警号,也并非出乎美国政府意料之外。

1948年初,英国工党政府在贝文一份备忘录的基础上对于总的世界形势做了分析。他们认识到,苏联在欧洲的势力已形成了一个实实在在的政治经济集团。他们认为英国应"努力设法阻止苏联蚕食的进一步发展"。物质屏障不足以保护西方文明。应当把西方固有的道德精神力量组织起来。工党政府认为,只有他们欧洲工党和社会民主党人,而并非美国,才能"在精神、道德和政治领域里领导所有的"西欧民主反共分子。这些分子也是真正的进步派和改革派,信奉自由,有计划和社会公正……人们可以称他们为"第三种力量"。工党政府说,"在英联邦和美洲各国的支持下,我们有可能发展自己的力量和影响,不亚于"美、苏两家。如果上述方针得以实施,英国将清楚地表明,我们并不唯美、苏之命是听。工党政府表示:"美国的宣传强调共产主义强大和咄咄逼人。这种做法易于吓坏反共势力,使他们摇摆不定,使共产党同路人高兴,鼓励共产党人更加起劲地进行讹诈。"而英国宣传则着重于"俄国的贫穷落后",这样能缓和而不是加剧国际紧张局势。③ 杜鲁门当局可能认为,在马歇尔计划开始后,美国在欧洲的影响会扩大。但是英国人的想法恰恰相反。作为马歇尔计划的带头羊,他们这时已准备担当起西方精神保护人的责任。财政大臣向内阁报告了英国1948年美元地位的状况。贝文的上述备忘录讨论了两种设想。一种

---

① 美国国务院电报摘要,1947年8月6日。
② 总统秘书档案,第250盒,1950—1952年卷,中央情报局备忘录,1950年8月3日。
③ 英国内阁档案,129/23,内阁文件(48)6,1948年1月4日。

是美国不同意提供马歇尔计划援助，或是附带了不可接受的条件。另一种是马歇尔计划实现了。英国内阁的结论是，即使马歇尔计划美援全部都得到（美国国会）批准，并且条件也能让英国接受，英国也应尽快"不依赖于外来经济的支持"。①

关于东欧总的情况和捷克斯洛伐克的具体情况，贝文曾在1948年1月说，"在整个东欧，都愈益明显地存在着一种苏联和共产党主宰的政治经济结构"。②在捷克二月事件发生以后，贝文在3月里再次估计了形势。他说，"捷克斯洛伐克正处于被吸收进苏联轨道的过程之中，这是典型的共产党路线政变的结果"。"这一结果对我们的利益极为有害，然而我们除了表示不赞成之外，在捷克斯洛伐克什么法子也没有"。贝文讲今后跟捷的关系应当是"僵硬而对头的"。他不赞成美国召回大使的想法。贝文建议要大事宣传，把英国表现得越强越好，不然像斯堪的那维亚等国家便会认为，它们必须在还来得及的时候跟苏联求得一致。贝文相信，从长远看，只有自身强大才能让人家继续跟英国做朋友。③

前面已经讲过，捷克斯洛伐克的地位是颇独特的。凯南很早就把它打入另册，把它算在苏联范围内了。但是美、英两国政府都不肯承认它属于苏联范围，他们当然也并没讲它属于"西方集团"。然而，当捷克斯洛伐克受到苏联威胁，而退出了马歇尔计划会议时，西方并未采取强有力的行动。当贝奈斯政府垮台，捷共掌握了整个政权时，英国说"我们什么法子也没有"。他们对这个国家内部的力量对比一直采取鸵鸟政策。其实，任何人处于苏联和捷共的地位，也都会采取同样强硬的行动来澄清局势，并清除对手集团的代理人。事件发生后，美、英和其他西方国家大做文章。他们发出了一个措辞严厉的抗议。

---

① 英国内阁档案，129/24，内阁文件（48）35，1948年2月5日。
② 同上档案，129/23，内阁文件（48）7，1948年1月5日。
③ 同上档案，129/25，内阁文件（48）71，1948年3月3日。

但是，他们的结论主要有三点：1. 英国政府承认在二月事件前，捷就已在苏联范围之内，英国的最大的错误，是相信捷共会按"西敏寺规则"，也就是按英国政治制度行事。2. 他们怕在意、法两国会产生连锁反应甚于怕二月事件本身。贝文说，只好继续跟捷打交道，但是不应鼓励其他国家和其他党派（指南尼的意大利社会党）也按（捷共）的路子走。美国国务院决定，对捷事件的处理，应"能在其他受到或即将受到共产党威胁的国家里获得最大的政治好处"。3. 他们既无法，又无奈，而且不愿加剧局势。贝文说，"大陆上的选举人都是怕权力的，但我们在东欧并无权力"。一部分美国人主张采取强硬态度。艾伦·杜勒斯曾公开宣称，"捷克斯洛伐克民主的终结，使欧洲面临跟慕尼黑之后同样的问题"。[①] 跟杜勒斯等人形成非常鲜明对照的是，国务院指示驻联合国代表团避免跟苏联在捷问题上摊牌，要把这件事处理得不损害联合国，不在美国及西欧引起失望情绪。为此，"不要把这一事件弄成一个大问题，避免积极地主张进行调查，避免由美国单独提出决议草案，在辩论时不应过早发言"。[②]

苏联针对美国宣布杜鲁门主义和马歇尔计划之后的形势，采取了强有力的行动。为了惩罚南斯拉夫独立行事的做法和"杀鸡给猴看"，在苏共操纵下，南斯拉夫被开除出九国情报局，铁托和他的同志们被指责为共产主义运动的叛徒和帝国主义的代理人。这是又一次采取行动以打扫势力范围内部。但是，这也造成了苏联集团本身的一大分裂。南斯拉夫不肯顺从，以及这一分裂对苏联威信带来的打击，跟苏联1948年6月在柏林采取的激烈行动有相当的关系。

1948年3月末，史密斯大使自莫斯科报告说，他跟维辛斯

---

① 《市政大会》第13卷，第50期，1948年4月6日，纽约市市政厅公司1948年4月6日出版。

② 英国内阁档案，129/25，内阁文件（48）71，1948年3月3日。

基作了一次有关双边关系中重大问题的长时间谈话。史密斯弄明白了苏联并没有一个现成方案以消除两国间的小摩擦。他认为当前苏联采取的提出意见和抗议的做法将继续下去，以起宣传作用。① 国务院报告杜鲁门说，英国外交部的一致意见是，跟苏联打仗并不是已迫在眉睫的事。苏联人通过在西方发动战争并不能得到多少好处。② 史密斯大使和莫洛托夫在5月4日和9日进行了两次秘密会晤。口信带给了杜鲁门。国务卿马歇尔建议总统对这事不要向新闻界说些什么。马歇尔还说，关于是否会邀请斯大林来美会谈，总统不应直接作答，只消说美、苏两国不会谈涉及其他国家政府利益的问题。③ 1948年6月14日，杜鲁门听取了一次汇报，其中讲到据巴黎一个接近共产国际（情报局）的情报来源称，共产国际显然在准备实行一种高度灵活的"绥靖"方针，以避免共产阵线进一步分裂。同一情报来源还认为莫斯科可能打算发动一次"和平攻势"，其做法是接受伦敦关于德国的问题的建议，以便在对鲁尔区的管制上有发言权和推进德国统一的构想。④ 迄至此时，美、苏双方都没有打仗的意图，甚至还有改善关系的种种机会。

也在1948年6月14日，国务院报告总统说，派驻柏林的墨菲认为，苏联近日加紧限制德国境内的旅行和运输，目的在于完全切断西方对柏林的供应，或是为了促使西方召集盟国管制委员会会议，这样苏联便可借此大做宣传文章。⑤

苏联加紧了行动。6月16日，苏军代表团退出了柏林盟军司令部的会议。6月19日，苏军切断了一切通向柏林的地面交通，史密斯大使从莫斯科报告，他认为克里姆林宫不大可能为

---

① 美国国务院电报摘要，1948年3月31日。
② 同上档案，1948年5月3日。
③ 总统每日约会表，1948年5月13日。
④ 美国国务院电报摘要，1948年6月14日。
⑤ 同上。

了发动和平攻势而牺牲在德国的现有地位。关于美国实现自己在西德的目标问题上，没有什么调和的余地。苏联已把西方大国置于这样一种位置：要么就撤走，要么就留下忍受比撤出更为羞辱的处境。史密斯说，他跟英、法搞了一个计划，以便把美国"尽可能"从这种困难情况中"解救出来"。①

在四盟国未能就在柏林发行单一的通货达成协议后，苏军当局在6月23日宣布新的苏占区货币将在全柏林通用。西方则予以回敬，把在德国的各西方占领区使用的货币引进柏林的西方各区。同一天，苏联切断了柏林和德国西方占领区之间的铁路交通和从柏林东区输往各西区的电力供应。

6月25日，杜鲁门主持了内阁会议。他表现得颇有气派，没把柏林局势当作一件大事。他让国防部报告"关于在德国货币问题上跟俄国口角"的情况。国防部长福雷斯特尔说事情不像报界讲的那样严重。陆军部长罗亚尔汇报了同样的情况，但他认为局势仍是严重的。②

驻法大使卡弗里报告说，据一个跟"共产国际"方面关系密切的情报来源称，苏联当前的行动，主要是"神经战"，目的在于为苏联争得在西德事务上的发言权，而并非一定要把西方大国逐出柏林。③

贝文向英国内阁报告了柏林的局势。他说英国外交部发表了一项声明，证实英国打算保持自己在柏林的地位，并要求美国也发一个声明。贝文说一定不能屈服于苏联压力。如果西方被迫撤出柏林，西方同盟的计划就会致命地削弱。西方盟国也商量了向西柏林实施空运的问题。④

---

① 美国国务院电报摘要，1948年6月21日。
② 杜鲁门图书馆：康奈利文件，第1盒，内阁会议卷。
③ 美国国务院电报摘要，1948年6月29日。
④ 英国内阁档案，128/13，内阁备忘录（48）42，1948年6月24日；（48）43，1948年6月25日；（48）44，1948年6月28日。

美国政府建议，西方应把柏林局势提交安理会。但是英国不同意这样做。① 在此期间，法国政府倒台，换了一个新政府。苏联和西方大国交换了照会，各国都坚持自己的立场。苏联声称柏林是德国苏占区的一部分，说为西方盟国由于违反四大国关于柏林的协议，已失去了在柏林的权利。西方则要求苏联撤除对交通的限制，同时也建议对方应就一切像通货问题的题目进行技术性讨论。②

一如寻常，美、英两国在此期间也并非对所有问题的看法都是一致的。他们都在追求本国的利益。早在3月里，当捷克斯洛伐克二月事件过去之后，英国政府认为，"我们应利用美援来赢得时间，但我们的终极目的应是使西欧国家达到一种对美对苏都保有独立性的地位"。③ 就在柏林局势即将变化之前，丘吉尔带领欧洲统一运动国际委员会英国分会的一个代表团，在6月17日会见了艾德礼和贝文。贝文在会晤时讲的话表明，英国政府是怎样地在利用美国实力来达到自己的目标。贝文说，"他长期以来就希望欧洲联盟得以建立。但是在战争结束后，英国没有力量支持欧洲经济，直到马歇尔计划给了我们机会来带头推动建立西欧同盟。即使这样，直到最近美国政府保证在和平确立前将继续在欧洲驻军，有些欧洲国家仍因顾虑未来安全而不肯给这一构想以全力支持"。④

就在此期间，美、英两国在谈判经济合作协定的条款问题。6月24日英国内阁开会时，对于美国将对意大利（一个前敌国）的条款强加在英国头上极为不满。英国内阁表示，美国在苏联进行威胁时如此表现，将会严重有害于英美关系。内阁会

---

① 英国内阁档案，128/13，内阁备忘录（48）53，1948年7月22日。
② 《美国对外关系》1948年第2卷，德国和奥地利，第950—994页；英国内阁档案，128/13，内阁备忘录（48）53，1948年7月22日；（48）54，1948年7月26日。
③ 英国内阁档案，128/14，内阁备忘录（48），第19次结论（未记在公开记录上的情况），1948年3月5日。
④ 同上档案，129/28，内阁文件（48）162，1948年6月24日。

议结束后，艾德礼首相和财政大臣会见了美国大使，请他将英国的态度转达美国政府。当天下午和晚上，在华盛顿的美国谈判代表对英国的态度便好转了。英国内阁在次日开会时，大臣们也就得以表示同意英、美经合协定的修改稿了。① 当一场危机临头时，美国政府显然急切需要英国的支持。当美国内阁在7月23日开会时，马歇尔对苏联采取强硬态度的背景进行了分析。他说目前的紧张局势，是因为西方在意大利、法国和芬兰取得了胜利而使俄国丢了面子所造成的。另外一个因素是"铁托叛离"俄国。同时，也因为欧洲复兴计划的成功而使俄国陷于无计可施的困境。② 7月30日，美、英、法三国大使找到苏联外交部，要求面见斯大林。苏联副外长佐林的态度是毫不妥协。他说莫洛托夫正在休假，西方的立场并未变化到见见斯大林和莫洛托夫就会有什么好处。然而第二天夜晚，大使们被分别召到克里姆林宫去见莫洛托夫。8月2日，斯大林接见了三国大使。美国大使的印象是："斯大林和莫洛托夫无疑是急切想要解决问题。"③ 这样，谈判的道路便开通了。

杜鲁门也想解决问题。他在8月6日的内阁会议上念了一份措词严谨的备忘录。其中说，行政当局在谈话和行动时应避免搞砸跟俄国的谈判。马歇尔加了一句：现在猜测纷纭，以至极有必要防止在一个微妙的形势中砸了锅。④

在8月13日的内阁会议上，杜鲁门问在俄国战线方面有何新情况。马歇尔说现在报告莫斯科谈判的情况还为时过早。9月3日，马歇尔报告称，在柏林开的会上，关于俄国和西方大国争议的谈判有了进展。需要确定的是，西方大国是否有权保

---

① 英国内阁档案，128/13，内阁备忘录（48）42，1948年6月24日；（48）43，1948年6月25日。
② 美国内阁会议卷，1948年7月23日。
③ 《美国对外关系》1948年第2卷，德国和奥地利，第995—1007页。
④ 美国内阁会议卷，1948年8月6日。

在柏林，他们在柏林是否受了罪。国务院在9月10日向内阁会议汇报，他们正在设法将谈判从柏林移到莫斯科去。由于法国政府倒台，难以达成四国协议。英国发生财政危机，工党政府也在受攻。然而，若是按美国报界建议的那样中断谈判，杜鲁门当局就会陷于火海之中。"我们要就谈判，要就打。"①

西方大国继续跟苏联就柏林问题进行谈判，并空运补给到柏林各西方占领区。飞机主要由美国提供，英国也出了大力气。柏林局势在来年春天之前未能好转，但一直未曾到达战争边缘。双方都谨慎从事，乐于谈判。西方继续留在柏林未走。柏林封锁的直接后果是德国及欧洲的分裂加深了。柏林局势的解决，在中欧划定了最后一道分界线，在1961年以柏林墙的形式固定了下来。

也许当苏联的档案开放之后，人们有可能弄明白，苏联为何选择1948年夏季来跟美国和其他西方国家较量。当时美国正处于总统竞选之中。行政当局在竞选年往往成为"瘸腿鸭子"，办不成什么事情。但若是国际上发生了十分重大的事件，在台上的党为了取得竞选的胜利，反而会不顾一切地采取所有可能的手段来应付这一事件。在6月25日的内阁会议上，杜鲁门说他注意到了共和党大会提名纽约州长杜威为候选人的情况。他说大会对杜威态度冷淡。②《纽约时报》在7月22日报道说，杜威跟史塔生进行了商谈，他把柏林危机归罪于三大国在波茨坦达成的协议。7月24日，又有报道说德国美占区军事总督克莱将军承担了责任，他说自己在战胜德国后，未从苏联方面取得关于运输问题的书面保证。在1948年11月大选前一个月左右，杜鲁门认为该以一种戏剧方式来结束柏林危机了。他决定派文森法官去莫斯科见斯大林。马歇尔反对这一主意，但此事已泄

---

① 美国内阁会议卷，1948年8月13日、8月20日、9月3日、9月13日。
② 同上档案，1948年6月25日。

露给了报界。杜鲁门便想直接给斯大林打电话。他请共和党参议员范登堡到白宫,说明了自己的打算。但这一打算也未能实现。在 10 月 23 日,范登堡听说"杜鲁门正在酝酿一个疯狂的新计划"。还有人说这个新计划是得到范登堡同意的。范登堡不知这是指什么计划,便给杜鲁门的秘书打电话。后来,范登堡得到一个直接答复,说是在跟他磋商前什么也不会做。范登堡认为,想派文森去苏这件事断送了杜鲁门在选举中获胜的希望。① 然而,出乎他和许多人意料的是,杜鲁门当选连任了。

  虽然柏林封锁直到 1949 年 5 月才告结果,但是它打一开头就并不是一场战争的开始,而是一次双方意志的表现和较量。对杜鲁门当局和民主党来说,柏林事件的赌注太大了,他们即使不能赢,也绝对不能输。而就在欧洲打仗来说,无论是苏联或是西方大国,谁都没有准备好,谁也没想动手。

---

  ① 艾伦·杜勒斯文件,第 36 盒,跟范登堡的谈话,1948 年 10 月 11、23 日。

第七章

# 东方的战鼓

1945年11月27日，杜鲁门宣布任命刚刚退休的陆军参谋长马歇尔将军为赴华特使，其任务为调停国共两党可能即将爆发的全面内战。

杜鲁门一向很看重马歇尔。杜鲁门在欧战结束后曾说，"马歇尔位于我国当今最杰出的人才之列，战争结束后，一定要想个法子发挥他的作用"。白宫助理艾尔斯说，总统对马歇尔及其才干极为重视。①

当总统要求马歇尔赴华时，将军马上就答应了。但是将军的老上司，前陆军部长史汀生持怀疑态度。他对于马歇尔的使命不以为然，给了这位老下级一番忠告：

"你必须要杜鲁门答应，你的使命纯属军事性质，不然你会陷入千丝万缕的羁绊之中。很少有白种人懂得中国人的政治头脑。我这样讲是因为跟中国政府打过16年交道。他们会用尽力气和理由让我们为他们做美国人民不肯做的事，也就是派部队去打尚留在中国的日本人并驱逐他们。请记住在雅尔塔还给俄国的是它1900年时实际持有的东西，这头熊很少有后退的时候。我怀疑它现在想不想退，而美国人民也不愿为满洲而战。

---

① 艾尔斯日记，1945年5月22日。

如果一定要你去解决政治问题,你应力争的主要原则是在所有港口和满洲铁路有平等的权利。这样便足以符合美国的门户开放原则了。要记住,国务院对你的支持是极不可靠的。要记住,委员长从未真诚支持过跟中共的全面合作。由于他的政府只是一层多少已经糟掉了的表皮亮漆,下面是一大群中国人民。虽然我对中共只有肤浅的了解,我认为他们管起治下人民来要比蒋好。"①

史汀生对于蒋介石和中共的评论是有道理的。但是他把战后中国的军事问题跟政治分开,却令人费解。中国的军事问题主要有两个方面:国共内战和所谓尚未投降的武装日军。至于在中国东北的苏军,主要是个政治问题。1945年12月美、苏、英、法莫斯科外长会议时,美国国务卿贝尔纳斯提出了苏军从中国东北撤退的问题。贝文向英国内阁报告此次会议情况时说,苏联在会上表示不肯从东北撤兵,除非美国在华北也这样做。苏联曾建议让中共参加各级政府,遭到贝文反对。最后外长们同意中共将参加中央政府。这一讨论并无中国人参加,贝文说他对此感到发窘。②

马歇尔作为特使来华,是一个适当的人选。他作为战时的陆军参谋长,对于罗斯福的对华政策非常了解。他本人在中国北伐时期曾在驻天津的美国陆军第十五团当过中校参谋长。1926年,他在写给老上级潘兴将军的信中说,"列强应当怎样对付中国,是一个几乎无法回答的问题"。他还说,"正常的答案是绝对找不到的","我们只能希望外国人能够高明到在此困难时期避免使用暴力"。③ 当马歇尔重返中国时,他自己20年前写的话可能会再次在他耳边响起。

---

① 史汀生文件,第428盒。
② 英国内阁档案128/5,内阁备忘录(46)1,1946年1月1日。
③ 波格:《乔治·马歇尔——一个将军所受的教育,1880—1939》,纽约,1963年,第228—246页。

杜鲁门很了解太平洋地区的重要性。他曾说"从外贸立场来看，我想我们的未来系于太平洋。要看我们是否能在太平洋立足，而我想终究是能够的"。① 二战刚结束后，杜鲁门认为经济建设将能解决中国问题。他任命小洛克为赴华私人经济代表。在1945年10月3日给小洛克的信中，杜鲁门说，"我愿与委员长及中国政府的重要官员讨论，什么是把美国在工业方面的经验应用于中国和平时期经济建设和发展的最佳方式。你应特别注意中国因在满洲和其他解放省份得到大批工业而面临的形势。我望你能在返回时根据你对中国经济问题的了解和经验提出报告和建议"。②

小洛克在一个月后报告总统：蒋介石"表示他认识到中国需要和平团结以作为与美国经济合作的基础"，并"充分意识到美国的经济合作对中国的重要性"。③ 小洛克的以上概括，正确地说明了蒋介石的立场：经济问题的解决必须以政治问题的解决为前提。这实际上便是蒋介石那个"戡乱建国"的口号，即先消灭中共再谈建设。小洛克在另一个报告中说，中国人民对经济情况极为不安，他们"虽然还相信委员长本人，但正在迅速地失去对中央政府的信心。因而在中国开始解决自身经济问题之前，美国的经济合作难以进行"。④

小洛克的以上两份报告，在实际上否定了杜鲁门打算解决中国经济问题的想法。当马歇尔受命赴华时，核心问题是争取中共问题的政治解决，但中国的经济问题也保留在日程上，这无非是作为一层掩护和跟蒋介石讨价还价的筹码。

1945年12月15日，杜鲁门发表了他就任总统以来第一个

---

① 艾尔斯日记，1946年7月17日。
② 美国国家档案馆：RG48，洛克文件，第1盒，杜鲁门致小洛克，1945年10月3日。
③ 海军助理档案，第8盒，杜鲁门通信杂卷，小洛克致杜鲁门，1945年11月5日。
④ 同上。

对华政策声明。声明是由李海上将起草的。李海在 11 月 30 日让白宫助理埃尔西把从开罗会议到波茨坦会议的有关材料找来，这些材料应表明美国政府早已经实施现行对华政策和对蒋介石的支持，它们是不可变更的。苏、英两国在和美国达成的协议中也同意支持蒋政府。

李海说此事本该由国务院干的，但是总统交给了他。国务院里的人会写上 6—8 页废话。将军说，"总统没问题，他是支持蒋的。但是国务院那帮'准共产党'是不能信任的"。他说，"总统前些日子对我讲，他现在知道为什么罗斯福不相信国务院了"。总统说国务院常常不听话，也没法让它听话。"拿这个声明来说，总统也清楚，用不了 10 个字就行了。但是他从那帮人那里不会拿到任何干脆明确的东西"。① 埃尔西把材料找齐交给了李海，将军起草了总统的声明，但当然不止"10 个字"。

杜鲁门发表了声明。把他在声明中所用的外交语言翻译成普通的话，其意思便是美国一直只承认和支持国民党政府，在今后还将这样做。虽然国民党政府是个一党政府，今后的中国政府必须保持为国民党一党，而吸收中共和其他党派参加。在参加了今后的国民党政府后，中共应交出军队。由于一个统一的中国对于美国十分重要，如果中共不合作的话，它将应对所产生的一切后果负责。

就在同一天，杜鲁门写了一封信给马歇尔，概括他赴华的使命。这封信的起草者便是马歇尔本人。杜鲁门授权马歇尔向蒋介石说明美国的立场，简言之就是"要打内战就不给钱"，以使蒋介石作出必要的让步。但是在前一天，马歇尔已向杜鲁门讲明："如果我不能使委员长采取我认为合理和有利的必要行动，美国政府仍有必要通过我在美国已宣布的政策范围内，继

---

① 埃尔西文件，第 1 盒，中国卷；第 1 宗，1949 年 11 月 30 日。

续支持委员长代表的中华民国国民政府"，杜鲁门对此表示同意。① 以上两种相互矛盾的不同立场，种下了马歇尔使命必定失败的种子。

贝尔纳斯国务卿要求陆军部指示魏德迈将军帮助将国民党军队运往东北，并加紧遣返日军，但是速度的快慢要配合马歇尔的工作，以便利用这一行动向蒋介石施加压力。

蒋介石深知美国策略的个中三昧。既然他的政府被美国认为是"惟一合法政府"和达到统一的"合适工具"，那么不管他如何行动，美国都是不会抛弃他的。但是马歇尔的到来总会对蒋介石的行动有所限制，因而国民党方面并不希望他来；不过来了也可利用马歇尔压中共就范。中共方面明知马歇尔的调停会偏袒蒋方，但是调停本身会起到教育民众和推迟全面内战的爆发，而中共相信时间是对自己有利的。美国驻延安观察组在1945年12月20日向魏德迈报告，中共发言人欢迎杜鲁门声明中的建议。② 一些小党派也欢迎马歇尔使华，认为美国或许能让国、共两方做出让步。从上可知，中国各派政治力量都在不同程度上支持马歇尔的调停。

马歇尔将军在1945年12月21日到达中国。作为国共重庆谈判和此后谈判的结果，旧政协准备召开会议。中共打算出席。民盟的罗隆基在欢迎马歇尔的酒会上说，"我们不想推翻政府。我们只要求自由、民主和尊重民意……马歇尔将军的到来和他的指示……恰如我们中国人所说的'呼应'。我们发出呼声，美国应答了"。③ 罗教授当然不知道杜鲁门、马歇尔和国务院已经决定，不论蒋介石如何顽固不化，美国都要支持他到底。

马歇尔了解国共和解的关键在于国民党的态度。为了施加压力，他一上来就建议中共陆军占全国陆军的近1/3。中共虽然

---

① 《美国对外关系》1945年第7卷，第770页。
② 同上书，第793—794页；耶顿致魏德迈，1945年12月20日。
③ 《时代》周刊，1945年12月31日。

还没有海、空军，但也在这两个军种中占 1/3。蒋介石当然不会同意，马上就拒绝了这一建议。①

接着建立了国、共、美三方委员会来进行调解谈判，张群（后为张治中）、周恩来和马歇尔参加。1946 年 1 月 1 日，三人委员会召开第一次会议。接着，在 1 月 10 日，旧政协会议开幕。同日，三人委员会达成停火协定，由蒋介石和毛泽东分别命令各自的部队执行。旧政协会议一直开到 1 月 31 日，通过了改组政府，建立由各党派参加的最高权力机构及起草宪法等决议。从 2 月 14 日到 25 日，国共两党代表谈论了改组军队的问题，马歇尔作为顾问列席。这一讨论达成了改组军队的协议。决议规定双方逐步裁减部队，国共两方军队数量的比例为国 5 共 1。双方都作出了让步。国民党同意改组政府，修改宪法，建立最高权力机构国务委员会，以及停火。中共同意美国运送国民党军队去东北接收和军队数量的比例，并且不坚持国民党的国大代表必须重新选举。

以上诸多迹象表明，国共之间有可能出现和平的局面。马歇尔的到来也促使苏联迅速采取行动。在 1945—1946 年冬，苏联努力和蒋介石拉关系。蒋介石后来说，国民党政府在 1945 年 11 月 15 日通知苏联大使，东北保安司令长官部将从长春撤到长城以南。蒋介石认为既然自己不能在东北行使权力，不如让苏联人去搞，静观他们以非法占领的身份做出些什么事来。然而，苏联突然反其道而行之，表示根据新签订的《中苏友好条约》，国民党政府可以接收东北。蒋坚持要苏军撤出。他让部队停留在长城附近，而不再向北推进。② 在此期间，苏联不断向蒋介石表示友好，蒋也小心对待。在安理会讨论伊朗问题时，中国代表顾维钧违反美国意愿，提出安理会不应在伊朗问题上采取行

---

① 《张治中回忆录》，北京，1985 年，第 739—740 页。
② 《苏俄在中国》，第 154—155 页。

动，而应让双方去对话。美国代表反对这一建议。顾维钧还发言对英国在希腊的行动表示遗憾。他还认为需要让苏联知道在安理会内确实能够进行合作。①

美国敦促蒋介石加速接收东北，并愿向他提供大批船只作运兵之用。据原东北保安司令长官部副司令长官杜聿明中将在回忆这段历史时说，1948年蒋介石在军事会议上怪马歇尔硬要他接收东北，他只好去做。1946年1月7日，魏德迈在给马歇尔的备忘录中写道，如果内战再起，国民党政府有可能会集中兵力发动进攻，例如说打张家口。在这里，魏德迈并没说蒋要把兵力集中在东北。②

当马歇尔受命赴华之际，杜鲁门仍认为可以跟苏联合作以使中共就范。1946年1月，他在一封信中写道："斯大林大元帅说那些所谓的中国共产党人只不过是些土匪，他跟他们毫无关系。"但是斯大林认为他可以代表中共讲话。③ 据贝文说，在1945年12月莫斯科三国外长会议期间，斯大林跟他同意今后中共只参加蒋政权的中央政府，而在其他级别的政府中并无席位。这样，斯大林便在马歇尔来华调停之前替中共对一个重大问题做了决定，而这决定是有利于蒋介石的。④

斯大林在这时积极拉拢蒋介石。蒋介石在回忆录中讲，就在这个当口，"斯大林采取了一个不寻常的步骤"，邀请蒋经国访苏。蒋经国是在苏联呆了10年之后于抗战爆发后从苏联回国的。此后，他曾在国民党和政府中担任过若干职务，抗战胜利后他被任命为外交部东北特派员。这一任命是经过深思熟虑的。蒋介石认为，由于蒋经国在苏联的历史背景，让他担任这一职

---

① 美国国务院电报摘要，1949年1月29日。
② 《美国对外关系》1946年第9卷，第39页，马歇尔使命，魏德迈致马歇尔，1946年1月7日。
③ 总统秘书档案，第173盒，中国—1945年卷，杜鲁门致德拉西，1946年1月12日。
④ 英国内阁档案，128/5，内阁备忘录（46）1，1946年1月1日。

务将利于跟苏联打交道，并可表明蒋介石本人对东北问题的重视。1945年12月25日，蒋经国以其父特别代表的身份前往苏联。这个日子跟马歇尔以杜鲁门特使的身份来华之日几乎相重合。蒋经国访苏期间，跟斯大林会谈了两次。"斯大林谈到希望中俄和国共之间和平共处"，并说他赞成中、美、苏三国合作，但反对任何第三国的势力进入东北。他敦促国民党政府采取独立的政策，"既不倒向这边，也不倒向那边"。

在蒋经国访苏结束前，斯大林表示希望蒋介石能到莫斯科，或是在中、苏边境某地来跟他见面。蒋介石认为，这是斯大林请他儿子访苏的真正目的所在。蒋去跟马歇尔商量，马的回答是，"任何对中俄关系有利的事，我都赞成"。在马歇尔作了这样淡漠的回答后，很难想象蒋介石还会接受访苏的邀请。

蒋介石婉拒了斯大林的邀请。但是苏联不肯就此罢休，再次发出了邀请，并要求蒋确定访苏日期。在反复衡量得失后，蒋又一次拒绝了。后来，美国大使馆的一位官员曾问过蒋有关苏联"两次要求会晤"而遭他拒绝的事。这时蒋更加明白，如果他接受了斯大林的邀请，一定会得罪美国。[①] 蒋介石所讲有关两次访苏邀请，真相究竟如何难以核对，因为邀请都是口头发出的。如果现在苏方对此能有个说法便好了。从苏联和蒋当时的政策脉络来看，以上蒋介石所说的情况大概不会是空穴来风。

正当苏联努力讨好蒋介石之际，马歇尔也在不失时机地改善美国与中共的关系。据周恩来当时的助手和翻译章文晋大使说，马歇尔认为周恩来在调解中所讲的道理使人信服。因此，马歇尔曾劝说蒋介石做出让步，不要因小失大。章文晋认为，这便是终于能在1946年1月10日达成停火协议的原因。马歇尔同意周的意见，即美国不应干涉中国内政。具体说来，他的调解活动应促使结束中国内战。结束国民党一党专政，实现联

---

[①] 《苏俄在中国》，第154—159页。

合政府和民主政治。章文晋说马歇尔在来华初期基本上奉行了上述方针。当时周恩来和马歇尔之间关系比较融洽，周也认为马相当公平和坦率。在第二次跟马歇尔见面后，周说，"此人令我想起了史迪威"。中共认为马歇尔在此阶段富有成果，并无偏向。周恩来于1946年1月30日从延安返回时，带去了毛泽东给马歇尔的口信。毛认为马对停火问题的处理是公平的，中共愿跟美国在马歇尔表现出来的公平的基础上进行合作。周说中共的长远目标是在中国建立社会主义，但现在还没有条件这样做。在现阶段，中国走向建设的道路是民主和科学，向美国学习农业改造和工业化，以建立一个独立、自由和富强的中国。这时有传闻说毛泽东因健康原因要去莫斯科休养。周恩来对马歇尔说，毛泽东认为这一传闻很可笑。毛说如果他身体不好，他宁愿去美国，在那里可以学到许多东西。马歇尔敏锐地抓住了这一暗示。他感谢毛泽东带来口信。他表示相信中共的和平诚意，并将劝说蒋介石在中共所宣布的愿望和方针的基础上达成协议。他甚至在私下里说到怎样去达成关于临时联合政府的协议。在跟周恩来谈话结束前，马歇尔要求周把毛泽东的话写成一份备忘录，以便向杜鲁门总统报告。马歇尔还说，如果毛泽东想去华盛顿访问，他可以安排飞机，甚至可以送一架飞机来作为礼物。① 在这里，马歇尔又重犯了赫尔利犯过的错误：开了一张兑不了现的空头支票。

马歇尔—张治中—周恩来三人委员会在1946年2月末开始进行视察。委员会在3月4日到达延安，会见了毛泽东。马歇尔受到隆重接待。后来马歇尔在应杜鲁门之请于1954年写的备忘录中说，在他看来，从1946年1月10日起，"中共代表团和在战场上的部队要比国民党更为服从三人委员会的命令"。这种态度一直保持到"6月制宪会议推迟之后。国民党指挥官们看

---

① 章文晋：《周恩来和马歇尔在1946年》，载《中华英烈》1988年第2期，北京。

来都决心奉行动武的方针"。①

三人委员会在1月初首次开会时决定,为了监督实施停火,设立一个军事调处执行部,由国、共、美三方派出军官组成。军调部派出小组前往两军交战地区监督停火。在同一天,魏德迈将军送了一份备忘录给马歇尔,对国民党政府甚有批评。魏写道,"在每次冲突停下来时,中央政府总可能设法重新部署军队,全面加强自己的军事政治地位,以便在冲突再起时能以压倒优势来对付中共"。魏德迈说蒋介石决心不经选举在5月5日召集国大,说明国大里充斥了坚持走老路的国民党人。魏还说戴笠的机构继续镇压那些批评国民党政府的团体和个人。三青团对"不满国家现状"的学生使用暴力。他说这种镇压"会使中国许许多多知识分子、小工商业者和学生跟反对派走到一起去"。② 这里魏德迈所指的一定是云南昆明发生的"一二·一"惨案。1945年11月底,昆明学生罢课抗议当局以军队压制学生的批评。12月1日,国民党杀害了4名参加罢课的学生和学校职工,伤十余人。

虽然美、苏两国都以欧洲为战略重点,但是亚洲的局势使他们很担忧。《时代》周刊在1946年初评论道:"美苏关系中最敏感的问题在远东。俄国人深知这一点。由于俄国人不愿跟美国摊牌,他们在微妙的国共谈判中表现了相对的克制。"③ 然而,在将东北工业作为战利品拆运回国这一点上,苏联是坚定不移的。中国国民政府从未同意苏联的抢夺,并指责它这样做是违反1945年中苏友约的。1946年3月5日,莫洛托夫在给美国代办的复照中指出,一切为日本战争需要服务的财产都属于

---

① 总统卸任后文件,马歇尔致杜鲁门备忘录,1954年。
② 《美国对外关系》1946年第9卷,第39页,马歇尔使命;魏德迈致马歇尔,1946年1月7日。
③ 《时代》周刊,1946年2月25日,第25页。

战利品。苏联只把它们作为这类东西来考虑。① 《时代》周刊报道说，沈阳苏军司令科夫顿—斯坦柯维奇曾向9名美、英记者讲，三大国"不是在雅尔塔就是在柏林，一时记不清了"，同意苏联拆运这些东西。② 美国国务院正式声明，不管是秘密的或是公开的，都无此等协议。莫斯科广播说，关于苏军司令讲话的报道"纯系捏造"。③ 在4月中，维辛斯基在致美使馆的信中坚持东北工业属于战利品，并说这一立场已从盟国政府对保加利亚和匈牙利的协定条款中得到了支持。④ 在这里，维辛斯基走得如此之远，竟然把对待一个主要盟国的主权跟对法西斯卫星国的处置混为一谈。

马歇尔在1954年致杜鲁门的备忘录中写道，苏军迟迟不撤出东北和拆运工业，乃是这一地区"不断出现问题的根源"。但是局势因蒋介石拒绝马歇尔的下列建议而变得更糟。马歇尔认为军调部应派一小组前往营口，干预双方正在进行的战斗。他在备忘录中说，"委员长不肯同意这个建议，但中共同意了"。他讲周恩来敦促他访问沈阳，但他个人认为那样做不明智。马歇尔说，以上"满洲情况的发展，成为断送中国统一和平政治基础的希望的决定性因素之一"。⑤ 后来蒋介石同意军调小组进入东北，但是权力有限，难以制止战斗。有一种流行的说法，说是国民党在东北的失败是因苏联援助了中共所致。如果情况真是如此，蒋介石为什么不让军调小组进东北，好让他们充当苏联正在提供援助的见证人？那样一来，想方设法掩盖事实的

---

① 美国国务院电报摘要，1946年3月6日。
② 这位苏军司令在关于中国的回忆录里根本未提他在东北拆工业的经历。他说苏军用自己的运输工具帮助煤矿复原。他还跟银行家商谈贷款给工厂，以便恢复生产。他写道，苏联人"下了大决心来稳定和加强满洲的经济"。见《苏联志愿者在中国：1925—1945年，文章和回忆》，莫斯科，英文版，1980年，第285—304页。
③ 《时代》周刊，1945年3月11日。
④ 美国国务院电报摘要，1946年4月25日。
⑤ 总统卸任后文件，马歇尔1954年致杜鲁门备忘录。

人，岂不就应该是中共了？

马歇尔于1946年3月11日返华盛顿进行磋商。他说回美的目的是为"向总统汇报情况，特别是要商讨移交剩余财产物资和运输船只，以及对华贷款的问题"。① 马歇尔的上述说法，跟他来华前的计划是一致的；那时他和杜鲁门决定，即使蒋介石不肯合作，也要支持蒋到底。

马歇尔在1954年备忘录中回忆道，在1946年1月10日后，"我在某种意义上切断了跟这个会议（即三人委员会）的关系，因为它纯属政治性质，而我的任务则是在可能的情况下把战斗停下来"。然而，将军应当知道，向蒋提供剩余资产和贷款是不能把战斗停下来的。恰恰相反，这些东西使蒋介石腰杆子更硬，态度更不合作了。国务院在4月15日向总统报告说，驻重庆大使馆建议，在马歇尔返华和重新估计形势之前，美国先别贷款给国民党政府。大使馆认为宣布贷款将严重削弱马歇尔说话的分量，使他难以改变目前的势头，并使双方回到他原先提出的道路上来。②

早在马歇尔3月11日返美前夕，周恩来对他讲，毛泽东希望他能留下来，直到东北局势稳定。但是马歇尔坚持马上就走。在他离华两个多星期后，终于达成了派调处小组前往东北监督停火的协议。但是蒋介石非让国民党军队在东北到处执行中苏友约规定的接收任务，这样调处小组去监督停火便一事无成。周恩来认为中共不应对国民党抱有幻想，他向中央提出，惟一的出路是在东北大刀阔斧地打。当马歇尔4月18日返抵中国时，东北战事已升级到一个新的阶段。就在他到达的那天，国民党军队向四平发动全力进攻，中共部队则进入长春。

在调停的第一阶段里，马歇尔讲话多，而周恩来只是有时

---

① 总统卸任后文件，马歇尔1954年致杜鲁门备忘录。
② 美国国务院电报摘要，1946年4月15日。

提点问题，要求澄清。但是在马歇尔再次来华后，情况大变。周恩来在4月22日跟马歇尔作了一次长时间谈话。在历时三四个钟头的谈话中，大部分时间是周恩来在讲。周说当他们首次见面时他便说过，中共要的是一个和平民主的中国。他从马歇尔的谈话中听到了一些实行民主的方法和民主制度的观念，使他得以更加了解什么是美国的民主传统。周说他读了马歇尔给他的一篇富兰克林的演说，这篇演说最能打动他的地方是，虽然看法不同，但合作是必要的。周说他并不认为政协决议完全符合中共的理想，但是必须遵守，因为它是各有关方面决议的。中共在过去三个月里并未要求对它做任何修改，但是国民党大吵大嚷，违反了所有协议。马歇尔对周恩来的外交手腕十分钦佩，他对罗隆基说，周恩来是他从未遇到过的外交对手。他也对顾维钧说，周是他打过交道的人中最为高明的，连英国人都比不了他。马歇尔表示：人家告诉他中共靠不住，但国民党一点不比中共更为可信。周恩来和马歇尔在1946年5月中旬以前保持着良好的工作关系。①

东北的战况在1946年5月吃紧起来。中共军队放弃了长春，国民党军队在5月22日进入这一城市。到了5月底，全面内战的爆发已迫在眉睫，但美国人仍然怕战火扩大会带来严重的后果。周恩来建议中共应采取"逼美压蒋"的策略。他对马歇尔讲，马的调停之行代表了美国政策好的一面，但蒋介石从一开始就不希望调停成功。现在蒋介石准备扩大战火，想把马歇尔拉下水去。② 整个1946年夏天都是边打边谈的局面。1946年10月11日，国民党军队占领了中共在华北的中心张家口，11月15日，国民党一党把持的国民大会开幕。至此，再作调停国共双方的努力已属不可能，马歇尔的中国之行也就接近尾声。

---

① 《周恩来和马歇尔在1946年》。

② 同上。

马歇尔曾有过取得成功的极好时机。早在4月里,当马歇尔还未从华盛顿重返中国的时候,美国驻重庆大使馆便报告说国共关系严重恶化。美国调停是挽救局势的强有力因素,各党各派都希望马歇尔早日回中国来。① 可是到了年底,这些都已是明日黄花了。

1946年8月,新上任的英国大使向伦敦报告说,马歇尔认为蒋介石有可能维持两个月大规模作战,然后中国便将陷入经济混乱,为共产主义的蔓延提供最良好的条件。英国大使说蒋介石对他讲,中共并无达成妥协的诚意,惟一的办法是打,但这是个漫长的过程。至此,全面内战的爆发已无可挽回了。

蒋介石也并不想在美国一棵树上吊死。他设法从英国政府那里获得武器。艾德礼在1946年10月14日对英国内阁说,蒋介石让人代表他向英国大使询问英国政府是否愿意提供武器,以便能把内战打下去。艾德礼说蒋此举表明他已毫无跟中共妥协之意,也并未在跟美国充分合作以把内战停下来。同时,这也说明美国已削减了给蒋的作战物资,以作为向蒋施加压力的手段。贝文在10月13日已对贝尔纳斯说到了这一点。贝尔纳斯说,美蒋关系愈来愈不能令人满意,美国正在考虑是否从中国撤出美军。贝文说,英国不应鼓励蒋去希望能从英国得到武器,他将请驻华大使拒绝蒋的要求。艾德礼认为贝文跟贝尔纳斯讲得很对。② 然而,支持蒋介石是美国的一贯政策,向蒋施加压力则只是个策略行动。此后不久,马歇尔就当上了国务卿。在1947年初通过宣布杜鲁门主义而将冷战公开化以后,美国便在中国的内战的泥淖中越陷越深。

报业巨头亨利·卢斯在1946年11月访华。他返美后对史汀生讲,他在中国同马歇尔作了一番长谈。卢斯认为马歇尔对

---

① 美国国务院电报摘要,1946年4月11日。
② 英国内阁档案,128/8,内阁备忘录(46)86,1946年10月14日。

于在一个政府和这个政府中的一派之间进行调停而感到困窘。他说蒋介石确信自己能在几个月内让中共投降从而结束内战。卢斯认为中共是"真正的共产党"。司徒雷登对他说，中共的思想方法"跟支那人不一样"。卢斯说"困难在于把马歇尔从那里弄出来"。马歇尔自己说，再执行原任务实属不可能。卢斯认为，惟一的办法是"由国民党来进行征服"。①

马歇尔在1946年11月28日请求召回。②差不多正好在一年之前，他来华进行调停。杜鲁门在1947年1月正式宣布马歇尔为国务卿。此前，马已启程回国。将军在回顾这段经历时，并不把使命失败归罪于中共。相反，他说在整个调停过程中蒋介石都跟一批"反对美国政策的人"搞在一起。他说这批人"在1946年里曾短时间失利，但后来逐渐恢复了权力，并发现美国国内的中国政治战对他们极为有利"。马歇尔跟司徒雷登曾计划用他的离华声明来刺激一下这帮"不妥协"的国民党官员。但是马歇尔被任命为国务卿的消息走漏了出去，这批人便不敢站出来公开攻击他了。③

马歇尔调停使命的失败，对中美关系和世界局势造成了深远的后果。美国在中国失去了良机。这种机会在中华人民共和国诞生前恐怕不会再有了。造成调停使命失败的原因之一，是杜鲁门和马歇尔把一个幻影——即使他们决心支持蒋介石到底，中国内战也是可以调停的——当作了现实。

说来也巧，1946年将近年底时，中国爆发了一场声势浩大的全国性学生罢课示威，它恰如轰鸣的礼炮，送马歇尔特使踏上归程。

学生罢课示威是因1946年圣诞前夕在北京发生的一件事情而引起的。

---

① 史汀生文件，第434盒，史汀生跟卢斯谈话后草记，1946年11月20日。
② 总统秘书档案，第183盒，马歇尔致陆军部，1946年11月28日。
③ 总统卸任后文件，马歇尔1954年致杜鲁门备忘录。

中国北方的冬日，晚上7点时天已漆黑了。那个圣诞前夕晚8时，两名美国海军陆战队员把一个路过的中国女学生拉进树丛强奸了。姑娘大声哭叫，引来了公园的行人，两名美国兵被扭送到附近的派出所。

　　这两个美国兵全然不解，如果说强奸在美国且是犯法的话，在中国则不知要更严重多少倍。这种行为不但违犯法律，而且与中国人的道德不相容。更有甚者，这两个美国兵捅了一个特大的政治马蜂窝。

　　这两个美国兵强奸了一位中国姑娘，这便犯了自中国宋代以来一直认为十分严重的弥天大罪。这位姑娘是北京大学的学生。在当时，中国女青年能上大学的不多，北大更是名牌中的名牌。这就更不得了。人们听说姑娘的父亲是位教授，这绝对不能容忍。中国的儒教传统尊师，中国妇女的传统价值观念是"饿死事小，失节事大"。但是这两个美国兵居然污蔑这位姑娘是妓女，更使得中国人民怒不可遏。

　　第二次世界大战结束已有一年零四个月了。美国兵的形象也从战争英雄变成了准占领军，又变成了蒋介石打内战的帮手。美军在战时印发过一本小册子，介绍一些简单的汉语。小册子一开始就说到中国后要"入国问禁，入境问俗"。到战争结束一年多之后，小册子里的嘱咐早就被忘得一干二净。但是造成美军形象巨变的主要原因，是美国继续在华驻军及他们在中国扮演的角色。抗战胜利后，蒋介石政府贪污腐化，违反民意的种种行为，引起了中国人民的极大不满。中国自19世纪中叶以来，各种性质的战争连绵不断，人民已经精疲力竭，亟须休养生息。他们要求不高，但愿过上免于冻饿的安定生活。然而抗战血迹未干，内战枪声又起。与此同时，国民党官员强征暴敛，忙于在沦陷区接收房子、票子、位子、女子和车子，做到"五子登科"。1946年夏，国共内战全面爆发时，国民党军队处于攻势。中国老百姓深知，如果没有美援，蒋是没有能力发动全国内战的。在此背景下，中共正确地提出了在蒋管区"反饥饿，反内战"的口号，得到了人民的广泛支持。中共也发动了一个针对美国的宣传战，揭露美国政府的援蒋政策。以上便是东单公园事件发生前的中国社会政治背景。上面两个犯罪的美国海军陆战队士兵，也就顺理成章地成了北京市民和全国人民人人喊打的过街老鼠。

美国驻南京大使馆对东单公园事件所引起后果的评论是："总的说来，最近在中国发生的反美示威，可以被认为是中国总的政治经济状况所引起的普遍不满和动荡的表现。广泛的反政府情绪因无法公开表达而几乎全部指向美国。"使馆认为，"中国目前潜伏着一种爆炸性的政治局势，可以预见。在今后几个月内将发生严重的动乱"。"在此种情况下，只要美国在华驻军继续成为任何派别的宣传和中国排外心理的现成攻击目标，美国所处的地位便将是危险的"。[①] 上面这一分析真是一针见血，但愿它能使杜鲁门当局彻底重新考虑对华政策。

在公众及舆论的压力下，北京当地的司法机关决定两名犯罪美军士兵应由中国法庭来审判。但是国民党高级当局屈从于美国要求，两名犯罪分子终于被交给美国海军进行军法审判。此等处理方法显然是强迫援用治外法权，而这种在华的不平等权利美国早在1943年便会同其他盟国宣布废除了。美国海军军事法庭在北京审判了此案，主犯被判15年徒刑。

在审判中，有两名美军法官要求对主犯宽大处理。但是判决书说："判刑之轻已使得不能再宽大了。"美军海军陆战队第一加强师师长在1947年2月21日签字批准了上述判决。罪犯被解回美国服刑。

然而，1947年6月6日，在众议员赖利的干预下，美国海军军法处长向海军部部长报告，此案"应予搁置一边"。这一报

---

① 美国国务院电报摘要，1947年1月9日。

告的副本被送达杜鲁门总统和马歇尔国务卿。

1947年7月8日,美国海军复查委员会首席委员克鲁曾将该委员会的意见报告了海军部代理部长。报告说:

1. 本委员会经慎重复查……一致认为证据已足以支持法庭对强奸一罪的判决。

2. 因此,建议海军部长对审判程序、第一项罪行的证据、判决以及裁定予以批准。①

但是,跟上述事实、证据、判决及复审委员会的意见恰恰相反,美国海军部代理部长沙利文批准了海军军法处长6月6日那份将此案"搁置一边"的报告,推翻了法庭的判决。一份电报从华盛顿发到加利福尼亚州的海军监禁局,电文说"兹指示,以上列名罪犯释放,恢复执行军务。公函随发"。罪犯被开脱了。②

东单公园事件对于美国政府和中国人民之间关系的严重性在于:它正好发生在局势的转折关头。这样,就引发了一场气势浩大的反美大示威。从1946年底到1947年1月,国统区50万学生进行大罢课大游行,反对美国和国民党政府。学生及人民群众要求美军撤出中国。这场反蒋反美运动是中共领导的;周恩来并不隐晦这一点。③然而,正是由于美军赖在中国不走,而导致了两名海军陆战队士兵犯罪,同时也向中共提供了指控杜鲁门当局的证据。这样一起标志着美国失败的影响深远的事件,并未引起中国大陆以外学者的注意。④他们或者是低估了这一事件的重要性,或者是认为事件本身被所谓"共产党宣传"夸大了。

---

① 总共5项指控。最严重的是第一项:强奸。
② 美国海军陆战队关于此案的文件当时都在美国海军部手中。
③ 《周恩来选集》上卷,北京,1980年,第269页。
④ 当时南京美国大使馆的外交官约翰·梅尔比在他的著作《受天之命》中轻描淡写地提了一句,"强奸难以辩解,但真相恐仍将付诸阙如"。

中国知识分子有着优良的传统。历代封建帝王企图用"学而优则仕"的办法来笼络和奴役知识分子，的确腐蚀了一些知识分子的灵魂。但是，还有许多有才华的知识分子，他们热爱祖国，时刻关心着人民的命运。毛泽东指出，上述圣诞前夕事件引发的群众运动，是中国革命新高潮的标志之一。① 但是，由于种种原因，存在美国国家档案馆里的这一案件档案，几十年来一直跟其他海军陆战队档案一起，默默地躺在无人注意的角落里。

1947年1月初，美国政府向苏联政府及中国国民政府表示，中、苏两国应及时考虑在大连港的地位和管制上令人不能满意的状况。应即根据1945年中苏友好条约规定，将大连港向国际贸易开放。② 美国的这一行动显然说明它不肯放弃在东北的"门户开放"利益。

1947年2月初，美国驻南京大使馆报告称："中国存在的主要危险并非急剧的经济崩溃，而是经济上和政治上正在不知不觉加剧的解体。"然而，大使馆认为，其结果将是地方主义和军阀主义的复活。它说中共将肯定会加强其活动，但目标可能并非是要掌握全国政权。③ 美国大使馆的这一估计是错误的。在这时，中共已决定了自己的目标是："打倒蒋介石，解放全中国。"

从1946年1月10日停火协定以来，国共两军从未停止过交战，但规模还是较小的。从1946年6月末开始，国民党军队发起了全面进攻。这样，全面内战便在1946年7月爆发。毛泽东在1946年10月1日为中央起草的党内指示总结了过去三个月的内战进程。里面讲了个简单的算术问题。毛泽东说蒋介石用了190个旅的正规军来发动攻势。在过去三个月里，已有25个旅被歼灭。在发动攻势的190个旅的总兵力中，有一半得用

---

① 《毛泽东选集》第4卷，第120页。
② 美国国务院电报摘要，1947年1月2日。
③ 同上档案，1947年2月5日。

于警备任务。毛预计在未来一段时间里将再消灭蒋军25个旅。到这时，蒋介石发动的攻势便会停下来，中共失掉的一部分地方将会重新回到手中。如果在这以后再消灭25个旅的蒋军，国共两军的相对实力便会有很大变化。① 事实是，到1947年2月，蒋军用于进攻解放区的218个旅的兵力中，已有1/4被歼灭。②

1947年4月，蒋军作战行动显然败局已定。美国国务院报告总统说，它认为用军事办法来干脆利索地解决中国问题是不现实的。国务院反对鼓励蒋军继续企图全力用军事解决问题，但同意给蒋一些军火。③

美国驻南京大使馆在1947年4月报告说，它并未发现苏联给中共以军事性质的援助。美国驻沈阳总领事馆向大使馆报告，该馆认为中共很有可能是在用黄金和农产品换取补给，而不是获得了名实一致的军事援助。④

到了这个时候，马歇尔主持下的美国国务院不仅反对用军事解决问题，而且还赞成停止向蒋介石政府贷款。值得注意的是，这时正值刚刚宣布马歇尔援欧计划之后。1947年6月24日，国务院一些高级官员审阅了一份给国务卿的备忘录，其内容是关于马歇尔将于次日发表的有关对华贷款的声明。备忘录指出："声明的用词及语调将会在中美两国产生重大的心理作用。在这方面，不仅得让国务院满意，而且还要让（进出口）银行也满意。"备忘录建议进出口银行应在其类似的声明中强调，已确定的5亿美元贷款到期后，将不会影响中国在6月30日后申请个别项目的贷款。然而，在6月25日，有记者问马歇尔国务卿美国是否将给蒋介石政府以贷款。马歇尔回答说，"不，我不给。我们已经仔细研究过。实际上可以说每天都在研

---

① 《毛泽东选集》第4卷。
② 同上。
③ 美国国务院电报摘要，1947年4月3日。
④ 同上档案，1947年4月18日。

究"。接着有人问给中国人的最后时限是否为下星期一，马歇尔回答道："是的。"6月26日，国务院官员林肯·怀特给总统秘书罗斯送去两份备忘录交总统阅。一份是昨天马歇尔记者招待会的记录，另一份便是前述国务院里6月24日的备忘录。①

1947年年中，当中共部队即将解放东北大部分地区时，杜鲁门当局决定在长春和沈阳继续保留美国的总领事馆。国务院说，即使中共可能会取得这两个城市，为了进行观察的长远利益，是值得这样做的。②1947年7月2日，美国驻沈阳总领事馆报告说，"逐日增多的证据表明，满洲人民不仅已准备好政府的变更，而且还急切地期望这一变更的到来"。③

1947年9月，蒋介石向美国大使馆提出一项请求，准许他赊购美军剩余物资中的弹药、武器、汽车以及空军装备，以供6个月使用。国民党政府说它"弹药奇缺"。④但是美国武官的看法是，他们并不知道自己是否缺少弹药。

国民党政府着急了。外交部长王世杰和驻美大使顾维钧要求国务院安排会见杜鲁门。副国务卿洛维特在1947年9月末向杜鲁门报告说，王、顾俩人担心，由于注意力集中在西欧，美国将会忽视国民党政府对美援的急切要求。除非美国给予大量的财政、经济和军事援助，王和顾是会极为忧虑的。他们觉得，美国对提供援助负有道义责任。一方面是由于美国在雅尔塔扮演的角色导致了在1945年的中苏条约中给了苏联某些在满洲的利益。另一方面，他们认为中国的情况跟希腊和土耳其类似。洛维特说王世杰和顾维钧淡化了国民党自己的责任，他们未能进行会加强对付中共能力的急需的改革，而这一改革最终对于国民党政府的继续存在是至关重要的。洛维特建议，当

---

① 总统每日约会表，1947年6月16—30日卷宗。
② 美国国务院电报摘要，1947年6月27日。
③ 同上档案，1947年7月2日。
④ 同上档案，1947年9月12日。

王世杰来见总统时，总统可告他美国"对中国有着肯定的传统利益，在美国考虑全世界经济恢复和善后问题时，并未忽视这一点"。① 这就是说，蒋介石政府已不再是美国优先援助的对象了。

然而，美国大使司徒雷登不肯就此罢休。他仍然敦促继续援蒋。他报告华盛顿：此时此刻蒋政府"就像一个奄奄一息的病人，活下去的愿望正在逐渐减弱"。他说，"由于缺乏大量的军事财政援助和中共活动的加强，已使中国人在危机中变得愈来愈惊慌失措"。②

美国政府派魏德迈将军重返中国，以对局势进行估计。魏德迈回美后不久，美国大使馆报告说：自魏走后中国财政状况急剧恶化，激烈的通货膨胀可能轻易地导向经济彻底崩溃。③ 蒋介石亲自向来访的美国众议员抱怨说，东北所处的困境乃是雅尔塔协定造成的。如果国民党最终被打败了，这不是由于苏联和中共，而是因为美国未能在此急需之刻提供已允诺的援助。④

关于对日和约，英国外交部希望早日开会研究，但蒋政府迟迟不肯表态。英国认为国民党政府之所以不肯表态，是在等美国澄清对华政策。同时，也是为了看看是否可以参加会议而不违背中苏条约。⑤

蒋介石此时想以设法跟中共和谈来取悦美国。司徒雷登在1947年12月中旬报告说，蒋要求美国帮助建立四个安置培训中心，司徒雷登准备同意。一个星期后张治中将军告诉司徒雷登，蒋介石已授权他设法与中共恢复和谈。张治中也走访了苏联大

---

① 总统每日约会表，1947年9月30日。
② 美国国务院电报摘要，1947年9月22日。
③ 同上档案，1947年10月7日。
④ 同上档案，1947年10月14日。
⑤ 美国国务院电报摘要，1947年11月6日。

使馆，要求苏联敦促中共寻找更好的解决办法，因为中国"永远也不可能被苏联拉过去用来对付美国"。①

这种种努力并不能挽救蒋介石政权。局势变得越来越无望了。美国大使馆在接近年底时报告道，北方局势正在恶化，所有教会组织和非必要人员应从中国内地撤至大城市。司徒雷登还说他获悉国民党的军火已缺乏到了危险的程度。②

苏联在蒋介石危难之际向他伸出了援助之手。苏联政府在1947年12月提出，在中国召开外长会议以准备对日和约。英国政府认为这个建议跟英国自治领堪培拉会议的意见相左。那次会议认为和约应由主要参战国起草。这便是说，由于外长会议成员法国并非主要参战国，英国不同意苏联建议。③

1947年圣诞节前夕，有一条新渠道展现在杜鲁门眼前。著名的中国将军冯玉祥在12月20日致信杜鲁门，说他上周来到华盛顿，但觉得未便造次访问总统。他即将前往纽约，祝贺总统伉俪圣诞快乐。冯说他在表示"我国人民的情感，感谢你对中国的种种关怀"。④冯玉祥的信显然是一个政治信息。由于冯的反蒋亲共背景，如果杜鲁门接受了冯的暗示，他也有可能成为某种沟通渠道。

1947年圣诞节过后，国民党政府的处境和美国在中国的存在每况愈下。

---

① 美国国务院电报摘要，1947年12月15、23日。
② 同上档案，1947年12月24日。
③ 英国内阁档案，128/10，内阁备忘录（47）92，1947年12月2日。
④ 总统每日约会表，1947年12月20日。

## 第八章

# 无声的较量

　　面临蒋介石军事上不可避免的失败，杜鲁门当局在1948年亟须重新考虑对华政策。但是这件事一直拖到了1949年底。美国若想有一个妥当的对华政策，必须对中共和苏联的关系做出正确的评估，并使这一关系有助而不是有害于美国的国家利益。早在二战结束就该这样做了，但是在此时此刻则显得更为迫切。在华盛顿白色和浅灰色大厦里工作的人，对于向纳税人和选民们提供一个妥当的对华政策有着不可推卸的责任。不幸的是，美国政府的立法和行政部门在当时都缺少提供这样一个政策的经验和能力。在杜鲁门当局内部，惟一老成练达到能够主张一个行得通的对华政策的人是艾奇逊，还有影响力较他为小的凯南。总统本人有时感到需要改变政策，但是他还是囿于偏见并受到国内政治的影响。

　　以毛泽东为首的中共领导跟苏联的关系历来并不是很密切的。在共产国际于1943年解放前，各国共产党都是共产国际在该国的支部，国际的命令必须执行；国际的监督必须接受；国际让改变政策，就得改变。苏共，即布尔什维克党，在共产国际内享有特殊的地位。斯大林不仅是布尔什维克的领袖，而且是共产主义运动中惟一还活着的导师。苏联是世界上惟一宣称以共产主义为目标的国家，并且成为各国共产党人向往的圣地和庇护所。莫斯科是第三国际的所在地，苏共中央的一个部实际上是共产国际的常设办公机构。以上情况都促使苏联领袖，特别是斯大林本人，认为自己也是世界共产主义运动的领袖。

然而从20世纪20年代中期开始，毛泽东逐渐形成了自己对于马克思主义的解释，在理论上向斯大林提出了挑战。毛在1926年写的一篇文章中，指出小资产阶级位于共产党人紧密朋友的行列之内，"动摇不定的中产阶级"即城乡民族资产阶级，其右翼可能成为敌人，其左翼可能成为朋友。① 这个提法是跟斯大林截然不同的。在1924—1927年第一次国共合作时期，国际和斯大林派往中国的代表是中共总书记陈独秀的顾问，支持陈独秀把革命领导权交给国民党。这是导致第一次国共合作失败和中共严重受挫的重要原因之一。

以后毛泽东、朱德建立了中央苏区。当时中共中央还在上海。30年代初，王明从莫斯科回国，在实际上把持了中共中央的领导。不久，中共中央迫于形势迁往中央苏区，1933年毛泽东被王明等排斥出了红军的领导。1934年，中央红军被迫进行长征，直到1935年1月遵义会议上，王明下台，他的共产国际顾问也失了势，毛泽东在全党全军确立了领导地位。自此之后，莫斯科对于中共便没有很大的影响了。②

蒋介石在国共合作高潮时把儿子经国送往苏联学习。当蒋在1927年转向后，经国留在苏联，并和一位苏联女共青团员结婚，这便是他现在台湾的遗孀蒋方良女士。经国在苏联的逗留，成为他父亲和苏联双方的资产。早先在中国，弱国君主常常把儿子送去强国居住，以作为友谊的表示和人质。

抗战爆发前，蒋介石在西安被张学良、杨虎城两将军扣留

---

① 《毛泽东选集》第1卷，"中国社会各阶级的分析"。
② 有趣的是，在莫斯科1980年出版的回忆文集《苏联志愿者在中国，1925—1945》里，很少提到1928—1936年之间的事。关于苏共和共产国际派人到中共和红军中这一重要历史事实，只字不提。这恐怕不是偶然的。

后释放，促成了抗日民族统一战线的建立。据赫尔利说，莫洛托夫在1944年亲口对他讲，当时苏联积极要求张、杨释放蒋介石。

抗战爆发后，苏联给了中国以贷款、装备及派空军来华助战，中国以商品作为交换。但是所有苏联经援军援全数交给了国民政府，分到中共手里的只有由三五架飞机装运的毛毯和医疗卫生用品。苏援武器装备丝毫未给。在延安有几个苏联人，以记者身份做联络工作，并无重要的人物。

国内学者近期披露了抗战时期中共与苏联关系的情况。从1937到1941年初，这一关系大体上是稳定的。但是1939年苏—德协定签订后，共产国际指示各国共产党放弃反法西斯统一战线的方针，而要求各党把帝国主义战争转变为国内战争。中共并未按照上述指示放弃跟国民党建立的抗日统一战线。然而当国民党在1940年夏向中共领导的部队发动攻击时，中共理所当然地会认为国民党可能向日本投降。当时毛泽东致信共产国际，要求苏联尽可能地向国民党施加压力，以推迟可能发生的投降和向中共发动的大规模进攻。①

就在此时，苏德关系再次恶化，特别是在1940年9月轴心军事同盟形成之后。苏联亟须巩固东部边境，蒋介石的重要性大增。斯大林致电蒋，鼓励他与日军作战，运来军事武器装备，并派崔可夫将军来华担任蒋的军事总顾问。共产国际指示毛泽东要跟蒋介石搞好关系。中共中央一再提出异议而无效，不得已而执行了上述指示。然而在1941年1月，发生了蒋军突袭新四军总部的"皖南事变"。毛泽东及中共其他领导人十分恼怒，决定采取强硬的反措施。共产国际负责人格奥尔基·季米特洛夫一再致电中共要求克制。苏联驻华大使潘友新和崔可夫将军也在重庆向周恩来提出了同样的要求。至于中共要求苏联停止

---

① 毛泽东致季米特洛夫和曼努依斯基，1940年11月4日。

向国民党军队提供武器的问题，苏方婉言拒绝照办。

这是中共历史上首次公然无视斯大林和国际的权威。毛泽东在1941年2月14日让周恩来告诉崔可夫，不要上了蒋介石的当。中共军队对于蒋军的袭击是一定要还手的。

1941年6月苏德战争爆发后，苏联很担心日军可能从东面向它发动进攻。共产国际指示中共要对聚集在中苏边境的日军进行牵制。毛泽东下令部队做好准备待命。他还说给予苏联的这种援助乃是战略性的，而不是为了满足战役或战术的需要。此后，苏联一再要求中共部队向聚集的日军发动攻击，毛都回答说自己的部队还弱，应付不了这样大的事。季米特洛夫致电中共，提出15个尖锐的问题，要求回答当苏联遇到危难时中国共产党人采取了什么行动？

1942年5月，苏联再次要求中共派军队到南满作战，以牵制日军的对苏行动。塔斯社记者符拉基米洛夫以共产国际驻中共联络员名义到延安来催促中共采取行动。毛泽东的回答是一旦苏日开战，中共部队将协同作战，但这必须是计划周详的，而不是像一锤子买卖。以上表明苏联显然认为自身的利益是高于一切的。同时，它又不喜欢中共，也不认为中共能与蒋介石抗衡。这种态度事实上成为苏联在以后一段时间里对华政策的基础。

苏联在1945年8月7日出兵中国东北。8月15日日本投降。同一天，苏联和国民党政府签订了友好条约，并电告毛泽东务必竭力设法与蒋建立和平和统一的关系。斯大林说，他反对在中国打任何形式的内战。[①]另一方面，苏联红军向从关内去东北的中共干部和军队敞开了大门。1945年9月14日，一位苏联代表飞到延安和中共达成了一项特别协议。苏联同意中共可

---

[①] 关于中共跟苏共和第三共产国际在抗战时期关系的材料，主要引自杨奎松根据中共和苏共文件研究和写作的"抗战时期共产国际，苏联与中国共产党关系中的几个问题"，载《党史研究》双月刊，北京，1987年第6期。

以用东北地方部队的名义建立军队。苏方也把内蒙古和察哈尔交给中共,并建议中共派 30 万军队去东北。① 斯大林的这些考虑有着双重意义:一方面他认为只有蒋介石和国民党才有力量统治中国,刚刚签订的中苏条约表明了斯大林对蒋的支持。这同时也是苏美雅尔塔交易的一个组成部分,苏联无法改变态度。另一方面,虽然雅尔塔协议给予苏联在中国东北以特殊地位,苏联仍然需要一支力量在苏军撤走后来牵制国民党。苏联不能让国民党和美国势力在东北占有至高无上的地位。以上便是苏联在中国东北问题上的政策考虑。

然而,中共领导,特别是身在东北的高级干部,同苏联的看法不同。他们认为东北是中国的领土,一旦中共掌握了东北一些城市,地区和武器军火理所当然地不应再移交给国民党军队。在东北苏军和中共干部及军队之间,因态度不同而发生了争执。中共中央政治局委员、东北局书记彭真,在 1945 年 9 月 18 日到达沈阳。在他和苏军司令会晤时,苏军司令告诉他在沈阳附近有个大仓库,内有 10 万多枝枪,可以移交给中共。中共中央闻讯后,立即电令黄克诚指挥的新四军三师和山东军区部队把武器留在关内,赤手空拳急速前往东北接收这批日军武器。不料当这些部队到达东北后,苏军通知说由于种种国际性质的原因,这批武器将以其他方式处理,不能按原计划移交给中共。东北局委员伍修权后来评论道,苏联不肯移交武器给中共是由于怕会引起跟美国的战争。② 美国中央情报局在 1948 年 3 月的报告中承认,关于苏联给中共以物质援助一说,只是一种可能性。③ 1945 年 8 月,英国一份内阁文件说:"并无证据表明中共在接受苏联的财政援助或武器装备,中共没有任何俄国顾问、

---

① 刘少奇致毛泽东电报,1945 年 9 月 17 日;中共中央关于派 10 万部队去东北给东北局的指示,1945 年 6 月 10 日。
② 伍修权:《我的历程(1908—1949)》,北京,1984 年。
③ 总统秘书档案,第 259 盒,情报卷,中央情报局报告,1948 年 3 月。

军事领导人或教官。"①

1945年12月，苏军正式通知中共中央东北局，根据与国民党政府达成的协议，国民党军队将进驻沈阳及其附近，苏方要求中共中央东北局及中共部队在限定时间内撤出沈阳。彭真要求跟沈阳苏军城防司令会晤。会晤时，彭真说明不打算撤出，讲了原因。苏军司令说这是上面的命令，没有商量的余地。他还威胁说，"如果不撤，就要用坦克赶你们走"。东北局将情况上报中央，中央回答说，"这是由苏联的现行政策所决定的，跟地方指挥官没有关系。他们是在执行莫斯科的政策"。1945年12月底，中共中央东北局和中共部队撤出了沈阳。②

中共对于苏联在中东路问题上的做法也很不满意。沙俄曾在中国东北建造过铁路，叫做中东路。布尔什维克党取得政权后，中东路成为苏联财产。日本强占东北期间，从苏联手中买下了所有权。抗战胜利后，中东路依法应当归还给中国。然而，当苏军进入东北后，占领了铁路。同时，从苏联西部到符拉迪沃斯托克，走中东路要比走苏联远东铁路近。苏方要求跟中国共享中东路的所有权和收益。这样，苏联便非法地占了中国的便宜。③ 对于苏联掳夺中国东北的工业设施，中共则更为不满了。日本投降后，苏军把东北矿山和工厂中一切拆得动的机器和设备都拆运回苏联。据美国估计，当时的价值为8.58亿美元。④ 苏联人甚至于连原日本在东北的文武官员家里的钢琴、沙发和高级家具也不放过。⑤

在1945年签订的《中苏友好条约》中，苏联重申尊重中国领土和主权完整。但是苏联战后在中国东北所做的却完全不是

---

① 英国内阁档案，129/29/223，1946年9月13日。
② 《我的历程（1908—1949）》。
③ 同上。
④ 总统秘书档案，第259盒，情报卷，中央情报局报告，1948年3月。
⑤ 《我的历程（1908—1947）》。

那么一回事。苏军犹如对待纳粹德国那样的战败国来对待一个主要盟国的领土——东北，把那里的一切都当做战利品。中国抗日14年，首先就是在东北打的。苏军只在日本败局已定之后跟日军作战一个星期，而在此以前苏日关系基本上是"互不侵犯"。根据苏联的逻辑，他们有权用中国东北工业来抵偿战争损失，而东北所属于的国家，即受日本战害最久最烈的中国，却无权这样做。一位著名的苏联历史学家曾写道，"日本帝国主义在二战期间未敢进攻苏联远东的原因之一，是中国人民及其解放军的英勇斗争。他们把大量的日军牵制在中国。因此，中国人民给了苏联人民以巨大的援助，使苏联人民在伟大卫国战争中易于对德国法西斯侵略者进行伟大的斗争"。①

不管用任何标准来衡量，中国东北的工业都不能算作是苏联的战利品。中共一位老干部写道，苏联在东北的行为"同他们所宣称的不同，暴露了他们的民族利己主义倾向"。②

同战前相比，中共这时的处境已经大有改善。在1937年抗战开始时，中共领导的正规部队只有5.7万人。到1945年战争结束时，部队（包括正规军和游击队）总数已达130万人，还有几百万民兵和村自卫队。③中共在这场大战中没有欠任何国家和任何党派的情。它既未从苏联也未从美国得到过援助。国民党政府只是在抗战初期发给过120挺机枪和6门反坦克炮。从1940年起，中共部队从国民政府那里未得到过任何军火、衣服、食品、经费和交通、卫生补给品。④根据美国军事情报机关的材料，中共部队到1944年秋天已达到47.5万人，⑤跟中共公布的数字57万正规部队相去不远。总之，中共领导的部队在抗

---

① 茹可夫：《远东国际关系史（1840—1949）》，莫斯科，1956年。
② 《我的历程（1908—1949）》。
③ 《中国人民解放军大事记（1927—1982）》，北京，1984年。
④ 周恩来讲话，载重庆《解放日报》1944年10月12日。
⑤ 美国情报联席委员会，230/1，1944年11月1日。

战时已壮大了许多。

既然毛泽东及其战友们在中共力量还弱的时候都未跟着共产国际和斯大林走，若认为他们在战后会跟着苏联的指挥棒转那就是纯属幻想了。对于美、苏两国在雅尔塔达成关于中国的交易及其后果，中共显然十分不快。毛泽东从重庆谈判回来后在干部报告会上说："资本主义国家和社会主义国家将会在一系列国际问题上达成妥协。"① 他在1946年4月的一份供党内领导人传阅的文件中进一步阐述了对于国际形势的看法。这份文件规定了此后中共将要遵循的方针。中共中央在1947年和1948年两次重申了对这一文件的支持。② 文件中最关键的一句话是"不一定非跟着这样做"。换句话说，不管苏、美做了什么交易，中共将会根据自己的判断行事。

美国往往对于苏联与中共关系做出错误判断。其重要原因之一，是美国政府看问题的片面性。美国决策者总是在考虑苏联可能对中共施加何种影响，而很少去想中共对于苏联的态度将会做出何种反应。美国高级官员们认为，中共哪怕不愿意，也得按苏联说的去做。菲律宾政治家罗慕洛曾指出，"对杜鲁门总统和贝文外相来说亚洲的挑战是贫困的挑战"。③ 这就是说，亚洲人，当然也包括中国人，首先要解决的是吃饭穿衣住房的问题，而不是其他。可惜的是，杜鲁门当局只顾跟苏联争霸，以为中共不过是苏联棋局中的一个卒子，就像一位国务院高级官员说的那种像动画片创作者沃尔特·迪斯尼跟动画角色唐老鸭的关系。④ 这种认为中国革命并非土生土长而是由于外来的煽动操纵和中共并非一个独立的政治实体的看法，对于杜鲁门对

---

① 《毛泽东选集》第4卷。
② 同上。
③ 卡洛斯·罗慕洛：《西方列强与远东》，载英国《新政治家与民族》杂志，1949年9月10日。
④ 《纽约时报》1950年6月26日。

华政策的失败起了十分重要的作用。

在进一步探讨杜鲁门对华政策之前，有必要先来看看美国主要西方盟友英国在想些什么。前已讲到，英国工党政府认为英国，而非美国或别人，乃是西欧道德精神的领袖。工党政府在1948年1月讨论了世界局势和苏联政策之后提出的结论是：英国将推行一种独立于美国的政策。这一决定必然会跟杜鲁门当局的对华政策发生冲突，因为美国要求英国跟着它走。然而，在此刻，英国对中共—苏联关系的看法还是跳不出老框框：英国内阁认为中共的成功将有利于苏联，而且认为苏联正在协助中共推翻国民党政府。①

在美国国务院里，有些外交官和中国问题专家认识到，要有一种不顾苏联态度如何的对华政策。1945年4月23日，美国驻莫斯科的代办凯南给正在华盛顿的哈里曼大使发去一份备忘录。凯南说："苏联在今后若干年内的对华政策，就和以前一样，是灵活而有弹性的，其目的在于以担负最少的责任来获取亚洲大陆苏联边界以外地区中最大的影响。"他又说："如果我们目前渴望苏联支持的天然要求，加上斯大林亲切的态度和谨慎的言语，竟使得我们在亚洲达到长期目标的过程中依赖于俄国帮助或它的默许，那就将是一出悲剧。"② 凯南对于苏联对华政策及其动机所做的分析是有道理的。但是，他的分析源自一种传统的反苏和反雅尔塔的观点，他并不能提出一个解决中国问题的正确答案。

国务院中国司司长范宣德在他1945年4月2日致赫尔利的信中引用了欧文·拉铁摩尔的一句话："问题不在于俄国人将要做什么，而在于我们将要做什么。"这句话是正确的。但是范宣

---

① 英国内阁档案，129/23，内阁文件（48）6，1948年1月4日；（48）7，1948年1月5日；（48）8，1948年1月4日。

② 《美国对外关系》1945年第7卷，第342—344页，凯南备忘录，1945年4月23日。

德跳不出老框框。他说："如果你不能指望中共，那就不必拉蒋介石来搞联合政府；如果你不能指望俄国，那就不能指望中共。"这个判断前一半有道理，而后一半则是错误的。范宣德"仍然认为，虽然出了波兰和罗马尼亚那样的问题，我们还是可以跟俄国达成一项可以信赖的有关中国的谅解"。[1] 这个判断也不正确。美国把自己对华政策的成功寄托在苏联身上。真的想要成功，只有对竞争中的中国各方和中国人民的意愿采取正确的态度才行。

前美国驻华外交官戴维斯在1945年4月15日所作的一项判断比较切合实际。当时戴维斯已调到莫斯科工作。他在为哈里曼大使做赫尔利途经莫斯科的准备时提出，"当中共为苏联做出牺牲时克里姆林宫却并不肯援助他们。对此，中共不会承认自己是不满意的。但是除非他们不是人，他们对此状况就不会毫无反感"。戴维斯说，国民的感情，过去9年来克里姆林宫的怠慢，红军又有可能入侵满洲和华北，苏联还将把宗主权硬用在他们身上，这些点就至少会使某些中共人士可能欢迎外国援助，以便其继续壮大和保持独立性。接着戴维斯作了一个精彩的论断："毛泽东并不因其是共产党人而必定成为一个铁托。"这时的铁托被认为是最亲苏的。作为一个忠诚的美国人，戴维斯劝告美国政府跟中共建立良好的关系，他进言道，"如果有谁在政治上能被美国'俘虏'的话，那便是延安"。[2] 然而，决策者并不会采用他的意见。戴维斯只是一个中下级外交官，而杜鲁门自上任后便一直在批评国务院。更重要的是，整个中国的格局是在雅尔塔框架之内的。除非这一框架解体，美国对华政策的基础仍将是：1. 跟苏联既合作又竞争；2. 支持蒋介石。简言之，如前面有关各章已经谈到过的，杜鲁门对待蒋介石和中

---

[1] 《美国对外关系》1945年第7卷，第323—325页，范宣德致赫尔利，1945年4月2日。

[2] 《美国对外关系》，第334—338页，戴维斯备忘录，1945年4月15日。

共的态度是：

"90个师的数目我们是摆脱不掉的。"

"我告诉他们我的政策是支持蒋介石。"

"蒋的政府跟我们并肩对敌作战，而我们有理由认为中国的所谓共产党人不但没有帮助我们，有时还帮助日本人。"

但是，作为一个深深扎根于本国的强大的共产党，既然对共产国际和斯大林本人都表现出非凡的独立性，那么，即使它迫切希望跟美国政府建立一种可行的关系，又哪里会屈从于杜鲁门的压力呢？

1948年初，司徒雷登大使不断发电报回华盛顿，对蒋介石在东北的军事前景表示悲观。在9月里，司徒雷登认为到了做出关于对华军援问题决策的时候了。蒋亲自对司徒雷登讲，他已没有军火来守住沈阳、长春和吉林等东北城市，马里亚纳群岛来的补给也不能及早运到以供使用。① 东北的国民党司令官认为，如果他能获得援兵和更多军火，局势并非完全无望。若不这样做，整个东北将在两三个月里失掉。② 1948年3月，司徒雷登向华盛顿表示，他担心北方在军事上的崩溃已愈益成为可能了。③ 杜鲁门本人谈起国民党政府来也开始含糊其辞。他在3月的一次记者招待会上说，过去他曾派马歇尔去中国调停，"以帮助蒋介石政府应付所面临的局势"④。4月1日，国务院报告总统说，司徒雷登大使讲局势已在日益加速恶化。在国民党政府内和其他方面，人们愈来愈感到无计可施。当前正在积极寻找办法，以停止内战和由它带来的经济和政治上的不稳定。⑤

在面临危急的情况下，蒋介石在1948年6月对司徒雷登

---

① 美国国务院电报摘要，1948年2月9日。
② 同上档案，1948年2月20日。
③ 同上档案，1948年3月19日。
④ 艾尔斯文件，第5盒，一般卷，中国卷宗，1948年3月11日。
⑤ 美国国务院电报摘要，1948年4月1日。

讲，他十分愿意接受"最最全面"的军事指导。司徒雷登将此情报报告华盛顿。他说如果反蒋分子得以迫蒋下台并跟中共谈判，中国将变成区域性自治。大使认为除非美国准备接受由此而来的中共势力扩展，便必须"给蒋以他所要求的那种性质的支持"。① 换句话说，便是美国出兵。

然而，司徒雷登的建议连美国共和党都接受不了。在1948年美国大选中，对华政策并不是一个热门的大题目。这是因为共和党认为自己必定会通过此次大选上台执政。正如共和党参议员范登堡所说，全力援蒋会成为"主要是杜威而不是杜鲁门的问题，是共和党而不是民主党的事"。他说"挽救中国的重要性是怎么说也不为过的。但我们的资源是有限度的，我们的奇迹也并非无穷的，新上台的当局将要面对全球现实和做出相当困难的永久性决定"。②

有可能在将来让共和党头痛的事，这时正在使民主党头痛。杜鲁门和马歇尔在卸任返回家园后都曾讲到过这一点。杜鲁门在1953年说，"如果我们有运输能力和部队，我们可能制止他们在朝鲜和满洲可以做的事。但是没有运输能力。蒋介石的后面没有支持他的东西。他的部队在华南，只能走海路。没有运输工具"。③ 马歇尔在1954年写道："最为困难的政治后果之一是由于中国国民政府未能获得它想要的军事物资而造成的。责任落到了我国政府头上。"他说实际的情况是储备已降低至最低限度，无钱去买，制造它们也就被推迟了。④ 但是，事实的真相是国民党军队并不缺少武器及军火。问题在于武器被中共部队所缴获，从而装备了人民解放军。范登堡对于蒋军的无能深感失望。他在1949年1月写的一封回信中说："我完全同意你对

---

① 美国国务院电报摘要，1948年6月11日。
② 范登堡文件，范登堡致威廉·诺兰信，1948年10月21日。
③ 总统卸任后档案，回忆录，第4盒，杜鲁门口述，1953年11月3日。
④ 总统卸任后档案，马歇尔致杜鲁门备忘录，1954年。

装备齐全的中国军队一枪不发而降的态度。但是我们应当怎么办呢？"①

美国国家安全委员会在1948年秋末曾多次讨论关于青岛的局势，美国在华海军的大部分舰只驻扎在那里。10月8日，国家安全委员会从青岛的情况开始，一直讨论到总的对华政策。国防部长福雷斯特尔说，在大选结束前不可能有一个面对现实的政策。陆军部长罗亚尔说他从来也没弄清为什么美国人要到青岛去。他重申了过去反对把钱投入中国的意见。副国务卿洛维特说，如果美国全面介入中国，那么欧洲复兴计划看起来就会像小巫见大巫，甚至于根本搞不成了。

然而杜鲁门给福雷斯特尔送去一份备忘录，说他的意图是美国应当留在青岛。国家安全委员会在11月3日做出决定，在做好从青岛撤退准备的同时加强其防御。在此以前，西太平洋海军司令白吉尔中将曾在1948年8月5日写信给哈尔西海军上将，表示希望美国能有过去老亚洲舰队那样的机动性，从而得以把"力量炫耀一下"。他说"这样可以解决我们眼前的大部分问题"。白吉尔接着说，他"未敢同意某些人的看法，好像局势已到了无望的地步。如果给以应有的支持，就有现成的领导人能把华北拿过来以满足我们的政策需要"。至于这些领导人是谁，白吉尔没有透露。② 美国驻国民党政府的军事顾问团团长巴大维将军的看法跟白吉尔大不一样。他于1949年4月在众院一个委员会作证时说，除非美国入侵大陆并武装起100万蒋军部队，中共很快便会打赢内战。当然，如果将巴大维的计划付诸实践，其结果大概也好不了多少。但是，他至少肯定地认为中国局势绝非像白吉尔所说的那样容易对付。

中央情报局的看法比较客观。这可能是因为他们能通过秘

---

① 范登堡文件，范登堡致柴迈特，1949年1月18日。
② 美国国会图书馆：哈尔西文件，白吉尔致哈尔西，1948年8月5日。

密渠道了解到更多内情。中央情报局在它1948年12月15日致国家安全委员会的备忘录中，强烈地反对美国继续支持蒋介石。它说："美国继续积极支持一个不受拥护的政府和延长内战，将会增加中国人对美国的敌对态度，将会使美国在面对一个新上台的中共控制的政府时更为困难，并可能将损害美国在其他亚洲国家的威信，而在这些国家里尚存在着反共成功的机会。"①

1948年夏，杜鲁门当局开始讨论换马的问题。7月16日，马歇尔在国家安全委员会上说，司徒雷登来问，大使馆是否应跟一个准备参加中国分裂运动的领袖人物接触？司徒雷登说人家要求接触，至少派个观察员，并说此领袖人物比现有的领袖人物都要能干得多。马歇尔请委员会考虑一下，他本人的意见是不干为好。罗亚尔说也许中国变成了强盗的天下对美国来说会更好些。②

杜鲁门和他的心腹部属心中很清楚：蒋介石政府已经完蛋。这时再给援助等于是死马当活马医。1948年9月3日，马歇尔在内阁会议上讲，"中国的预算收入30%来自征税，70%的开支用于作战，情况就是这样"。③他在11月26日又无可奈何地讲，"中国国民政府正在下台的过程中，我们不论怎么干也救不了它。我们面临着向美国人民讲清真相的问题，要是这样做了，就是对中国国民政府的最后一击。我们也可以跟现存的政府继续虚与委蛇，不把真相告诉美国人民，在以后也就不会被指责说我们帮了中共的忙"。马歇尔建议，当蒋夫人访美时，给予充分的礼遇。杜鲁门表示同意。④1949年3月，约翰·麦考马克众议员建议派一个了解真相的代表团去中国。杜鲁门在起草答

---

① 总统秘书档案，第249盒，1945—1948年卷宗，中央情报局备忘录，1948年12月15日。
② 同上档案，第220盒，美国国家安全委员会，会议卷。
③ 美国内阁会议记录，1948年9月3日。
④ 同上档案，1948年11月26日。

复麦考马克的信时写道,"如果道出了真相,就等于把中国政府脚下的地毯抽掉,也就不会有中国政府了"。但在后来正式发出的复信中,总统的话就说得不这么坦率了。①

尽管如此,援蒋工作并未完全中断,只是比起过去的规模要小得多。这时魏德迈在陆军部当计划作战部部长,他在1948年10月20日向白宫报告,在麦克阿瑟的储备中有一批轻武器和一些军火可以尽早地运交蒋介石。②

在1948年12月10日的会议上,国家安全委员会做出了美军撤离上海的决定。国家安全委员会致总统的备忘录中说,给蒋的援助处于危险的境地,但是国内政治上的考虑比所遇到的问题更为重要。③ 于是援助便不死不活地继续下去了。1948年10月29日罗亚尔在回答杜鲁门关于将轻武器和军火运交中国一事的询问时说,在日本有700—800吨可提供,他已下令将它们运往中国。④

随着大陆上国民党政权的败亡,杜鲁门当局将注意力转向台湾。在1948年12月17日的国家安全委员会会议上,代理国务卿洛维特说"台湾中国人"找到了国务院和中央情报局,要在台湾建立另外一个国家,商讨正在进行中。洛维特说,"台湾的价值并不在于蒋介石在10年后重返(大陆),而在于把未来寄托于跟日本合并成一个不受中共影响的政府。鉴于当前的困难情况,此事应当秘密进行"。⑤ 1949年1月6日,国家安全委员会讨论了它的第37号文件"台湾的战略重要性"。⑥ 这可能是国家安全委员会官方文件中首次出现策划搞两个中国的内容。

这时,惟一出来挽救国民党政府的,不是别人而是苏联。

---

① 总统秘书档案,第173盒,中国—1949年卷。
② 机密档案,魏德迈致斯蒂尔曼,1948年10月20日。
③ 总统秘书档案,第220盒,美国国家安全委员会会议卷。
④ 机密档案,第34盒,第13卷宗。
⑤ 总统秘书档案,第220盒,美国国家安全委员会会议卷。
⑥ 同上档案,第205盒,美国国家安全委员会会议卷。

美国政府大概也对此感到奇怪。早在1948年1月，司徒雷登报告说，有情况说明苏联人已建议由他们在国共之间进行调停，而国民党政府中某些有权势的人物准备接受。政学系强烈地赞成跟苏联修好，为此目的，他们要求蒋介石在选举后出洋。1948年2月26日，美国驻南京大使馆从蒋的秘书那里证实，苏联武官确实提出过调停建议。此人说苏联已改变其政策，希望国共达成谅解。但只是由某个中国官员主张接受苏联建议，而蒋介石本人并未点头。①

斯大林一直认为，如果美国出兵到中国作战，中国会有遭到毁灭的危险。他派苏共政治局委员米高扬去见毛泽东。米高扬在1949年1月中旬到达河北省平山县西柏坡中共中央所在地。周恩来后来在谈到这段往事时说："当时军事政治形势都很好。我们准备南下渡长江，解放全中国。苏联对此有看法，要求我们'停止内战'。实际上是搞'南北朝'，两个中国。"② 上面这段话是对前外交部副部长驻苏大使刘晓讲的。毛泽东本人在1957年4月11日的一次谈话中讲，斯大林说别过长江，不然美国军队就会来的。③ 同样的说法也见于其他一些中共老干部的回忆录或文章中。④

然而，斯大林调停中国内战的打算，杜鲁门要就是不知道，要就是不在意。1949年1月11日的国家安全委员会文件写道，"因此，美国的直接目的应是防止中国成为苏联的属国"。为此，"美国应计划并准备在中国寻找机会，同时保持灵活性，并避免

---

① 上述司徒雷登和南京美国大使馆的报告摘要见美国国务院电报摘要，1948年1—4月卷。
② 《出使苏联》。
③ 《党史资料通讯》1982年第22期，第13页，北京。
④ 对于米高扬是否劝告过中共不要让解放军打过长江去，也有不同的说法。原外交部副部长余湛等著文说，他们在外交部找遍了档案，未能找到证明米高扬确曾提出过这一劝告的材料。见余湛和张光友：《党史文献》双月刊，北京，1989年第1期，第56—58页。毛主席的翻译师哲也持同样的意见。

定死在一条路上或一个国家上"。① 这就清楚地说明美国将会利用一切机会与方法,包括外交手段在内,以避免新中国与苏联结盟,但是,杜鲁门在1949年1月19日的内阁会议上却又说什么"我们的立场是不跟任何共产党政权打交道"。一大批内阁会议成员都表示同意。② 一方面说要保持灵活性,另一方面又讲不打交道,这两者怎样调和得起来呢?再说,苏联不是共产党政权吗?美国跟它打了许许多多交道,甚至结成了反法西斯同盟。这只能说明美国对华政策存在着固有的矛盾。

英国政府在此之际十分注意中国事态的发展。贝文在1948年12月18日的内阁会议上说,国民党政府实际上失去了长江以北的控制权,可以预期中共将在一段时间后控制中国其他地区。贝文要求内阁授权他跟中国局势有关的各国政府来找到在远东遏制共产主义威胁的最佳方案,他将先跟在那里有利益的国家如法国和荷兰商量,然后再找美国。内阁成员表示了各自的看法。其中有一个重要的意见是讲中共跟苏联关系的性质。内阁成员们认为,现在尚不能对中国共产主义的最终性质以及中共和苏联的关系做出明确的结论,远东的共产主义将可能沿着中国的道路而不是斯拉夫的路子发展。当前,中国共产主义是一个农民运动,它有可能因经济的需要而修改其原则,以取得工商利益集团的支持,实行一种可能将中共推入苏联怀抱的政策是不明智的。在中国有利益的国家应尽快就它们政府的态度达成一致意见。在香港处理国民党难民的英国当局,应避免给人以已经离开了在内战两方间严守中立的立场。英国内阁最后决定,先跟美国政府磋商如何遏制共产主义对英、美在亚洲利益的威胁,同时也跟英联邦国家商量加强英国在亚洲殖民地地位的措施。贝文在2月里向内阁汇报,有迹象表明中共有可

---

① 总统秘书档案,美国国家安全委员会文件,34/1号。
② 美国内阁会议记录,1949年1月19日。

能愿意跟英国做易货贸易。他向在华的英国商人建议，即使中共对外国贸易的态度难以预料，也得跟中共做生意，因为它需要许多来自俄国以外的重要商品。他提议英国在华的各警察情报机构之间建立充分的联系。内阁成员同意，应尽一切可能来保持对华贸易，条件是政府将不赔偿可能遭受的损失。①

1949年1月10日，司徒雷登大使报告国务院，国民党政府分别向美、英、苏、法四国大使发出照会，建议四国调停以结束内战。司徒雷登和英、法大使都认为此举是为了拖延时间和保全面子，由于苏联不会跟西方一致，调停很难成功。华盛顿指示司徒雷登拒绝进行调停。②

英国外相贝文说，他建议美国在拒绝调停前先问问苏、法两国政府意见，但美国不愿这样做。英国殖民大臣认为，如果英国在这时干预中国争端，可能会不利于英国跟亚洲人民的关系。贝文说他极其希望不要干预。他说苏联很可能接受和利用这一机会将其势力扩展至全中国，英国内阁授权贝文通知蒋介石：英国将不进行干预。③

中共方面的消息表明，国民党政府在这当口致信苏联政府，要求在国共之间调停。这封信引了一句中国古语"兄弟阋于墙，外御其务"。苏联政府对国民党政府的要求未予置评，而把信的副本转给了中共。周恩来见信后说，这封信一定是国民党政府外长王世杰参与起草的。④ 1949年1月21日，蒋介石迫于情势宣告"隐退"，副总统李宗仁代理其国民党政府总统职务。然而，对于党权和兵权，蒋介石则是丝毫不肯放手的。

美国国务院在1949年1月24日报告总统，驻华大使获悉李宗仁已同苏联就调停内战的三项条件达成协议：1. 中国将在

---

① 英国内阁档案，128/15，内阁备忘录（49）18，1949年3月8日。
② 美国国务院电报摘要，1947年1月10日。
③ 英国内阁档案，128/15，内阁备忘录（49）2，1949年1月12日。
④ "抗战时期共产国际、苏联与中国共产党关系中的几个问题"。

未来国际冲突中严守中立；2. 尽量消除美国在中国的势力；3. 建立一个苏中合作的真正基础。两天后，国务院又报称，李宗仁想让苏联干预以防止中共渡过长江。3月24日，国务院又报告说，李宗仁通知司徒雷登，讲他准备去莫斯科一行，以推进内战的解决，又讲他还可能访问华盛顿和伦敦。李想知道美国的态度。国务院指示驻南京大使馆通知李宗仁，这一决定需要由中国人自己负责。访美不会带来更多的美援。参院外交关系委员会不想延长尚未使用的经合署对华拨款。①

此时人民解放军就快要渡过长江。由于没有现代化船只，解放军必须在4月底以前渡江，不然桃花汛到来后江就难渡了。司徒雷登对于局势盲目乐观。大使馆在3月29日报告国务院说，李宗仁对于中共和蒋介石来说都是力量强大的反对派，使馆认为李是可以靠得住的，他将会把中国部分地区置于控制之下。②

美国国务卿马歇尔在1948年冬季一直有病。他在1949年1月开始的杜鲁门总统第二届任期中便不担任国务卿了，由艾奇逊继任。马歇尔在朝鲜战争时期任国防部长，但那是后话了。

美国国务院在艾奇逊领导下制定了一项使中共跟苏联分开的政策。1949年1月31日，美国驻南京大使馆报告说，苏联对于中共的成功显然并不感到欢欣鼓舞，其原因可能是：1. 苏联—中共关于远东总政策的讨论"碰到了困难"；2. 克里姆林宫生怕中共会把国家搞得过于强大和独立；或者3. 苏联人不忘过去在华的经验，对所有的中国人都不信任。③ 后来发生的事情表明，上述估计并非完全没有根据。

1949年2月28日，国务院在就对华贸易问题给国家安全委

---

① 美国国务院电报摘要，1949年1月24、26日，3月24日。
② 同上档案，1949年3月29日。
③ 美国国务院电报摘要，1949年1月31日。

员会的报告中认为，"在中国局势中无疑地有着中共政权和克里姆林宫之间摩擦的根源"。报告述说，"如果以上所提到的行动或因素，得以使中共政权成功地抵抗克里姆林宫对它进行政治上或经济上的利用，那么对美国就将是有利的"。① 在1949年3月8日的国务院每日例会上有人提出，"艾奇逊先生希望对此题目进行认真讨论，而且他对于我们是否应继续以过去那样的程度支持国民政府感到怀疑"。②

美国空军于1949年3月在中国海岸附近显示其力量。查尔斯·波伦认为这件事"在亚洲国家产生的影响对于我国十分有害。对于此时的谈判尤其不利"。艾奇逊对这一看法深表同意。副国务卿韦伯为此跟空军部长赛明顿谈了一次，赛明顿同意马上停止炫耀武力。③

杜鲁门当局还另有打算，这便是防止台湾落入中共之手，而要使之脱离中国。1949年2月3日国家安全委员会关于台湾问题的37/2号文件，便是在委员会全体同意后报总统的。文件说"美国应设法发展和支持一个当地的非共的中国政权，它至少可以向这些岛屿提供一个多少有点正直的政府"。美国还应"在一切地方运用影响以劝阻大陆人涌入"，并"跟台湾本地领袖人物保持谨慎的联系"，以便在将来"利用台湾自治运动"。④ 国务院在1949年4月18日报告总统，它已指示在台湾的美国代表通知宋子文，"美国绝对不会用兵来影响台湾的命运。如不将此点向宋明确的话，必将最终使美国为防止中共统治该岛而做的种种努力归于失败"。⑤ 美国国务院逼迫蒋介石集团在台湾岛内寻找生存出路，也就是跟当地人合作。

---

① 总统秘书档案，美国国家安全委员会文件，41号。
② 美国国务卿每日例会，1949年3月8日。
③ 同上档案，1949年3月16日。
④ 总统秘书档案，美国国家安全委员会文件，37/2号。
⑤ 美国国务院电报摘要，1948年4月18日。

杜鲁门在1948年大选中获得胜利，将在白宫再干四年。共和党也解除了顾虑，用不着再像大选前那样怕获胜后中国问题成为自己的包袱。现在共和党可以放手高唱积极援蒋的调子了。1949年2月，跟国家安全委员会关于中止向国民党政府运送军火的建议相反，国会领袖们一致赞成继续运送。国家安全委员会也就照办了。① 但是当参议院关于中国问题的委员会——麦卡伦委员会——提出援助蒋政府1.05亿美元时，杜鲁门没有同意。②

在1949年4月的最后一个星期里，中国人民解放军的百万雄师渡过长江。在此之前不久，李宗仁在4月19日向美、英、法、澳四国大使通报称，中共的和平条款有如无条件投降，他认为不能接受，特向诸位大使征求意见。代表以上四国大使发言的是英国大使，他说无法帮李的忙。③ 这是李宗仁在离开南京前的最后一次外交努力。此后，解放军很快就解放了国民党政府所在地和沿长江的许多城市。

5月上旬上海解放。此时，美国和苏联各自显出了玩弄国际政治的手腕。周恩来后来说："在南京解放前夕，苏联仍旧跟国民党政府保持外交关系。蒋介石政府已不能再呆在南京，迁到了广州。苏联大使罗申随国民党政府将大使馆迁至广州，美国大使司徒雷登则没有去，而是留在南京看局势如何发展。"④ 司徒雷登甚至在李宗仁亲自请求下，仍然拒绝离开南京。贝文在4月26日向英国内阁报告道，"决定让英国大使馆留在南京，而不跟国民党政府撤退至台湾或中国其他地区。除苏联政府和跟它一边的政府外，其他各国都决定采取同一方针"。英国政府早

---

① 艾奇逊文件，第64盒，谈话备忘录，1949年；《范登堡参议员私人文件集》，波士顿，1952年，第530页。
② 艾奇逊文件，第64盒，谈话备忘录，1949年。
③ 美国国务院电报摘要，1949年4月19日。
④ 《出使苏联》。

在1948年12月13日便已决定,将以极大的技巧和决心维持它的地位。① 西方国家和苏联在这件事上采取了不同做法,是因为西方不怕得罪国民党,苏联也不怕得罪中共,它们都可以随时掉过头来。

苏联在中国采取的手法,是"脚踩两只船"。凯南在1945年4月便指出,苏联对付中共和蒋介石的不同态度,可能"是一种(向中共提出的)微妙警告:克里姆林宫在它的中国弓上不仅仅有一根弦"。② 苏联人认为,拉上两根弦能使得不论两方中谁家获胜,它都能得到好处。苏联为什么不让罗申大使跟着国民党政府去广州呢?一旦中共取得政权,罗申可以轻易地转过头来去北京当新政府的大使。再说,毛泽东是最有可能成为第二个铁托的人,为了不让南斯拉夫事件重演,罗申往南而不是往北走,不正好是给中共的一个警告吗?

然而,美国政府虽然让司徒雷登在南京,它的基本政策仍是"一棵树上吊死",奉陪国民党政府到底。杜鲁门后来说,"远东局势是很特别的。就像赌赛马时常碰到的那样,我们挑了一匹坏马。这就是中国局势发展的情况。国民党政府成了企图统治一个国家的最腐败、最无能的政权,当我弄清这一点后,我们停止了提供军事装备。中共的装备大部是国民政府拱手相送的。如果蒋介石肯于听从马歇尔、魏德迈和迪安等几位将军的话,他就不会有今天的处境。当北平投降,把我们给的军火、卡车和大炮都交给了中共之后我们就不再给中国政府任何东西。但是,要逐渐地做到这一点,因为国民党还据守着长江一线,而我不想在那个时候给蒋介石来个釜底抽薪"。③

虽然杜鲁门那时并不像苏联那样"挑"了两匹"马",他还是在1949年4月25日让国务院指示司徒雷登在中共接管时

---

① 英国内阁档案,128/15,内阁备忘录(49)28,1949年4月26日。
② 《美国对外关系》1945年第7卷,第346页。
③ 范登堡文件,杜鲁门致范登堡,1950年7月6日。

留在南京，以向美国侨民提供必要的帮助。一旦中共政权站稳，司徒雷登又为在南京的美国人做了所能做的一切事情，他便应返美磋商。① 上述国务院发出的指示不能用字面的意义来衡量。首先，在南京并没有多少美国侨民需要照料。要照料也用不着大使来干。司徒雷登留下来可能有两方面的原因：估计形势和等待机会。毛泽东曾说司徒雷登是想"开新店"。②

美国国务院在 4 月 27 日报告总统，司徒雷登大使收到一个跟他印象一致的消息：中共跟克里姆林宫是彻头彻尾地一致。③ 这一看法跟前述大使馆 1 月 31 日的报告完全是矛盾的。显然，1 月里的报告要更近于实际些，司徒雷登作为主要的现场观察者，在 4 月里对于当时局势的核心问题判断很不高明。然而，恰恰就在此时，司徒雷登跟中共方面开始接触，同时出现了所谓"周恩来新方针"。

根据美国官方文件记载，当时美国在解放区的官方机构，除了形形色色的情报来源外，在 1949 年暮春初夏之际至少通过四条主要渠道跟中共领导接触。第一条渠道是跟随司徒雷登多年的秘书傅泾波。1949 年 5 月 13 日，傅泾波给南京市军事管制委员会外事处打电话，让转告黄华处长说傅泾波找他，黄华是傅在燕京大学时的同学。次日，黄华回了电话，并邀傅去见他。这样便建立起来了司徒雷登与中共官方的直接渠道。司徒雷登向华盛顿报告说，傅向黄华谈到了解放军士兵闯入司徒雷登住宅卧室的事。他们获悉周恩来和二野司令员兼南京市军管会主任刘伯承将军对此事极为不安和愤怒。但是，傅、黄联系中更为重要的事，是关于新中国和美国的关系。司徒雷登从中获得两点肯定的印象：一是黄华表示中共极希望外国特别是美国政府抛弃国民党；二是黄对于中国在国际事务上自己做主

---

① 美国国务院电报摘要，1949 年 4 月 25 日。
② 《毛泽东选集》第 4 卷。
③ 美国国务院电报摘要，1949 年 4 月 27 日。

的权利极为敏感。6月初，傅泾波主动向黄提出，司徒雷登可否去一次北京，以参加他的生日庆祝会和燕京大学的毕业典礼。黄华在6月28日拜访了司徒雷登，说他从毛泽东、周恩来处获得信息，如果司徒雷登愿作北京之行，他们表示欢迎。美国国务院计划办公室主任凯南认为这一信息十分重要，他赞成司徒雷登北行。上海美国总领事馆也支持这样做。但是在7月1日，艾奇逊电告司徒雷登，最高层指示他不得访问北京。其理由正如司徒雷登本人在去电中指出的，此行将引起谣言和猜测，并使国务院为难；它将被外交使团认为是违反统一战线的方针，从而引起各国外交使团团长争相往北京跑的现象；访问中国的两个首都（广州和北京）将意味着干涉中国内政；最后，北京之行将会增加中共和毛本人的威信等等。①

第二条渠道是通过著名的抗日将领、国民党革命委员会的重要成员陈铭枢将军。陈在1949年6月10日自上海赴北京途经南京时拜访了司徒雷登。后来，陈给了司徒雷登一份日期为6月19日的备忘录，他在其中说明了中国革命的胜利，还附上了两份他跟毛泽东、周恩来及北平市长叶剑英谈话的材料。这两次谈话的主要内容是中共希望今后美国不再援蒋，并且像罗斯福、史迪威和华莱士那样行动和制定政策。如果这样做了，新中国将以同样的友好态度对待美国。陈铭枢引了周恩来的话，说是跟美国的关系可能是"我不依赖你，你不依赖我。如果你以私人身份来，你有可能见到一位负责人"。司徒雷登没有采取行动。他把这些材料随身带往华盛顿，交给了国务院。②

第三条渠道是张东荪和他的长子张宗炳，以及罗隆基等民主同盟领袖人物。1949年5月，司徒雷登要求驻北平总领事柯乐博去见张东荪，请他前来南京。司徒雷登深信，张有着能让

---

① 《美国对外关系》1949年第8卷，第741—742、745—748、752—754、766—769页。
② 《美国对外关系》1949年第8卷，第756—757、764、770—776、782—783页。

他带回华盛顿的有用情报。5月28日，柯乐博报告说，张东荪在头一天见到周恩来，周"对于跟外国贸易的问题表现了接受的态度"。张说像毛、周和刘少奇那样的人"了解跟外国贸易和外交关系的需要"，但是他们需要对下层进行教育。张认为存在着一种调整对美立场的趋向，但是中共采取了非常缓慢的行动。张东荪答应"在占领上海后"去南京见司徒雷登。柯乐博在6月2日报告了跟张宗炳的三次谈话。张宗炳"主动说他认为中共终将'打算接受美援'"。柯乐博又先后两次报告了张东荪提供的关于联合政府组成和苏联可能在巴黎外长会议上让步的情报。这些消息是由张宗炳带给柯乐博的。张宗炳说周恩来最近在跟一些教授讲话时说中共将不走铁托路线，而宗炳的父亲东荪则认为这恰好说明中共可能正在考虑走这条路线。柯乐博在7月19日报告称，他应邀见到了张东荪、张宗炳、罗隆基和另一位民盟成员。他们敦促美国中断和蒋的关系而承认中国政府。其中一位说毛泽东亲自对他讲，关于中国在未来美苏战争中将站在苏联一边的说法并非官方态度，中共并未作出这种承诺。柯乐博对他们说，如果中国"想走上建设之路，最好是利用来自各方的援助"，同时"中共方面应注意到我们现在的态度是不干涉中国内政"。柯乐博认为他和这些民盟人物的会晤可能是在毛泽东事先知道的情况下进行的。

  美国政府认为张东荪可以在重要问题上发挥作用。艾奇逊在1949年11月9日致电柯乐博，让柯以司徒雷登个人的名义转告张东荪对沈阳美国总领事瓦尔德的事件采取行动。当时瓦尔德被沈阳军管会拘押。这一以司徒雷登名义发出的信息说，"我们两国的友好关系现因前所未有的粗暴待遇而遭到破坏"。后来张东荪对柯乐博讲，他已给周恩来写了信，信中未提是司徒雷登的意见而说是柯乐博的看法。张说他在11月末见到了周，周说收到了信，但是并未作答。早在7月底，当上海美国总领事馆跟解放军部队之间发生问题时，司徒雷登曾指示柯乐博找张宗炳，要他父亲进行干预。① 以上美方档案材料中关于张东荪的记述，中国官方未曾予以证实。张东荪不无可能在中共领导的默许下跟美国官员接触，但看来不像是负有充当中间人的官方使命。

在所有人们提到过的这一时期美国和中共之间的联系中，最令人费解和最有争议的一项便是所谓"周恩来新方针"了。

1949年春末，柯乐博向艾奇逊报告说，美国驻北京助理武官包瑞德上校从一个"可靠的中间人"那里接到一个信息，其来源据说是周恩来。周希望它成为传达到"美国最高当局的绝密信息，而且不要提及他的名字"。如果提及他的名字，他将予以否认。周也希望此信息通过美国国务院转告英国。这一信息说，现在中共分裂为开明派和激进派。周属于开明派，这一派建议跟国民党合作，但对方不能是何应钦和陈立夫之类的人。这样做是由于中共缺乏经济建设的知识。但是这一派在除了毛泽东以外的最高层争论中失败了。由于不能和国民党合作，中共必须取得外国的援助。苏联给不了援助，只好从美、英那里搞，最好是从美国搞到。周提到了美国援华后将能得到的好处。他还说毛泽东并未参与争论，但他仔细地听了，并且能将主张变成实际可行的政策。柯乐博对于以上所谓的"周恩来新方针"有两种解释。一种是所谓的两派发生严重争执以至周努力设法走铁托道路。另一种是中共甚至苏联对于周所作的这一表示事先完全知悉。柯乐博倾向于认为第二种可能为大，因为"在此刻走铁托主义还不成熟"，而中国又遇到严重的经济困难，这可以从建议美国援华中看出来。柯乐博建议，美国的回答可说美中友好历史悠久，如果中国抱之以同样的态度，美国愿意与之发展社会、经济和政治关系。如果这些关系不是建立在尊重、

---

① 《美国对外关系》1949年第8卷，第350、376—377、443—445、612—613、618、790、1004页。

合作、对等和平等的基础之上,那就不会有什么成果。①

前面讲到那位"可靠的中间人"姓甚名谁呢?他叫迈克·基翁,澳大利亚籍的美国合众社记者。司徒雷登建议国务院可让他以"个人名义"作回答。司徒雷登说如果需要,他还有别的主意可以提出来。他还认为柯乐博可以找到比基翁更好的渠道。②

当柯乐博的报告到达国务院时,国务卿艾奇逊不在华盛顿。副国务卿韦伯把所谓的"新方针"一事报告了总统。6月16日,韦伯又向杜鲁门汇报了情况,并念了答复中的一部分。总统批准了做法,并指示国务卿要十分小心,勿向中共表现出任何软化的迹象,而表示要以中共的行动来检验其言语。③ 这一答复大体上跟柯乐博原来的建议相一致,但是其中还提到了瓦尔德和史密斯—班达④两案,表示美国对它们极为关注。⑤ 据说美方的回答由基翁在6月22日交给了周的秘书,未提到信是由谁写的。但是,在次日,跟中间人联系的那个人退缩了,所谓的"新方针"一事也就结束了。⑥

美国国务院在获知"新方针"的信息后,并未按照要求转告英国政府。在中间人和信息来源的名字都保密的情况下,美国国务院不打算通知英国。⑦ 英国外交部最初知道这件事,是从一份1949年8月10日来自香港的电报,里面讲的情况跟伦敦《泰晤士报》8月8日的报道相吻合。《泰晤士报》从香港报道说,自北京来的消息称中共高层发生意见分歧。一派主张跟西

---

① 《美国对外关系》1949年第8卷,第357—360页。
② 同上档案,第372—373页。
③ 《美国对外关系》1949年第8卷,第388页;RC59,E394,第1盒,跟总统的谈话,1949年6月16日。
④ 这是两名于1948年10月19日在青岛上空飞行失踪的美国军人。他们后来出现在解放区并于1950年返回美国。
⑤ 《美国对外关系》1949年第8卷,第384页。
⑥ 同上书,第397—399页。
⑦ 同上书,第385页。

方在纯属经济的内容上进行温和的合作，另一派赞成跟苏联全面结盟。英国外交部里第一个处理这个消息的官员在电报上批注说，《泰晤士报》报道的"故事跟许多路经香港的人讲的太像，以致不值得给以认真的注意"。他说，"周所说的绝密情报竟传播得如此之广，并且选择了新闻界为渠道，使此事看来显然是故意伪造的"。而且这还是一种计谋，"日本人和纳粹多次使用过，以便即使已决定采取了敌对的方针，也要得到对方让步"。他说，"现在中共是在对政策做出最后决定之前故意使用这种技巧"，又说不管所谓"新方针"确实是有还是无，只要目的是经济合作，就对英国的政策影响不大。他最后写道，由于"那里（中国）有可能存在着困难"，证明了英国把一只脚留在那里乃是削弱苏联影响的最佳方法。后来接着处理电报的人也写了批语，有的说"不能排除这一信息乃是故意伪造的可能性"，但就整个消息来讲应当作为反映周恩来的一部分看法来对待。另一个人写道，"我们可以假设"周确实让把此信息转给英国政府，然而"我们必须自问"中共内部的裂痕是否真实，周恩来把此事告诉一个"帝国主义的"外国政府的动机又是什么？此人对于第二个问题，他认为目的在于使英国采取的政策不至于促成中共内部极端派上台。我们由上可知，英国政府官员们对于所谓"新方针"的判断也是大不相同的。一个说是中共故意制造了这个消息，另一个说有可能是故意制造的，但应当作为真实的情况来对待。①

值得注意的是，英国外交部里第一个处理所谓"新方针"消息的人恰恰就是盖伊·伯吉斯。伯吉斯何许人也？1951年，英国外交部官员唐纳德·麦克里恩因有重大原子间谍的嫌疑而即将受审查。据说伯吉斯受了另一苏联间谍菲尔比之命去通知麦克里恩逃跑。结果是麦克里恩和伯吉斯一道，利用英国保安

---

① 英国国家档案馆：FO 371/75766/134841，F12075/G，1949年8月13日。

局跟踪的漏洞，成功地逃到了苏联。菲尔比和麦克里恩的苏联间谍身份已经证实。伯吉斯虽有重大嫌疑，但他的间谍身份迄今仍无确凿证据可以证实。他在逃到苏联后不久便去世了。伯吉斯在1949年8月时是英国外交部管理东北亚政治事务的官员。从他在案卷中的一系列批注可以看出，他具有很高的马克思主义修养，能从理论上来认识中国革命，当时他便曾指出过中国革命采取的政策和列宁新经济政策的相近之处。既然伯吉斯经手处理了"新方针"的消息，我们可以认为，最迟在1949年8月，斯大林也就知道了这个消息。

中国官方从未证实过"新方针"之有无。1986年秋，在北京举行的一次中美关系学术讨论会上，中国一些前高级外交官员否认曾有"新方针"一事。要想做出最终的判断，只有等待政府档案开放之日了。

然而，这整个事件有着非常值得怀疑的地方。说周总理曾用上面说过的语言和消息内容告知美、英政府，这简直是不可思议的事。经手人之一的美国陆军助理武官包瑞德也持同样看法。所谓的"新方针"可能全然是虚构的。同时，也不排除有人用了周恩来的名义去做这样的事。做万一的考虑，如果"周恩来新方针"确有其事，那么它必定有着下列的前提：它必须是党中央的决定；选择包瑞德做中介是因为他在延安观察组时就跟中共领导人建立了良好的关系；中共试着通过此事来促使美国抛弃国民党。最后一项考虑，可能是为了麻痹美国，以使它在解放军南下时不至进行军事干涉。最大的可能是所谓"周恩来新方针"纯属别有用心者的虚构。如果确有此事，那么在任何情况下也顶多是一项策略措施。

美国中央情报局在1949年6月16日提出一份报告，题为"中国局势发展前景"。这份报告深刻地讨论了中共—苏联关系的前景。它说"苏联和中共之间潜在的冲突点"将是"例如苏联无力援助中国工业化，苏联对中国边境地区的打算，中共对于亚洲共产主义运动的意图,以及总的听从莫斯科的问题"。报告的另一特点是,全文都以不像1948年以来美国官方文件中惯用的"福摩萨",而以"台湾"来称呼我国的台湾省。中央情报局在报告中赞成承认中共政府,但建议在几个月或一年后采取行动。美国国务院情报组织表示反对中央情报局的意见,说这一意见"对于共产党将会要求国际承认的愿望所涉及的含义并未加以充分的考虑"。国务院情报组织批评这份报告"给了这一极为复杂和具体的题目"一种"过于简单"的对待。①

1949年6月30日,新华社播发了毛泽东纪念中共诞生28周年的重要文章"论人民民主专政"。毛宣布新中国的外交政策是"向苏联一边倒"。他还说愿跟西方做生意。在杜鲁门当局看来,这篇文章中所讲的看法和所用的语气当然是敌对的。

1950年时曾代表新中国在联合国控诉美国侵略中国领土台湾的老革命家伍修权,在他的回忆录中讲,斯大林对于中国可能走"南斯拉夫道路"这一点特别敏感和警惕。他说毛泽东讲的"一边倒",就是针对苏联这一猜疑而提出来的。② 英国外交部北方司并不认真看待毛泽东的话。它说:"铁托在受到青睐时,也惯于发表跟毛一样正统的声明。他曾说过在目前的无产阶级专政的时代之前,南斯拉夫比其他东欧国家要更接近于经典的革命状态。因此,毛要比铁托更加容易分裂出去。然而,在铁托—拉伊克公司遭遇到的命运之后,把毛的正统声明看作是一种高明的表态以让人放心,要比看作是苏联在指挥一切的证据更为合理。"③ 在此之前,英国驻天津总领事也报告说,"毛和他的副手们都是温和派,在他们心中装的是国家和人民,而不是国际共产主义的利益"。④

---

① 总统秘书档案,第173盒,中国—1949年卷。
② 《我在外交部八年的经历》,第14—15页。
③ 英国国家档案馆:FO,371/75761/F,9742,1949年7月14日。
④ 同上书,FO,371/75755/F,7222,1949年5月13日。

1949年7月7日，艾奇逊国务卿会见了国民党大使顾维钧和代总统的代表甘介侯。甘是美国来寻求支持的。艾奇逊很看不起他们，说30万军队在台湾按兵不动不像是在中国抵御共产主义的最有效办法。美国准备援助中国，但中国首先得拿出具体的事实来证明它确想自救。① 杜鲁门也见了顾、甘俩人，态度比艾奇逊还要无礼。②

在这一阶段里，美国国务院根据杜鲁门的决定，在准备发表一份对华政策的白皮书。1949年5月，杜鲁门交给国务院一本关于对华军援的小册子，作为编白皮书的参考。这本小册子是总统的一个朋友应他之请而撰写的。杜鲁门表示他深信白皮书将会成为"今后一段时间里最重要的行动"之一。③

1949年8月，国务院根据总统决定发表了美中关系白皮书。这本书说是打算告诉美国人民和全世界关于"丢掉"中国的真相。参谋长联席会议和国防部长约翰逊怀疑出版白皮书会带来的政策问题。但是杜鲁门和艾奇逊认为，发表是对的，不过发表的时间应跟司徒雷登获得中共当局的出境许可联系在一起。④

发表美中关系白皮书对于美国的利弊，仍然是值得讨论的。例如，英国政府认为白皮书"未能使批评者闭口，反而供给了他们以更多军火"。它认为其中有足够的材料来说明国民党的腐败和贪污，正是它们导致了国民党的失败和中共的上台，苏联也可用白皮书来把国民党赶出联合国。⑤ 实际上，早在1949年3月，国务院便已在考虑应"认真研究美国公众舆论对华态度问题，跟有人怕和盘托出后会对蒋政府造成的不利影响这两个

---

① 艾奇逊文件，第64盒，谈话备忘录，1949年7月卷，1949年7月1日。
② 总统秘书档案，第173盒，中国—1949年卷。
③ RG59，E394，第1盒，跟总统的谈话，1949年5月23日、6月13日。
④ 艾奇逊文件，第64盒，跟总统谈话备忘录，1949年7月25日。
⑤ 英国内阁档案，129/37，内阁文件（49）214，1949年10月24日。

方面之间的关系"。① 换句话说，出于种种原因，他们应让美国人民了解真相，而不必考虑人民在了解后会不会抛弃蒋介石。同时，这也意味着美国人民在知道真相后会支持政府甩掉国民党政权。这样一来，当时对于民主党人"丢掉"了中国的指责便会转到中共身上去了。

实际的情况是，白皮书给了中共以更多的宣传炮弹来轰击杜鲁门当局。毛泽东本人为新华社写关于白皮书的评论，进一步在中国强化了反美情绪。

---

① 美国国务卿每日例会，1949年3月8日。

## 第九章

# 新形势的挑战

中华人民共和国在1949年10月初宣告成立，中共取得了全国政权。这标志着中国局势的根本转折点。美国政府是否能使其政策适应于新的现实，以符合其国家利益，却是一件尚待分晓的事。

著名专栏作家德鲁·皮尔逊于1949年7月14日在《华盛顿邮报》上写道，艾奇逊曾向国家安全委员会提出一项反蒋建议，但遭到了国防部长、财政部长和三军部长们的反对。据皮尔逊讲，艾奇逊的提议之所以被否决，是因为：1. 毛泽东宣布倒向苏联；2. 中共当局粗暴对待美国驻上海副领事奥立夫。已经公开的国家安全委员会会议记录未能证实皮尔逊的上述报道，但是他所提出的两点原因，值得探讨。

任何人处于毛泽东和他的亲密战友的地位，都会发现自己面临着困难的局势。当时世界上有两个最强的国家，但它们中没有一个是真心支持中国革命的。美国一直支持刚被推翻的国民党政权，并公然敌视新中国。苏联则要弄两面手法。它承认自己对于中国革命判断错误，斯大林在1949年7月向刘少奇，12月向毛泽东都当面道过歉。但在同时，苏联又极其怀疑新中国乃是另一个南斯拉夫。① 美国公开反对中共是极不明智的，但

---

① 《我在外交部八年的经历（1950.1—1958.10）》，第4—5页。

可以理解。而苏联的态度使中共领导人极为不悦，但又无法正面去反对。当时世界上有一个强大的国际共产主义运动，苏共是它的中心；有一个准共产国际组织——情报局；有一个社会主义阵营，苏联是它的头；有一位世界革命导师——斯大林；最后，还有一个"反面教员"南斯拉夫。除非到了苏联施加的压力变得忍无可忍时，中共别无他法只好跟苏联结盟。为了表明诚意，消除苏联的猜疑，中共不得不公开宣布在外交上"一边倒"的政策。①

在中华人民共和国成立三天之后，苏联宣布承认中国新政府。得悉这一情况后，美国助理国务卿腊斯克希望政策计划办公室对美国面临的形势作一全面回顾，在做这件事的时候，可以斟酌一下废除雅尔塔协议中关于远东的部分的问题，以及由此而会给对日和约带来何种影响。② 同一天，副国务卿韦伯去见杜鲁门，研究承认中国的问题。韦伯讲的跟上面腊斯克说的一样。杜鲁门表示，他感到"我们不应过急地承认这个政权。过去我们等了12年才承认俄国的共产政权"。③ 这位总统当时可能没有想到，美国竟要等到22年后才承认中华人民共和国，30年后才建立外交关系。

新中国的诞生彻底打破了美、苏、英三国在雅尔塔设计的远东大国均势，这当然是不合美国政府心意的。同时，苏联政府也并不见得高兴。周恩来说："苏联担心中国内战会打乱雅尔塔协议划定的势力范围，导致美国卷入，危及苏联。"④ 一位南斯拉夫革命领导人指出："苏联政府对于所不能控制和指挥的革命运动都是不感兴趣的。"⑤

---

① 《我在外交部八年的经历（1950.1—1958.10）》，第14—15页。
② 同上档案，美国国务卿每日例会，1949年10月3日。
③ RG59 E394，跟总统的谈话，1949年10月3日。
④ 《出使苏联》。
⑤ 伏克曼托维奇：《希腊的人民解放斗争是怎样和为什么会失败的》，伦敦，1985年，第15页。

至于皮尔逊所论及的艾奇逊遭到挫败的第二个原因——奥立夫副领事事件，那么奥立夫在干预了上海的一次群众游行之后，的确未能享受到外交官的待遇。

在美、英和别的一些西方国家看来，中国政府给予这些国家在华外交官的待遇，颇不正常。总领事被称为前总领事，总领事馆被叫做前总领事馆或由此人主持的办公室。这些外交和领事官员不在中国外交部而在地方公安局的外事科登记。不过，就奥立夫事件而论，它跟后来发生的一件事情比起来，就只能算小事一桩了。

1949年10月24日，美国驻沈阳总领事瓦尔德被市公安局拘留了。拘留的理由是沈阳领事馆的一名职工被美国职员殴打，瓦尔德对此负有责任。杜鲁门在10月31日说，美国应派一架飞机去沈阳把瓦尔德弄出来，他还说准备采取最强硬的措施，如有必要并能够确定有效，还包括使用武力在内。① 11月10日，韦伯向杜鲁门报告说，"下一个行动是取得英、法帮助出面交涉，但约翰逊部长也正在研究使用武力的可能途径"。②

杜鲁门在11月14日对韦伯说，关于瓦尔德一案，国务院应彻底研究封锁从华北港口运煤到上海的通道。这样中共便会明白他是认真的，从而释放瓦尔德。杜鲁门认为这一做法能使美国在国际上得到很大好处，并会使英国在承认中国和其他问题上更难以独立行事。他说如果美国真打算这样干，便应去击沉任何不听从警告的船只。③艾奇逊在11月21日去见总统，留下了一份反对进行封锁的备忘录。杜鲁门也同意先不采取行动，等那些在中国有官方代表的国家对美国已分送的照会作出回答后再说。④就在11月21日，瓦尔德在沈阳被判处6个月徒刑。

---

① 跟总统的谈话，1949年11月10日。
② 同上。
③ 同上。
④ 跟总统的谈话，1949年11月21日。

中国新闻界在11月27日报道了此案。瓦尔德在12月7日离开沈阳，被驱逐出境。①

凯南认为，"瓦尔德案件是对于美国处理苏联驻美商务代表处和古比切夫两案的报复行动"。② 这一看法并未得到证实。看来瓦尔德案件是中国而不是苏联的决定，此案至少有两个方面值得注意。第一是这个案件本身。瓦尔德案跟与美国驻沈阳总领事馆有关的间谍案件有密切关系。在瓦尔德被驱逐出境前，中国新闻界在1949年12月2日报道了沈阳间谍案。1949年夏，沈阳市反间谍机关破获了一个自美国驻沈阳总领事馆二楼上指挥的间谍网。北京美国总领事馆的一名官员在电话中对国务院说，瓦尔德案件要比预期的复杂，因为它跟夏季的间谍案有关系。间谍案肯定使中国当局对于美国外交官加重了怀疑，同时，也提供了一个机会来证明美国政府早就在预谋破坏新中国。因此，不管中国尔后采取什么行动，都是美国政府自己造成的后果。其二是中国政府可以以瓦尔德案为理由，对美国不承认新中国并企图让别的国家跟着走的态度进行报复。中国政府很可能是在用这一案件来向全世界表明："中国人民已经站起来了！"不是一句空话，中国政府的反美声明也并非是喊喊而已。

有一位美国民主党人、杜鲁门的老朋友，他非常反对蒋介石政权，赞成承认新中国，此人名叫莫里·梅弗里克，是得克萨斯州的律师，做过国会议员，看过许多关于中国的书籍，并在二战后到过中国。他给美国国务院的杰瑟普写信道，"我认为周恩来是在以瓦尔德的本来面貌对待他，因为他并没有领事的许可证。我认为这一点应向总统解释清楚。因此可以说，自尊

---

① 见《人民日报》，北京，1949年11—12月。
② 古比切夫是在联合国秘书处工作的苏联官员。这两起案件都是美国指控苏联进行间谍活动。见美国国务卿每日例会，1949年11月15日。

心使我们在远东的地位迅速下降"。① 梅弗里克还为瓦尔德案件提供了一种极为有趣的解释。他说此案源自太平天国时那位替清军打仗的"常胜"将军——华尔，因为瓦尔德和华尔的姓氏英文拼法是一样的。② 这当然是一种开玩笑的说法，但其中也不无几分道理。

杜鲁门想用飞机营救瓦尔德的打算，不免令人想到三十来年之后美国派出直升机队去伊朗，企图救出被围在那里的大使馆人员所遭的失败。这一事实，加上想用海军阻止中国北煤南运，显示出总统实在是锦囊之中已经无计了。瓦尔德案因瓦尔德被释放而告一段落，但它的影响却是深远的。杜鲁门后来不断举此事为例来说明新中国的敌对态度。看来他的自尊心是真正受到了伤害。他一定耿耿于怀：肆无忌惮的中共竟然敢拘押一个美国外交官并判之以徒刑！这对美国来说除了战争时期外在此前大概还未曾有过先例。

中国政府显然认为沈阳间谍案并非是一起孤立的案件。中国政府当时究竟掌握了多少情况，人们至今并不了解，中国新闻界直到抗美援朝战争时才将有关这一间谍组织的材料公之于众。但是从这些后来公布的消息中，可以看出沈阳间谍案只是一个大阴谋的一小部分。

第二次世界大战结束时，美国战略情报局驻华机构开始建立并经营主要分布在东北、华北和华东的间谍网。在战略情报局于1945年9月20日撤销后，它的谍报行动职能、干部和情报员都移交给陆军部，建立了一个名叫战略情报组的机构。当中央情报局在1947年成立后，这个谍报行动部门加入了该局，成为秘密行动部。不管隶属关系有什么变化，在中国的这一美国谍报组织在40年代后的几年里一直是积极活动的。它先在大

---

① 美国国会图书馆：杰瑟普文件，A60，莫里·梅弗里克卷，梅弗里克致杰瑟普，1949年11月19日。

② 机密档案，第37盒，第20卷宗。

战结束后使用美国联络团的名称，然后叫战略情报组，最后称作海外观测队第44分队。我们可以设想，这些名称的变化跟这项工作先后归战略情报局、陆军部和中央情报局主管大体上一致。上海市西区衡山路的一个大院便是这个谍报组织的驻华总部。它的公开和秘密任务跟正规的军队情报机构所担负的大不一样。

1949年10月，杜鲁门决定将从台湾撤出美国妇孺。他表示，"中共几乎可以按照自己的时间表拿下台湾，他也不愿再次让美国人留下来而牵扯进各种问题中去"。①

根据总统的指示，艾奇逊于1949年11月17日在内阁会议室召开了一次会议，来讨论远东问题。除杜鲁门和艾奇逊到场外，会议的参加者还有国务院的巴特沃思、杰瑟普、三名远东问题顾问和其他几个国务院官员。杜鲁门说，这次会对他极有帮助，"使他对于共产党在中国取胜的原因有了新的认识，对于整个局势有了更好的了解；自己也在用新的思路考虑这个问题"。

艾奇逊对于会议做了如下的评述："总的说来，这一政策有两个目标。一个可能是反对中共政权，干扰它，逼迫它，在机会到来时试图推翻它。另一个目标是试图使它脱离对莫斯科的效忠，并在一个时期里鼓励那些可能使它改变的有生力量。""如果说第二种选择是绥靖政策的话，那么它并不更甚于对待铁托的态度。"三位顾问异口同声地认为以第二种办法为宜，"总统认为，从广义上说，我所做的这一分析是正确的，他希望在决定这一问题时能对一切事实有个彻底的了解"。②

在这次会议前几天，莫里·梅弗里克向国务院中国委员会的成员杰瑟普、凯斯和福斯迪克分送了一份备忘录。梅弗里克

---

① RG59，E394，跟总统会见，J. E. 韦伯，1949年10月3日。
② 艾奇逊文件，第64盒，谈话备忘录，1950年10月17日、11月7日。

写道，国务院的立场得不到中国新政府和中国人民的友谊。恰恰相反，不管未来的中国政府如何，我们的说教和自命不凡的态度加深了中国人民对我们的敌视。梅弗里克认为美国对于中华人民共和国的指责"毫无同情之心，一点儿也没有好处。在提出指控时，我们忘掉了自己在早已明白再做下去在道德上是错误的之后很久，还继续支持腐败的国民党当局。我们也忘了中国自 1840 年鸦片战争以来就受到欧美干涉的历史。最重要的是，中国人跟我们一样，肯定会有人的感情，而我们却置之不顾"。他强调指出："根据国际法，应当承认该得到承认的国家，哪怕它跟俄国友好也罢。"

11 月 19 日，梅弗里克写信给杜鲁门，附去了上述备忘录。他的信中告诉总统，他"倾向于认为应当找到承认新政府的途径，至少也要进行谈判。我知道我们的领事被捕，这很不好。然而，在我看来，不应当因中国人这种不当行为而使我们自己处于危险的境地。我认为新政府急于获得承认。而我们也可以使中国成为朋友"。

杜鲁门在三天之后回信给梅弗里克。他写道，梅弗里克的信"是我所看过的有关中国的信里最有道理的一封。我无法表达我是如何地喜欢它。有许多草包，他们什么都知道，就是不知道该怎么办。听到有人对于这件事讲了多少有点常识的话，实在感到欣慰"。[①]

从美国后来采取的行动来看，杜鲁门当局很可能在这时做了决定，把离间中、苏的方针置于不去绥靖一个共产党国家的原则之上。南斯拉夫发生的事情提醒了苏联，要警惕共产主义队伍中持不同看法的分子。同时，也向美国和西方表明，社会主义集团并非铁板一块。美国驻南斯拉夫大使在 1950 年 2 月提醒国务院，"南斯拉夫极为急切地希望跟各国共产党人建立接

---

[①] 总统秘书档案，第 175 盒，中国卷一，1949 年。

触，以加速他们深信会出现的跟莫斯科分手的进程"。① 然而，并不是所有的人都跟1949年11月的美国国务院会议上的一致意见持同样看法。在这次会议之前，国家安全委员会曾将题为"美国在亚洲的地位"的文件稿交给委员会的工作人员传阅和考虑。文件稿说，"鉴于当前的情况和各方的情报，如果把美国政策置于中国'铁托主义'的微弱希望和遥远前景的基础上，将是愚蠢的。这样便否定了美国有着因共产主义的根本邪恶而反对它的道德力量"。文件稿进一步建议，一旦美国因策略需要而承认中国或跟它有了关系时，"应尽一切努力来避免承认中国政府为中国的惟一政府。承认中共为中国一部分的政权，并继续承认在非共产党的中国的另一政府，这样的可能性应当予以探讨"。②

国家安全委员会1949年12月30日通过的48/2号文件"美国在亚洲的地位"中规定，"美国应当通过适当的政治、心理和经济手段利用中共和苏联之间，以及中国斯大林主义者和其他成分之间的争吵，同时谨慎地避免给人以干涉的印象。在适合的时候，应使用隐蔽和公开的手段来达到以上目的"。这一文件讲到了参谋长联席会议的意见："虽然福摩萨对美国具有战略重要性，但是福摩萨的重要性并不足以采取军事行动。""美国应尽一切努力以加强美国在菲律宾、琉球群岛和日本的总的地位。"③

1950年1月5日，美国总统杜鲁门发表了一个对华政策声明。声明中一个引人注目的地方是，"美国并无将福摩萨或其他中国领土据为己有的计划。美国不想在福摩萨取得特殊权利或优待以建立军事基地，也无任何使用其武装部队干涉现有局势的意图。美国政府将不走会导致参与中国内战的道路。同样，

---

① 美国国务院电报摘要，1950年1月11日。
② 总统秘书档案，第175盒。
③ 同上档案，第207盒。

美国政府将不向福摩萨的中国军队提供军事援助或顾问"。① 美国虽然在战后最初几个月里不断声明自己反对中国内战,但统统食言而肥了。然而美国总统在这最后关头所发表的声明,等于是讲"美国对台湾撒手不管了"。这可是不能等闲对待的。

这时杜鲁门当局内部对于台湾的前途仍无一致意见。总统声明是由国务院送交杜鲁门发表的。当总统跟白宫和国家安全委员会的高级官员商量时,克利福德、墨菲、索尔斯和莱伊都反对发表它。杜鲁门征求国防部长约翰逊的意见,他也强烈反对发表。但是在1月4日晚,杜鲁门被艾奇逊说服,决定发表这一声明。② 在声明的最后文本敲定之前,国家安全委员会秘书索尔斯给艾奇逊打电话,说参谋长联席会议主席布雷德利将军建议将文本做以下修改:把无意"将福摩萨同中国分开"这句话删去,因为今后如中国南进,参谋长联席会议可能会想把这个岛屿同中国分开。艾奇逊表示不妨删去,但他宁可把这句话留在声明里。③ 这时军方内部也意见不一。几天以后,腊斯克在国务院的会议上说,参谋长联席会议可能会改变对台湾的态度。五角大楼在关于台湾是否在战略上重要到值得出兵一点上弄得众说纷纭,腊斯克说参谋长联席会议一定会把这个问题交付讨论。杜鲁门本人对于声明文本也并非毫无不同看法。他在"无意将福摩萨同中国分开"这句话前面加上"在目前"几个字。约翰逊对声明感到不快,因为它终究是发表了。艾奇逊也并不高兴,因为总统未经商量就增加了几个至关重要的字。白宫新闻秘书也感到不好办,因为到发表前还得把声明重新打一遍。④ 即便有着以上种种背景,杜鲁门的声明还是等于邀请中华人民

---

① 《杜鲁门公开文件集》;艾尔斯文件,一般卷——中国宗。
② 埃尔西文件,第59盒,对外关系卷——中国(对台湾的政策),埃尔西备忘录,1950年1月6日。
③ 艾奇逊文件,第65盒,1950年1月卷,1950年1月5日。
④ 埃尔西文件,第59盒,对外关系卷——中国(对台湾的政策),埃尔西备忘录,1950年1月6日。

共和国派兵收复台湾，这就充分证明了总统在头一年11月里听了国务院的专家顾问们的汇报后做的决策，正在贯彻执行。

一位越南官员当时对美国驻西贡大使馆说，杜鲁门的演说受到了越南公众舆论的普遍欢迎，因为在大多数越南人看来，美国占领台湾是西方帝国主义的一种表现。驻新德里的美国大使馆也报告称，杜鲁门的声明无疑使印度政府感到宽慰。[1] 接着，又有一些迹象显示出美国对待中华人民共和国的态度趋向缓和。1950年1月6日，国务院向总统报告说，它已指示驻联合国代表团，如果安理会对撤销国民党席位或接纳中华人民共和国进行投票，代表团应投反对票。但在同时应当说明这不是使用否决权。如果投票反对被视为否决，那就应该要求重新投票，届时再投弃权票。[2] 1950年1月21日，联合国秘书长赖伊会晤了艾奇逊。在会见中，助理国务卿腊斯克说美国将不对中华人民共和国在联合国的席位投否决票。他说"可能只消几个星期，安理会的七个成员国便会承认中共政权，那时将用程序性投票来接纳中共代表"。"我们把这看作是一件程序性的事情，我们自己不使用否决权，也不默认同意别人的否决。"[3]

艾奇逊在1950年1月13日表示，要把拨给国民党的援款置于一个更大范围的立法项目之下，这样便可以用它来援助日本等国。1月初的时候，柯克大使自莫斯科报告，"早日承认中共政权将最符合我们的长期利益。除非在中国驻有官方代表，我们将无法使那里的局势有利于我国。自由世界如在承认北京的问题上分裂，将是极其危险的。它将在联合国和其他地方带来严重影响"。柯克反对任何旨在加强台湾国民党政权的措施，他认为这样做是徒劳的，也需要付出昂贵的代价，还将在南亚

---

[1] 美国国务院电报摘要，1950年1月11日。
[2] 同上档案，1950年1月6日。
[3] 艾奇逊文件，第65盒，艾奇逊会见赖伊，1950年1月21日。

带来强烈的反作用。①

美国驻上海总领事馆在1月初也报告说，绝大多数在沪的美国人认为美国应当和必须得承认中华人民共和国。②

总统本人也作了一番重要的表示。当杜鲁门在2月里会见菲律宾总统季里诺时，他说他"并不认为福摩萨落在中共手里是对菲律宾的一种威胁"。③

对于中国领导人来说，这却并不是对于杜鲁门或艾奇逊变化无常的声明表示赞许的时候，他们正处于一个关键时刻。

美国中央情报局在1949年11月给总统送去三次报告，它们都具有当前和未来的重要性。

中央情报局局长希伦柯特海军少将在11月18日向杜鲁门报告，中央情报局于当天早晨从一个可靠的情报来源那里获悉了瓦尔德和另一些沈阳美国领事馆职员的下落。消息报告瓦尔德在11月2日受到两名公安官员的审问，并记述了问答的内容。希伦柯特说他只向总统报告此事，因为一旦广为传播，便会危及这一情报活动的安全。④ 以上说明，美国中央情报局可能在中国公安部门里有可靠的情报来源。

11月21日，希伦柯特又报告说，据陈纳德讲，他最近见到麦克阿瑟，并向他转达了蒋介石和白崇禧的私人信息。麦克阿瑟对于美国现行政策禁止他帮助蒋介石感到遗憾。他请陈纳德转告蒋、白俩人，他要求他们打到底。据麦克阿瑟的参谋长透露，他们准许日本人的志愿人员，主要是航空方面的，溜出日本到台湾去。⑤

11月19日和11月21日，希伦柯特向杜鲁门和艾奇逊报

---

① 美国国务院电报摘要，1950年1月3日。
② 海军助理档案，美国国务院电报摘要，1950年。
③ 艾奇逊文件，第65盒，1950年2月卷。
④ 总统秘书档案，第249盒，中央情报局，1949年11月18日。
⑤ 总统秘书档案，第249盒，中央情报局，1949年11月21日。

告，周恩来最近跟一个情报来源谈到中国的对外政策。据周恩来讲，由于"蒋介石和其他反动派跟美国结盟，中共必须跟苏联结盟。美国政府想要中共跟苏联分裂，这是做梦。中共经不住在同时有两个敌人，但并没有东西能妨碍他们有两个以上的朋友"。①

以后的事态发展证明了上述中央情报局报告的重要性：美国间谍打入了中国政府机构；麦克阿瑟在远东采取强硬路线；中华人民共和国对美国的态度并非是不可改变的。

1949年12月16日，毛泽东率领一个庞大的代表团到达莫斯科，参加当月举行的斯大林70岁生日庆典。国际共产主义运动的重要人物也都到莫斯科来了。这是毛泽东首次访问苏联。

毛泽东在1948年4月到达河北省平山县西柏坡后，便打算访问苏联，并为此而组成了一个代表团。毛泽东打算乘吉普车前往中苏边境。随着中国革命全面胜利的临近，他有许多事情要跟斯大林谈。然而，当毛征求斯大林意见时，斯大林说在此决胜时刻，最高统帅不应离开岗位。如果有要事磋商，他将派一名政治局委员来中国，作为他的全权代表来听取毛的意见。

毛泽东接受了斯大林的建议。因军事形势的缘故，苏联代表到1949年1月才抵达。前已提到他是苏共政治局委员米高扬，他到达西柏坡那一天，正是人民解放军进入北京市之时。陪同米高扬来的有两位科瓦廖夫：一个是苏联铁道部副部长，另一个是汉学家。此外，还有两名警卫人员。米高扬在西柏坡停留了一个时期，会谈时在座的有中共中央书记处的全体成员：毛泽东、刘少奇、周恩来、朱德和任弼时。中共方面由毛泽东代表发言。米高扬说他只带了耳朵来，他将把毛泽东谈的看法报告斯大林。

1949年5月初，中共决定派刘少奇率中共中央代表团秘密

---

① 总统秘书档案，第249盒，中央情报局，1949年11月21日。

访苏，并代表毛泽东本人。代表团的任务是跟斯大林商讨重大问题，并为毛泽东访苏做准备。

刘少奇一行在5月抵达莫斯科，跟斯大林进行了五次会谈。在第二次会谈时，斯大林承认自己在中国问题上有错误。斯大林问刘少奇："我们是否妨碍了你们？"刘回答说，"没有"。斯大林说，"我们妨碍了，妨碍了，我们不大了解中国"。

第四次会谈是在莫斯科郊外的别墅里举行的。斯大林举杯祝酒道："世界革命的中心移到了苏联，将来还要移到中国。希望小弟弟超过大哥哥。"刘少奇感到非常紧张，他不肯接受这一祝酒。局面僵持了半个小时，到最后刘少奇也没接受。斯大林的道歉和祝酒是否出于真心，可以从后来毛泽东于1949年末到1950年初访苏时的情况看出来。

在第三次会谈时，斯大林问新的中央政府将在何时成立？刘少奇说中共主要关心的是国际承认，它也不指望它们会迅速地这样做。如果社会主义国家能够承认新中国，中国就不会感到孤立，但中共不知它们会不会这样做。对此，斯大林并未给以明确的回答。他只是说，没有政府的时间不能太久，否则会招致外国联合干涉。斯大林还说帝国主义需要20年时间来准备新的世界大战。但是谁也不能保证没有疯子。①

斯大林七十寿辰是1949年12月21日。毛泽东在生日庆祝会后继续留在苏联。当时外界不知他的行踪，因而谣言和猜测四起。美国驻苏大使柯克于1950年1月初报告国内，毛在苏滞留不归是由于在所进行的谈判中未能跟苏联达成友好地一致。②这一评论基本上符合事实。毛泽东当时在等待跟苏联签订一项友好条约。当毛刚到达苏联时，斯大林对于中国的情况特别是中共的基本政策颇为怀疑。斯大林对于中共向共产国际错误决

---

① 关于米高扬来华，刘少奇访苏和毛主席访苏，见师哲：《陪同毛主席访苏》，载《人物》双月刊，北京，1988年第5期。

② 美国国务院电报摘要，1950年1月4日。

定所表现出来的独立性记忆犹新，他怀疑新中国将会走"南斯拉夫道路"。他还怀疑中国一些民主党派人士参加了政府后，中共是否会采取亲英、美的路线。因此，苏联对新中国的态度是冷淡、有距离和怀疑的。只是到了毛泽东访苏的后期，苏方才谈到签条约的事。毛泽东坚持要求签订条约，否则他就不离开苏联。斯大林怕签了条约会违反雅尔塔的协议，一直到最后才同意签。最初的条约文本是苏联起草的。其中有一段谈到签约国一方遭到第三国侵略时，另一方"将能够"给以支援。周恩来认为这样写不明确。经过长时间的讨论、辩论和斟酌，这句话终于改为"立即全力支援"。苏联方面在接待中国代表团时肆无忌惮，居然邀请代表团去观看含有侮辱中国人民内容的芭蕾舞剧《红罂粟》。中国代表团抵制了演出，只派了一名团员去观剧，以便提出批评。①

还有一些事情跟毛泽东访苏及中苏友好条约迟迟签不下来的背景有关，值得进行研究。在上一章里，已经谈过于中、美之间在1949年春夏交往的种种通道。这些通道在6月末的时候，不是被中共就是被美国切断了。在这个阶段里，最重要的是毛泽东的纪念中共诞生28周年的文章和艾奇逊向司徒雷登下达最高当局不让他去北京的指示。这两件事有可能是有关联的。当时中共受到苏联的巨大压力，美国又对之持淡漠态度，终于使中共下决心公开对美国持否定的立场。据外国报道中共高级干部刘宁一和钱俊瑞1949年6月去布拉格开会时，一名东欧国家记者公开询问关于中国走铁托道路的说法是否合乎事实？艾奇逊在向杜鲁门呈交白皮书的信中鼓励在中国发展"民主个人主义"，表达了美国希望有更多中共以外的人士参加中国政府的信息。但是这种打算跟正统的斯大林式观点大相径庭。毛泽东评论白皮书的文章对美国这种企图大加驳斥。一位著名的党外

---

① 《出使苏联》。

人士罗隆基说:"如果美国人不公开宣称支持中国民主分子,这倒会更有帮助一些。"罗"感到如果艾奇逊在信中不提民主个人主义,他本人会在政治协商会议内处于更有影响的地位"。他说"曾经打算设立一个外交关系委员会,以周恩来为首,有罗隆基和张东荪参加。但是在白皮书发表后,这个计划被放弃了"。① 受到跟美国关系之害的不仅是党外人士。中共中央东北局书记高岗在 1949 年向斯大林报告说,毛泽东和周恩来都是亲美的。所以,以上种种都增加了斯大林对中共的猜疑,这也都是为什么斯大林让毛泽东在访苏时坐冷板凳的缘故。

  毛泽东在访苏期间,一再对中共—苏联关系的过去和现在,以及他本人在苏联所受的待遇表示不快。在他和斯大林首次会晤时,斯大林赞扬他既年轻又健康,说他是伟大的并对中国革命做出了巨大的贡献。毛泽东回答说他是个长期靠边站的人,也没处可以去诉说。毛泽东话未讲完,斯大林便插进来说,"胜利者是不受指责的,这是一般规律"。在中苏友好合作同盟条约的签字仪式上,苏方尚未把贸易协定的文本准备好。斯大林查问时,苏方人员撒谎说,中方未把文本准备好。对此,毛泽东说:"归根到底一切都是中国人的错!"②

  在签字仪式后,在莫斯科大都会酒店举行了宴会,参加者有中国代表团和苏共政治局委员们及其他高级官员。周恩来代表中国方面讲话,他说中苏友谊应当世代传下去,中国应向苏联学习。斯大林代表苏方说,他很遗憾有一个党不在场,南斯拉夫没有受到邀请。他说南斯拉夫是自外于大家的。③ 斯大林在这个场合如此提到南斯拉夫,很难令人不认为他是在向中共提

---

  ① 《美国对外关系》1949 年第 8 卷,远东:中国,第 539 页。
  ② 见《陪同毛主席访苏》。在我国有关了解内情的人士所提供的关于毛主席访苏情况的材料中,毛主席的翻译师哲的讲法跟许多人不同。师哲说的意思是毛主席并未向斯大林直截了当地提出想签中苏条约,而斯大林一直在等他提出来。毛主席访苏时的代表团成员伍修权和后来直接听周总理讲到的刘晓则说,斯大林生怕签约会得罪美国人。
  ③ 同上。

出警告。

在此期间，由于情势所迫，中国政府向美国使用了比过去更为猛烈的攻击性言词。艾奇逊在1950年1月12日的记者招待会上说，苏联正准备把中国北方的四个地区并入苏联。① 3月间，艾奇逊又重复了类似的指责。很明显，艾奇逊一开始就想趁毛泽东在莫斯科之际来离间中苏关系。但是这种指责有如一把双刃剑，它可能增强也可能削弱毛泽东在莫斯科的谈判地位。而艾奇逊这种说法又使中国不能不公开澄清自己的立场，谴责艾奇逊在造谣中伤中苏关系。②

中国政府在1950年1月里收回了北京的美军兵营。美国政府在1月14日宣布，美国官方人员全部撤离中华人民共和国，这是美国早就准备做，但一直未做的事情。美国驻北京总领事柯乐博在1月20日报告，有一个美国人在中国外交部有"一名身居高位的情报来源"。据这个美国人说，当发现美国不光是空头吓唬而是当真的时候，外交部里"阴霾密布"。对于收回美国兵营的做法，存在着"有节制的批评和不满"。③ 中国外交部进一步火上加油。1950年2月5日，外交部发言人说，大部分前美国外交人员尚未申请发给出境许可。他问道，不知美国政府是否可能正在对所发表的声明感到后悔。他表示，不管怎样，这一情况再次显露了美帝国主义是"外强中干"的。④

此时，美国正在形成一项关于远东的两党政策。

1949年12月22日，共和党外交发言人约翰·福斯特·杜勒斯跟艾奇逊国务卿讨论了台湾问题。杜勒斯说美国应把台湾拿过来，并使它成为一个"陈列品"，但是这样做要先满足三个

---

① 《美国国务院公报》1950年1月23日，第111页。
② 《中华人民共和国对外关系（1949—1950）》第1卷，北京，1957年，第92—94页，新闻总署署长胡乔木声明，1950年1月12日。
③ 美国国务院电报摘要，1950年1月20日。
④ 《中华人民共和国对外关系（1949—1950）》第1卷，第97页。

条件：第一，美国不能打蒋介石；第二，美国不能以蒋介石客人的身份去台湾；第三，台湾在战略上无重要性。艾奇逊问道，怎样能做到这几点？杜勒斯也回答不出来，他说需要再想想。①然而，这终究是民主、共和两党在坐下来谈远东问题了。

1950年3月9日，杜鲁门的白宫幕僚送交他一份备忘录，列述了在面对苏联的形势下的8项加强自己的措施。备忘录中的最后一条是"恢复两党政策"，里面说，"在实施以上计划时，特别是在有关像远东那样的多事地区的问题上，应当认真考虑把这一国家行动的领域从剧烈的政治内战中分离出来"。②

3月21日，共和党众议员克里斯蒂安·赫脱造访了艾奇逊。两人详细讨论了美国面临的国内外问题。艾奇逊在记述这次会晤时写道：赫脱最后说"他希望我们能把事情办成，他希望能够帮上忙。他对于我最近在国会山上碰到这么多麻烦表示遗憾，他意识到这使我的问题更为困难了"。③ 赫脱来访说明共和党人想表示一番好意。

共和党参议员亚瑟·范登堡，是1945年4月底旧金山联合国成立大会时搞两党一致政策的关键人物。他在1950年初春患了重病。杜鲁门当局迫切希望不仅范登堡能有个接班人，继续搞两党政策，而且希望这个接班人能帮助制定出一项对远东特别是对中国的两党政策。这样一项政策，是甚至连范登堡尚在活跃工作时都没有的。

1950年3月26日，杜鲁门从基韦斯特休养地给共和党参议员布里奇斯写信，说布里奇斯之所以参加了"猎狼狗"的队伍来攻击艾奇逊，是由于不完全了解"这种不该有的攻击对于两党合作外交政策的全部含义"。布里奇斯回信感谢杜鲁门的关心，表示他将在最近跟艾奇逊见面一谈，并且还要在杜

---

① 美国国务卿每日例会，1949年12月23日。
② 埃尔西文件，第9盒，俄国卷（1949—1951），1950年3月9日备忘录。
③ 艾奇逊文件，美国国务院谈话备忘录，1950年3月24日。

鲁门从基韦斯特回来后跟总统一谈。杜鲁门在 3 月 27 日给范登堡写信，表示担心"国会里关于整个两党合作外交政策的事态发展"。总统说两党政策开始于赫尔当国务卿的时候。这一政策最初的巨大成果是建立联合国，接着是援助希腊、土耳其和马歇尔计划。后来又有北大西洋公约和军事援助计划。他还说"在此时此刻破坏了两党合作外交政策只意味着一点——俄国在欧洲的胜利，这样做肯定是在走向打仗，而我们谁也不想要这种结果"。杜鲁门为自己辩解道："远东的不幸局面，是腐败的中国国民党政府所带来的后果，给我们造成了许多困难，而我又找不出我们自己犯了什么错。"杜鲁门的这番话，实际上是在要求共和党在对远东和对华政策上给予合作。两天后，范登堡回信说，"对于外交政策，我们当然不能既在根本问题上'起内讧'，又还想它在国外行之有效"。范登堡对于自己不能"在这些旧病复发的参议院危机中起到全部作用"而感到遗憾。杜鲁门又回信说，他希望范登堡早日康复，以便培养训练参议院里那些年轻人。这些人迫切希望继续实行范登堡、赫尔和别的人所要求有的"我们这个伟大政府的一项持续不断的对外政策"。① 范登堡在 3 月 29 日复信杜鲁门的同时，也给艾奇逊写了信，他说"我们在许多事情上看法不一致，但是从来没有在我国国家安全的主要根源——最终还是达到团结——上不一致过"。两天后，范登堡又写信给艾奇逊说，任命一位共和党人在国务院工作是"太好了"。他认为，让杜勒斯重新"跟国务院进行活跃而重要的合作"，对于"在外交政策方面重新具有某种程度的两党联系将是不可欠缺的必要条件"。②

有一个职位正在等着杜勒斯。国务院在准备对日和约时，发现有两大障碍，一是国防部，二是参议院。还有两个小障碍，

---

① 艾尔斯文件，第 7 盒，两党政策卷，1950 年 3 月 26 日。
② 范登堡文件，杜鲁门致范登堡信，1950 年 3 月 27 日。

英国和澳大利亚。据国务院官员伦道夫·伯格说，最先建议把杜勒斯弄进来的是远东司的巴特沃斯。艾奇逊在起头是反对这一主张的。他讲杜鲁门由于两个原因很讨厌杜勒斯：一是总统1947年派杜勒斯去巴黎参加联合国大会，而杜勒斯到华盛顿来时竟不去拜访总统；二是当杜勒斯跟莱曼在纽约州竞选国会参议员时，把外交政策作为竞选的题目。杜鲁门说过他再也不任命杜勒斯干任何职务了。① 然而，当艾奇逊在4月4日打电话给还在基韦斯特的杜鲁门时，提到了任命杜勒斯的问题。杜鲁门说他经过考虑，认为可以任命杜勒斯为"国务卿的两党政策顾问"。杜鲁门不愿杜勒斯当巡回大使。接着艾奇逊向总统提及范登堡所写推荐杜勒斯的信。他说准备见杜勒斯，但先得知道总统的意见。他认为"如果能按总统的意见去办就好了"。由上可见，让杜勒斯当"顾问"是杜鲁门的主意。杜鲁门表示，"任命不应有伤杜勒斯先生的尊严"，但是由于杜勒斯在上次大选中就国内问题发表了看法，他不能让杜勒斯在国内问题上成为行政当局的一员。艾奇逊对此表示同意，并在事后告知了副国务卿韦伯和助理国务卿腊斯克。②

第二天，艾奇逊给杜勒斯打电话。他说经总统批准，他愿意让杜勒斯当顾问。他还说已跟范登堡谈过，范表示会跟杜勒斯联系，并敦促接受这一职位。杜勒斯要求跟杜鲁门亲自谈谈。艾奇逊说杜勒斯可以在总统回华盛顿后约个时间见面，但他认为没有这个必要。艾奇逊又说，他希望杜勒斯来华盛顿，这里会把主要情况全都告诉他，请他协助"跟国会磋商，使这些事情获得两党一致支持"。他说这是远东问题，其中有对日和约等事情，同时还要对美国在冷战中的地位作全面的回顾。杜勒斯表示，如果他的工作有兴味和有用的话，他将不参加当年秋季

---

① 西利·马德图书馆：伦道夫·伯格口述历史，1966年8月24日。
② 艾奇逊文件，第65盒，跟总统的电话，1950年4月4日。

纽约州国会参议员竞选，但是他现在还不想做出承诺。艾奇逊表示同意。杜勒斯说当天下午他想商量一下关于发表他的任命的声明稿。

当天下午，杜勒斯再次来电话。艾奇逊把声明念给他听。声明说，"应总统和国务卿的请求，约翰·福斯特·杜勒斯先生已同意担任国务卿的顾问。在这一岗位上，杜勒斯先生将在外交事务的广泛问题上和本政府应采取的具体行动上，向国务卿提供意见……杜勒斯先生将在简短假期后，于4月……起担任职务"。杜勒斯说，他得让杜威州长了解他这一计划，"如果有变化，他将给艾奇逊打电话"。①

第二天早晨，艾奇逊给杜勒斯打电话，说杜鲁门对于有关任命的"整个事情"都感到高兴。在这个电话前，杜勒斯让腊斯克带话给艾奇逊，说是已跟杜威谈过，他本人希望他的职务类似"巡回大使"。艾奇逊告诉杜勒斯，他不想跟杜鲁门重提这事了。因为当时新任命的国务卿顾问还有约翰·库柏，如果他的职务跟杜勒斯的不一样，那就麻烦了。杜勒斯说，范登堡和史密斯两位参议员，还有杜威州长，都认为"共和党卖得太贱了"。杜勒斯建议"是否在某处加上'最高级'的字样，那就行了"。艾奇逊还说，他不想给杜鲁门带来合法性方面的担心。最后，艾奇逊说，杜勒斯可以说自己跟杰瑟普和库柏三人都是"最高级顾问"。杜勒斯表示满意。他说，这就明确了"没人在我之上"。②

1950年4月28日中午，杜勒斯打电话给杜鲁门，他说过去他的政治实力来自杜威和范登堡。随着杜威落选总统和范登堡身体日衰，看来自己有必要具有点政治本钱。他说如果他在共和党大会之前被派驻联合国，他会接受去联合国的任命而不去

---

① 艾奇逊文件，第65盒，电话备忘录，1950年4月5日。
② 艾奇逊文件，第65盒，电话备忘录，1950年4月6日。

谋求参议员的提名。虽然艾奇逊帮了忙，但因形势所限而未成功。在他接受参议员提名后，他尽力去竞选。由于他参与了外交政策，所以他没有攻击它。但是在国内问题上他直言不讳。他的对手也说了一些恶毒的话。现在他想告诉总统，仅仅是因为他在国务院有了一张桌子，并不就自动保证在外交政策上两党能够合作，或是能保护国务院不受共和党人的批评。但是如果制定出了他能全心全意支持的外交政策，他深信民主党当局将会赢得国会山上共和党人同情的考虑，而且总的说来共和党人不会仅仅因党派不同而去攻击他们。然而，这都取决于他是否处于能够制定他能真心支持的政策的地位。杜鲁门对这一点表示同意。杜勒斯说，他的印象是许多美国人，特别是由于东方出现的情况而失去信心。这就为麦卡锡那样的人能够就局势讲出打动人心的话来和得以出头露面。"如果我们真能合作得好，美国人民便会接受领导，麦卡锡那样的攻击也就会被人们忘掉。"杜鲁门表示对这一看法颇有同感。①

　　上面关于杜勒斯怎样上任的一大篇话，讲述了杜勒斯，在一定程度上也是共和党和民主党当局在关于两党合作外交政策，特别是两党一直未能合作的远东政策的问题上，是怎样达成交易的。从中自然也可以看出，杜勒斯是怎样想做官，而又忸忸怩怩地讨价还价的。事实上，连范登堡也不赞成杜勒斯拼命要官做。范曾说他将强烈敦促杜勒斯接受任命，不要在头衔和任务等问题上讨价还价个没完，要投身进去尽力帮忙。这是因为形势要求两党合作，杜勒斯当时虽然未能做到有职有权的大官，也就只好暂时屈就了。两党合作的远东外交政策正在逐步形成。这时，还有迹象可以进一步说明。1950年4月10日，前共和党总统候选人纽约州长杜威从首府奥尔巴尼打电话到华盛顿，就他将在普林斯顿大学发表的演说中的一部分内容，请艾奇逊审

---

① 艾奇逊文件，第65盒，杜勒斯和杜鲁门电话备忘录，1950年4月28日。

查批准。他在演说中用强烈的口气讲道"中国在雅尔塔被放弃了"。他说在中国问题上不听别人的意见是导致失败的原因之一,"中国和远东惟一的一线希望在福摩萨"。艾奇逊对于杜威上述三点意见中的前两点并未表示反对,但对他讲到的"一线希望"甚为不悦。艾奇逊说,"我们考虑,远东的希望""在于在北京和莫斯科之间打进一个楔子去和在对日和约上达成协议,至少达到一种解决"。杜威同意删去"一线希望"一词,两人又商定打楔子一点不便在演说里讲。艾奇逊建议杜威谈点"两党在远东问题上令人鼓舞的磋商"。[①] 4月27日,杜鲁门就在参议院外交委员会建立八个跟国务院对口的小组委员会一事发表声明,并表示希望众议院能跟着这样做。这种做法被称赞为"真正的两党合作"。4月28日,艾奇逊跟怀利参议员商谈两党合作外交政策事宜。他说这件事从历史上可分为三个阶段:赫尔时期,四位民主党人和四位共和党人一起搞联合国宪章;范登堡和康纳利时期;范登堡生病时期。

联合国秘书长赖伊于1950年4月20日在赴莫斯科前拜访了杜鲁门。他从莫斯科回来后,又于5月29日去见杜鲁门。当时苏联代表因中国代表权问题而拒不出席安理会会议。赖伊敦促终止国民党代表中国的资格来解决这一问题。艾奇逊问他仅仅终止这一方是否就够了,还是必须得接纳中共代表。赖伊答称,苏联人已经改变了观点,不坚持非得以后一点为条件,但是他不能肯定。赖伊说他认为斯大林接到了关于美国政策和意图的错误情报,建议杜鲁门跟斯大林会晤。杜鲁门说他跟斯大林见过面,极其失望,但是他愿意邀请斯大林访问华盛顿。当赖伊从莫斯科回来后告诉杜鲁门,斯大林的看法是"东、西两方之间现在有那么多的问题,首脑会晤不会有什么好处"。斯大林认为也许在过了相当一段时间后可以这样做,但是他现在难

---

① 艾奇逊文件,第65盒,电话备忘录,1950年4月10日。

以预期。赖伊接着对杜鲁门说，斯大林在回答提问时表示，接纳中共是俄国重返安理会会议的先决条件。杜鲁门听后极为不快。他说，既然如此，他认为现在不必再谈安理会今后的会议了。他对赖伊讲，"鉴于北京政府全然无视国际义务，鉴于它对待美国政府及其代表的态度，他看不出美国怎么跟北京政府建立关系"。①

影响杜鲁门政府决策的重要因素之一，是它无法指望自己的主要盟友英国在中华人民共和国诞生初期跟美国在对华政策上看法一致。英国根本不希望把新中国驱入莫斯科的怀抱，但这是出于它的特殊考虑。除了外交手腕高明老练和在中国有商业利益之外，英国特别关注香港的前途。艾德礼首相在1949年5月5日送交内阁一份备忘录，附有英国参谋长会议对关于香港可能遇到的威胁所作的评估。内阁经过讨论后认为，"在香港的英国人对政府关于这一殖民地的最终意图感到十分没有把握"。内阁大臣们认为，不能无视香港承受不住自大陆发动的进攻这一事实，"政府必须小心地避免在往香港注入昂贵的资源之后，最终得在物质和声望两伤的情况下撤出"。② 5月26日，英国内阁会议讨论的意见是："从长期看来，如果一个强大的中共政府牢固地控制全国，除非中国政府默许我们继续呆在那里，我们就不可能使香港保持作为贸易中心的地位。上述意见看来是认为，我们政策的目标应是设法找到一个能使中共政府默许我们留在香港的基础。"③

当英国政府跟美国政府商量，美国是否支持英国"保卫香港反对侵略"的政策时，艾奇逊提出了一些问题，它们实际上包括关于香港长期政策的整个内容。贝文首相在1949年6月23

---

① 艾奇逊文件，第65盒，电话备忘录，第65盒，1950年4月卷、5月卷，跟总统和赖伊的谈话，1950年4月20日、5月29日。
② 英国内阁档案，128/15，内阁备忘录（49）32，1949年5月5日。
③ 同上档案，（49）38，1949年5月26日。

日向英国内阁会议建议，连一个应急的答复也不要给艾奇逊。他希望立即对关于香港的长期政策进行通盘研究。他说从英联邦国家和美国对英国所提问题的回答来看，英国政府应主要靠自己来提供保卫在香港利益的手段，并且不失时机地制定一项积极应付局势的政策。内阁同意了贝文的建议。① 1949年8月29日，贝文又向内阁报告，由于国民党部队封锁了通往上海的航线，英国政府已准备对商船护航。但在最后时刻，外交部的法律顾问们表示，国际法有可能会认为封锁不算非法，英国将可能处于困难的地位。贝文建议听听法律官员们怎么讲。②

当国民党海军在上海解放后开始进行封锁时，英国终于派出海军舰只，使商船在护航下突破封锁。1949年10月，杜鲁门两度收到关于这方面的报告，他很是不快。③ 然而最敏感的问题还是承认中华人民共和国的问题。杜鲁门谈到这事时说，"看来英国人在这件事上对待我们不够实在"。④

1949年10月27日，贝文向英国内阁提交了一份备忘录，论述承认中华人民共和国政府的利弊。他的结论是，从政治上和现实上考虑，英国政府需要承认新政权。他说，从他跟艾奇逊和法国外长舒曼在华盛顿会谈中明确得知，美国不赞成过早给以法律上的承认。国务院的态度因国会攻击它的对华政策而受到影响，人们必须承认，美国的态度受到美国国内政治影响要比中国现实情况的影响为大。⑤ 经过长时间的讨论之后，英国内阁授权贝文跟英联邦国家、美国及其他西方国家在上述备忘录的基础上进行磋商。内阁希望在这个问题上与美国政府达成协议。⑥ 这样做，是符合工党的政府对全球事务观点的。它在这

---

① 英国内阁档案，(49) 42，1949年6月23日。
② 同上档案，(49) 54，1949年8月29日。
③ RG59, E394，和总统的谈话，1949年10月10、12日。
④ RG59, E394，和总统的谈话，1949年10月17日。
⑤ 英国内阁档案，129/37，内阁文件 (49) 214，1949年10月24日。
⑥ 同上档案，128/16，内阁备忘录 (49) 62，1949年10月27日。

时已经放弃了组成一股独立的第三种力量的看法，而认为"在目前，不管怎么说，跟美国的密切关系是至关重要的"。虽然在同时，它也希望"在必要时给美国的政策刹刹车"。①

1949年12月15日，贝文向内阁报告了磋商结果和他的意见。他在备忘录中说，美国"强烈地认为只要存在跟中共对立的反对派，给以承认就有如在人家背上扎一刀。他们非常重视中共政府保证承担中国国际义务的问题"。贝文还说，艾奇逊12月7日在记者招待会上讲，在最近的将来承认中华人民共和国为时过早，甚至连考虑承认都是过早的。但是艾奇逊并未排除在今后承认的可能性。后来艾奇逊对英国大使弗朗克斯说，"在定下承认的日子到实行承认的日子之间将会有一个很大的空隙"，以便使美国公众舆论能够做好准备。艾奇逊还希望英国不要寻求英联邦国家能采取一致行动，他怕这样做了会让人认为美、英两国已分道扬镳。美国赞成英联邦"分成几批"承认中国。②当内阁会议开始后，贝文说，"符合英国最大利益的做法是早日承认中共政府"。他说，"虽然现在还不清楚美国是否不会跟着这样做，有充分理由表明大量其他友好国家政府愿意在最近给以承认"。③根据英国内阁的决定，英国政府在1950年1月6日致信中华人民共和国政府，声明承认新中国政府和愿意建立外交关系。中国政府在1950年1月9日回答接受承认。

美国驻英国大使馆在这时认为，美英关系已处于历史上最低点。它在年初报告国内说，"虽然我们间的基本关系基础坚实，但是在任何时候都不可掉以轻心"。自从世界大战以来，美英关系已有过几次处于紧张状态。"目前这一次，由于两国政府之间存在着大量复杂问题，而且他们将会在今后一个时期内继

---

① 英国内阁档案，129/37，内阁文件（49）208，1949年10月18日。
② 同上档案，（49）208，1949年10月18日。
③ 同上档案，128/15，内阁备忘录（49）32，1949年5月5日。

续成为摩擦的根源,因而是最严重的一次。"①

1950年1月30日,美国驻英大使馆报告称,英国外交部里面对于"中共未能对英国承认中共政府的照会给以更友好的回答"和对于建立外交关系未作答复感到不安。② 在1950年春,英国感到承认中华人民共和国之举迄今未能使中华人民共和国政府作出任何令人满意的反应。承认已经有4个月了,但中国仍未同意互派外交代表,它对英国的态度仍然不友好,而英国在华商业利益的前景则看来是每况愈下。但是英国政府感到它的地位遭到削弱并非是由于承认中国的方针错了。贝文对内阁说,现行政策要继续下去,在他即将跟艾奇逊商谈对华政策时,他将谋求使美国不要采取有害于英、美共同目标的政策。这一目标便是防止中国永远与西方敌对。他将劝说艾奇逊修正美国对于中华人民共和国在安理会席位的态度,其办法是先进行关于这一问题的尝试性和探讨性的商谈。他将不对美国施加压力,以致会使美国人反感的程度。另一方面,除非英国能有办法向中华人民共和国施加压力,两国关系也不大会改善。英国可以讲,如果中华人民共和国铲除英国在华商业和金融利益,英国将在联合国内不支持中华人民共和国,并将不劝说美国采取对中华人民共和国更为友好的政策。对于贝文的意见,内阁表示同意。③

贝文在1950年5月又向英国内阁报告说,在英、美、法官员为三国外长会议作准备而进行的初期讨论中,并未有迹象表明美国可能制定任何新的对华政策;而美国政策仍然不能确定下来,无疑已使一些英联邦国家感到为难。④

在贝文5月9日跟艾奇逊的会谈中,他强调了防止两国对

---

① 美国国务院电报摘要,1950年1月9日。
② 同上档案,1959年1月30日。
③ 英国内阁档案,128/15,内阁备忘录(49)32,1949年5月5日。
④ 同上。

华政策的现存分歧发展成为公开分裂的重要性，这种分裂将会不利于其他方面的合作。他还表示英国目前的立场是不可改变的。①贝文报告内阁说，"总之，通过我跟艾奇逊先生的会谈，已明显看出美国行政当局由于来自共和党的种种压力和攻击，并无一项积极的对华政策，实际上可说是根本没有这样一项政策"。

在这个动荡不定的关键时刻，有一个人身处逆境而不肯向命运低头，此人便是蒋介石。自1949年1月21日"隐退"以后，他始终牢牢地掌握着国民党的政治和军事机器，并在这时已将他的大本营移至台湾。当感觉到美国可能即将要把他抛弃给中共或任何别的在台湾掌权的人，蒋介石便从幕后转到前台，于1950年3月1日重掌了"总统"职位。这时李宗仁已到了美国，杜鲁门跟他见了面，对他很冷淡。1950年3月8日，国务院向杜鲁门报告，36名支持李宗仁的国民党将军在台湾被蒋介石逮捕。②美国大使馆在台湾的办事处报告说，蒋在返任后将继续对各派系实行一贯后果不良的"分而治之"的政策。③

早在1949年7月，国务院便研究了蒋介石及其密切伙伴的在美资产。腊斯克说宋氏家族在美有2亿美元资产。④1950年3月16日，国防部长约翰逊对总统特别顾问索尔斯少将说，波依金众议员跟他讲有令人震惊和感兴趣的情报。但是约翰逊说他最好别牵涉在里面，他让波依金把一切情报都告诉索尔斯。第二天，索尔斯找波依金，波说提供情报的人是宋子文和宋子良，他们是蒋介石的妻舅。波依金说宋氏兄弟了解俄国人正在做什么和打算做什么，他们想让索尔斯亲自听听他们讲。索尔斯同意见他们，但不以总统特别顾问的名义，而以过去做过情报工

---

① 美国国务院电报摘要，1950年5月10日。
② 同上档案，1950年3月8日。
③ 同上档案，1950年3月3日。
④ 美国国务卿每日例会，1949年7月1日。

作和一个"在朝的友人"。

1950年3月21日，索尔斯跟波依金和宋氏兄弟在华盛顿大酒店119—120号房见面。宋氏兄弟说他们并没有关于俄国的内部情报。宋子文讲从看报得知俄国的意图是统治整个亚洲，然而他可以搜集有关中共意图的情报。他认为，惟一防止中共向南和向西推进的是守住台湾和海南岛。只要美国给点经济和军事援助便可以守住这两个岛。他要求每月给1500万美元，再加剩余物资的飞机、小麦、航空汽油和大炮。过一段时间他们将能有25万部队登上大陆。到那时有些军阀会参加进来，大半个中国都可以拿到手里，等等。索尔斯表示，他无法帮助他们的事业，现行政策是总统在主要官员的帮助下制定的，因此他无法去跟国务院和国防部讲。波依金说他要去找这两个部。波依金在私下问索尔斯是否能提出哪个律师可以帮宋家和国民党人挽救台湾和海南岛。索尔斯说他们过去已雇了许多律师，他不认为需要再多雇了。他可以肯定地讲，雇再多的律师也不会对行政当局的政策产生影响。

波依金在3月28日打电话给索尔斯，想跟索尔斯和副国务卿韦伯定个时间来和宋氏兄弟见面商谈。索尔斯说他不能参加，因为杜鲁门已经宣布了对华政策。至于韦伯，他很忙，建议波依金过些时候再跟韦伯联系。①

这样就结束了宋氏兄弟想通过跟索尔斯见面来改变杜鲁门"撒手不管台湾"的政策这一插曲。这一插曲也说明了，杜鲁门1950年1月5日的对华政策声明并非仅只是说给人家听听的。

贝文在一份给内阁的备忘录中对美国的情况做了分析。这份备忘录是为他1950年4月24日跟艾奇逊会谈做准备的。他说恰当英国就要承认中华人民共和国政府之际，美国国会里的共和党人在施加压力要求积极援助台湾。杜鲁门和艾奇逊在一

---

① 索尔斯文件。

个极为有利的时刻发表了声明,这极大地有助于减轻英国承认之举在美国公众中所造成的不利影响。与此同时,美国共和党人把中国作为杜鲁门当局政策的薄弱环节。这一政策原来是由罗斯福奠定的基础。由于事实证明它已失败,于是便说它是民主党的政策,而使它成了攻击的目标。在一个进行中期选举的年头,杜鲁门当局行事得十分小心,结果便是美国除了"等待尘埃落定"之外别无政策可言。这样一种消极的方针本身就是受攻击的题目。贝文列举了美国政府因政治和感情上的理由而对中华人民共和国采取敌对态度的种种事实,并批评美国在白皮书中说"中共政权"不是为中国人民的而是为苏联的利益服务的。美国号召甩掉"外国的枷锁",但是在毛、周1950年2月在莫斯科签订的《中苏条约》中,至少在公布的文本上显示出中华人民共和国跟苏联是完全平等的。①

从杜鲁门1950年1月5日的声明和艾奇逊在一个星期后举行的记者招待会,到同年6月下旬,美国国家安全委员会没有讨论任何值得一提的有关中国的问题。中国在联合国的代表权问题处于僵局。苏联代表继续抵制安理会会议。然而,也就在这杜鲁门当局心猿意马等待尘埃落定的时刻,一桩既出人意外又在情理之中的事情在远东发生了。狭窄细长的朝鲜半岛上爆发了内战。这一事件,彻底打乱了世界上许多国家决策者的时间表和心目中的战后世界格局。

---

① 英国内阁档案,129/39,内阁文件(50)73,1950年4月20日。

# 第十章

# 血染半岛

1950年6月25日，在朝鲜半岛上发生了严重的武装冲突。这场最初由朝鲜南北两方开始的冲突，后来发展成为国际性的热战，一打三年，史称朝鲜战争。

朝鲜本是个有悠久历史的统一国家。1910年，日本公然并吞了朝鲜。二战期间，中、美、英三盟国在1943年的开罗会议上同意朝鲜在战后独立，但要"经过一段时间之后"。1945年初，美、苏、英三盟国在雅尔塔会议上又决定在朝鲜实行国际托管。斯大林和罗斯福莫名其妙地认为，朝鲜得在几十年后才能独立。

日本投降后，美、苏两国派军队进驻朝鲜，以北纬38°为临时分界线。以后冷战开始，美、苏对峙，这条由外国人炮制的分界线人为地分裂了朝鲜。南北双方的政权分别由美国和苏联支持，后来建立了两个主权国家。当朝鲜战争爆发时，美、苏已从朝鲜撤出了作战部队，只留有军事顾问团。

这是典型的雅尔塔模式。其特点是苏、美各占一个势力范围，用除战争以外的一切手段进行相互遏制和竞争，但军事力量不得越过势力范围分界线；越过了便是犯规。朝鲜冲突开始时，只有朝鲜人参加。然而一旦打起内战，必然要越过"三八线"，也就打乱了半岛上的大国均势，不可避免地会使苏、美卷入其内，甚至出兵去打。所以朝鲜内战的国际化是有其必然性的。

40年来，世界上一直在议论朝鲜战争是谁发动的。对此，作者拟谈三点看法：

1. 当时朝鲜南北双方解决民族内部分歧，自然以和平方式最好。但是如果有一方诉诸武力，那是朝鲜民族的内部事务，他人无权说三道四。

2. 苏、美是分裂朝鲜的祸首，"三八线"是它们炮制的势力范围分界线。没有朝鲜的分裂便不会有朝鲜战争。在任何情况下，苏、美都对引起这场战争负有责任。

3. 中国不是雅尔塔协定的签字国，也不是"三八线"的划定者。对于苏、美承担的义务，中国是不受约束的。

由于美国政府关于朝鲜战争初期的文件尚未完全解密，中、苏、朝关于这场战争的档案还没开放，学术研究缺乏必要的原始材料，这个问题只能说到这里为止。40年来的争论放过了苏、美乃是造成朝鲜爆发内战的共同责任者这个核心问题，根本就没有论到点子上。

美国政府人士对于朝鲜战争的爆发也有不同于公开宣传的想法。战争结束后，前国务卿艾奇逊于1954年初召集旧部在普林斯顿大学开会，回顾过去的工作。会上两位高参凯南和菲斯都认为，杜勒斯于冲突开始前的南朝鲜之行和到"三八线"用望远镜窥视北方，肯定使北方感到极为不安。[①]

朝鲜内战爆发前，驻日本的麦克阿瑟总部和驻南朝鲜的美军顾问团的情报都说南军强大，北军根本不是对手。[②] 开战后，北军长驱南下，有如秋风扫落叶，南军一败涂地，跟美国原来的估计大相径庭。杜鲁门在6月27日命令美军在朝鲜作战，并派第七舰队去台湾海峡。西欧国家对于杜鲁门出兵朝鲜感到鼓

---

① 艾奇逊文件，第73盒，普林斯顿讨论会，录音记录，第1盘，第2声道，1954年2月13日。

② 同上。

舞。杜鲁门得意洋洋地在内阁会议上讲，柏林主教对他说，俄国人的态度有七成是吓唬人的。①

7月7日，美国政府利用苏联代表缺席的机会，在安理会通过了以联合国军名义让美、英等国军队到朝鲜作战的决议。

对于朝鲜的战事，杜鲁门看得很重。在7月21日的内阁会议上，他宣布成立战时内阁。②数日后，他又指示除离开现职会影响工作外，任何人都不得避免服役。③当时杜鲁门还考虑征募德国人进美国陆军或在朝鲜作战的英、法军队中参战。④美国政府当时对于美军是否能在朝鲜支撑下去并无把握。国务院政策研究室做了一个万一必须撤离朝鲜半岛的计划。7月27日的例会同意了这一文件，但认为应严格保密，如果泄露出去，将造成极糟的影响。例会决定通知美国大使缪锡俄，在一旦撤退时应尽量使南朝鲜政府保持完整。凯南说这件事不能用电报通知，应派专人去向缪锡俄当面讲清楚。⑤

美国对于苏联的态度十分注意。南北冲突爆发后四天，中央情报局长希伦柯特报告尚无迹象表明苏联打算支援北朝鲜，远东苏军也无甚动静。⑥国务院指示驻苏使馆通过一切渠道了解苏联的反应和意图，如苏方口气稍有变化便应立即报告。国务院在指示时举了个老例子：1939年，美国使馆就是在莫斯科文化休息公园向一个作宣传演说的人提问而得悉红军将要开进波兰的。⑦

美国大使馆在7月14日报告称，目前苏联国内宣传并未给

---

① 康奈利文件，第2盒，内阁会议纪要，1954年2月13日。
② 同上档案，1950年7月21日。
③ 康奈利文件，第2盒，内阁会议纪要，1950年7月25日。
④ 艾奇逊文件，第65盒，1950年卷，杜鲁门和艾奇逊谈话，1950年7月24日。
⑤ 美国国务卿每日例会，1950年7月27日。
⑥ 《美国对外关系》1950年第1卷，第329页，中央情报局备忘录，1950年6月29日。
⑦ 美国国务院电报摘要，1950年7月3日。

老百姓以对苏联的威胁已迫在眉睫或苏军将发动进攻的印象。①艾奇逊同日在内阁会议上讲,苏联不重视美军的动态而重视美国工业生产的大幅度增加。②美国大使柯克在7月底报告说:从苏联报纸或官方声明中看不出苏联会在形势不利于北方时作出反应,苏联小心地不把自己的威信押在朝鲜这场仗上。柯克认为,当北方到了紧要关头时,苏联也不会自己出兵来打或让它能支配的军队出来打,但是美国不应往北越过"三八线"。③ 8月中旬柯克又说,虽然苏联为了达到目的不惜一冒风险,但它并不想在近期参与全球性冲突。④

中华人民共和国的意图比苏联更使美国政府烦恼。在7月13日,冲突开始不到三个星期,美国驻英大使报告称,英国外交部根据仅有的一点证据认为,中国已把重点放在朝鲜及其附近地区,将要无限期地推迟进攻台湾。⑤

早在7月17日,英国便设法找寻中国派出国际纵队的迹象,但无所获。⑥

英国外相贝文和美国国务卿艾奇逊在此期间有过几次通信。英国联邦关系部在7月19日对驻海外高级专员们说,台湾乃是两人讨论的焦点。贝文认为西方应要求恢复朝鲜原来的局面,中国在联合国席位的问题也肯定会被提出来,而美国对台湾的政策则可能得不到对朝鲜那样的支持。艾奇逊的回答是台湾有个眼前的军事问题和长远的政治问题。美国不能允许跟莫斯科合作的军队占领台湾,用它来做对付美国的海空军基地。为此美国才采取了军事措施隔离了台湾。他认为,台湾的最终命运有待于日本问题的解决或由联合国来定,美国不能因苏联讹诈

---

① 美国国务院电报摘要,1950年7月14日。
② 美国内阁会议纪要,1950年7月14日。
③ 美国国务院电报摘要,1950年7月28日。
④ 同上档案,1950年8月14日。
⑤ 美国国务院电报摘要,1950年7月13日。
⑥ 英国内阁档案,128/18,内阁备忘录(50)46,1950年7月17日。

而在台湾问题和中国联合国席位问题上让步。艾奇逊表示美国对中国席位一事并未封口，但要等朝鲜局势平稳了再说。贝文说中国已把要解放台湾的意图告知安理会，实施起来可能会引起和美国的敌对冲突。到那时，苏联便可能告到安理会，谴责美国为侵略者。贝文希望杜鲁门能出来说句话，以打消顾虑，并明确表示台湾问题的最终解决是可以研究的，要逐步根据所带来的利弊加以解决。贝文说，英国认为英、美两国都不想看到中国死心塌地与西方敌对。[①] 以上诸点清楚地表明，不论是对台湾问题、对中国在联合国的席位、对中国总的态度，以及对于中苏关系，美国国务院和英国外交部都存在着相当程度的分歧。

美国总统特别助理哈里曼在8月4日建议把中国和朝鲜战争公开联系起来。这一建议在国务院例会上并未获得很多支持者。凯南警告说这么做可要小心。马修斯说他得跟腊斯克商量一下。[②] 但到了8月17日，美国公然对中国进行威胁。国务院指示驻印大使向印度外交部明确表示美国极愿避免冲突扩大，但战火是局限于朝鲜或是向南扩展，要看中共的态度。他们认为中共正在受到莫斯科的压力，如果中国人使冲突变得更凶范围更大，美国将别无他法，只好对攻袭美军的来源处进行报复。如果中国扩大战事甘心为人火中取栗，它那运输系统和为数有限的工业设施将会遭到毁灭，从而推迟中国的现代化。国务院认为中共极有可能不论朝鲜战况如何而在8月进攻台湾。[③]

驻日美军总司令和出兵朝鲜的联合国军总司令麦克阿瑟在1950年8月前往台湾。麦离台后，蒋介石发表声明，谈到美蒋"军事合作"和"共同防御台湾"。加拿大很不满意。外长皮尔

---

① 英国国家档案馆：PREM 档案，8/1405/123162，英联邦事务部致各海外高级专员，1950年7月19日。
② 美国国务卿每日例会，1950年8月4日。
③ 美国国务院电报摘要，1950年8月17日。

逊对艾奇逊说,麦克阿瑟不但是美军总司令,也是联合国军总司令。他质问道,"是谁得了精神分裂症?"皮尔逊把他给艾奇逊的信抄告贝文,表示对于美国决心负起防卫台湾的责任感到担心。他怕朝鲜问题会和中国问题混淆不清,以后在要求联合国批准一项议案时便可能得不到多少支持。①

早在1949年10月,麦克阿瑟就向英国官员加斯考涅和葛量洪说,英、美的经济封锁会使中华人民共和国"窒息而死"。他认为西面的苏联不会给中国多少物资,中国只有跟东边的美、英做生意。他把太平洋当作一个"盎格鲁—萨克逊民族的湖",他们可以随心所欲地去干。关于台湾,他认为它是在托管之下,有待对日和约做出决定。将军的看法是美国政府处理中国的局势从一开始就错了。要是美国开始就手腕强硬,中共早就被打垮了。麦克阿瑟颇有自知之明,说他的建议不会有什么结果。两位英国官员也觉得麦克阿瑟关于中国的主意很难成功。②

英国工党政府不愿把朝鲜战争和台湾连在一起。它认为1950年的台湾在法律上仍是日本的一部分。但它又怕中、美在台湾发生对立,引起战争,危害英国在亚洲的利益。③ 英国内阁在1950年7月4日开会时认为,美国近日在太平洋的行动已增加了对香港的潜在危险。英国不应毫无好处就控制出口物资而得罪中国。④

艾德礼首相8月里在下院明确表示,英国在朝鲜的行动与台湾无关。⑤ 美国为什么要派第七舰队去台湾海峡,把台湾和朝鲜战争连在一起?艾奇逊在1950年7月27日的国家安全委员

---

① PREM档案,8/1408/123163,皮尔逊致艾奇逊,1950年8月15日;皮尔逊致贝文,1950年9月2日。
② 英国外交部档案,371/75773,304,F15700,加斯考涅致德宁,1949年10月9日。
③ 英国内阁档案,129/41,内阁文件(50)156,1950年7月3日。
④ 英国内阁档案,128/18,内阁备忘录(50)42,1950年7月4日。
⑤ 《华盛顿明星报》1950年8月25日,多萝西·汤普森"立此存照"专栏。

会会议上说，"如果不是第七舰队，不管给多少军援和物资也守不住台湾"。① 艾奇逊这番话说明：美国已经改变了自己的战略，从打算放弃台湾和朝鲜转变到要把它们都抓在手里。朝鲜战争的爆发和北军的节节胜利，已使美国对国际形势的估计和冷战政策发生了一次大变化。美国认为共产主义正在亚洲团结一致地对付它，它便从不久前刚采取的设法争取中国、鼓励中、苏分裂的政策立场退回到把中、苏都视为大敌的老路上去了。

美国冷战战略的最大错误之一，是与中国敌对。当时贝文对艾奇逊说，如果当前局势不能得到正确处理，可能会把中国进一步推向苏联。② 比起英国来，美国政府的判断要逊色多了。

中国此时是否要攻打台湾？回答是否定的。中国在1949年便认识到如果没有足够的船只和海空军掩护，台湾是打不下来的，决定推迟解放台湾的时间，待海空军的准备完成后，再发起进攻。朝鲜战争爆发后，中国决定军事重点北移。8月11日，做出了1951年内不打台湾的决定。③ 美国各情报机构在8月17日的一致意见是，中国军队不是在向南而是向北转移。④ 看来这一点没有受到美国决策人的重视。

美国不但对于中国的意图判断错误，也对中国领导人的心态漠然无知。在中国内战期间，中共领导人一直在提防美国的军事干涉。这便是为什么在大军渡江南下时要配置二野、三野两个野战军在东南沿海地区的原因。此后，任何针对中国的军事调动，只会刺激中国增加敌对情绪，而不会使中国屈服后退。

当然，判断上有毛病的不仅是美国人。朝鲜战争爆发时，斯大林盲目乐观。不幸的是他可能不愿去想：美国没有出兵打

---

① 艾奇逊文件，第65盒，1950年7月卷，国家安全委员会会议，1950年7月27日。

② PREM档案，8/1405/123162，英联邦事务部致各海外高级专员，1950年7月19日。

③ 见徐焰：《金门之战（1949—1959）》，北京，1991年。

④ 美国国务院电报摘要，1950年8月17日。

中国内战，不等于不会出兵在朝鲜打到底。民主党政府已"丢掉了"中国，会不会肯再冒"丢掉"南朝鲜的风险？如果美国甩下南朝鲜不管，欧洲的北约还组织得起来吗？

美国积极准备派大军登陆朝鲜半岛，全面介入朝鲜内战。美国驻印度大使在9月5日向印度外交部长表示美国对中国并无偏见，目前的态度是因中共表现敌对并给"侵略朝鲜的军队"以支援。① 美国这个姿态，显然是在仁川登陆前为麻痹中国而佯作的。

西欧对美国在朝鲜的军事行动并不是实心实意地支持，对于中美关系日趋紧张则感到担心。美国国务院在8月中旬通知驻法国和英国的大使，美国公众和国会对盟国袖手旁观让美国去打感到不满，美军地面部队伤亡重大。②

荷兰外交部秘书长布恩对美国大使说，西欧的看法是接纳中华人民共和国进联合国已刻不容缓。布恩还说，虽然美国讲过只要联合国多数票通过接纳，它并不反对，但是它可以通过"幕后施压"而让这事办不成。③

1950年9月，美、英、法三国举行外长会议。贝文在会上说支持蒋介石会得罪亚洲人民，会让中国别无选择只好接受"苏联支配"。但是总起来说，英国政府的态度不如以前明朗。美国国务院在9月15日报告总统，虽然贝文并未答应反对中国进联合国，但与会的三国外长同意，如果不能做到让中国席位问题一开始就由联合国大会讨论，他们将支持对接纳争夺席位者的标准进行审查，中国的席位问题将根据中国的表现而定。外长们同意美国建议，由联合国成立一个委员会来调查对侵略台湾的控告，同时决定西方国家将反对中国出席安理会。④

---

① 美国国务院电报摘要，1950年8月5日。
② 同上档案，1950年8月14日。
③ 同上档案，1950年9月7日。
④ 同上档案，1950年9月15日。

9月15日，麦克阿瑟指挥的美军在仁川登陆，并在9月28日切断了深入南部作战的北朝鲜军队的后路。美军仁川登陆成功后，下一步便是往北越过"三八线"。美国首先想稳住中国。它要求印度告诉中国，千万不要参与在朝鲜的战争。美国希望印度作为自己的意见去说，印度照此办了。① 国家安全委员会在登陆前不久的一次会议上决定，"往北越过'三八线'的计划是以苏、中不用大规模军队进行干涉为前提的"。②

　　美国国务院于9月21日向总统报告，在印度驻华大使潘尼迦看来，朝鲜事态的发展将使中国认识到苏联政策的弱点，因此他们将在"倒向苏联一边"的同时走自己的路。印度大使认为，中国并非苏联的卫星国，其趋向是不接受苏联的政治领导。③ 杜鲁门在9月26日又接到报告说，英国驻莫斯科大使认为苏联主要只是在宣传上下工夫，也可能会在别的地方寻衅以分散西方的注意力，但不会为找回面子和消除威胁而打一场总体战。④ 以后事态的发展证明，两位大使的话不幸而言中了。当杜鲁门在审度是否越过"三八线"时，关于苏联态度的情报无疑是会起作用的。

　　早在8月21日，凯南就上书劝谏，建议美国把政策目标定为尽快以最佳的条件结束在亚洲的参与，他说"我们并无必要一定得看到一个反苏的朝鲜政权永久地扩展到全朝鲜"。其理由是美国"并无力使朝鲜永远置身于苏联轨道之外"。⑤ 然而这时凯南已经坐上了冷板凳，他离开了国务院政策研究室主任的职位，只是在朝鲜战争爆发后被召回来"顾问顾问"。他的意见未被采纳。

---

① 美国国务院电报摘要，1950年9月18日。
② 总统秘书档案，第220盒，1950年9月卷，1950年9月8日。
③ 美国国务院电报摘要，1950年9月21日。
④ 同上档案，1950年9月26日。
⑤ 艾奇逊文件，第65盒，1950年8月卷。

英国首相艾德礼担心北进会激怒中国。他在9月26日说，"中国政府很可能认为跨过'三八线'是挑衅性的，甚至是对中国安全的直接挑战"。①

但是，到了此时，美国政府已经冲昏头脑，以为全面胜利在望，都听不进去了。国务院在9月29日时已在和总统商量在全朝鲜大选的事，它建议"在南方和北方都要推迟到人们心中的战争创伤愈合后……"再举行。②调子是再有把握不过了。

10月3日，国务院报告总统，周恩来对潘尼迦说，南朝鲜军队越过"三八线"中国不出兵，如果联合国军过线，中国不能置之不理。与此同时，荷兰外交大臣斯蒂格对美国大使馆说，根据"绝对可靠的消息，中国正在准备一项重大的军事行动"。他说有情报说有人在增加"金鸡纳霜（奎宁）的储备"，这"表明远东有战争了"。③

杜鲁门当局表面佯作镇静。第二天，国务院指示驻印大使转告印度政府，"中共这一说法在法律上和道义上都站不住，是对联合国意愿的藐视"。这时，荷兰外交部又通报美国大使馆说，荷兰驻北京代办认为中国不想打仗，但如美军越过"三八线"，深入北方，则中国可能会在"情急时"采取行动。④

英国外交部高级官员梅金斯于10月3日从东京和北京报告艾德礼首相，麦克阿瑟认为中国的反应是吓唬人。梅金斯说中国在东北有40万军队，其中10万人可以随时出动，"要是他们还未出动的话"。⑤

美国军方则并没有高枕无忧。他们在积极准备迎战中国人。

---

① PREM 档案，8/1405/123162，首相私人电报，顺序号，T156/50，1950年9月26日。
② 美国国务院电报摘要，1950年9月29日。
③ 同上档案，1950年10月3日。
④ 美国国务院电报摘要，1950年10月4日。
⑤ PREM 档案，8/1405/123162，首相/50/梅金斯/61，梅金斯致首相："朝鲜战况。"

10月7日，国防部副部长洛维特起草了一份给麦克阿瑟的指示，送交总统批准。洛维特在签呈中说，过去的文件未曾说明当中国不加宣布便入朝干涉时麦克阿瑟应如何处置。这个新的指示说，"今后凡在朝鲜遇到未经宣布而公开或秘密作战的大股中共部队，你应根据自己的判断，在有相当把握取胜的情况下，继续作战。但不论出现任何情况，都必须得到华盛顿授权方得对中国境内目标采取军事行动"。总统在10月8日批准了这一指示。① 美国国务院指示驻印大使馆通报印度政府：现在的问题已不是中国是否想参与朝鲜冲突而是参与的程度。中国政府的说法是想在此紧要关头让印度和其他联合国成员国动摇，而让北朝鲜部队在"三八线"以北重组起来，这只会使他们更加藐视联合国并使朝鲜的统一更为困难。②

虽然美国下定决心要越过"三八线"，但仍想在最后一刻阻止中国军事干涉。国务院指示驻印大使汉德森设法通过印度政府会见中国大使向他说明美国不想跟中国打仗，因为这将是世界，特别是中国人的悲剧；联合国的军事行动对朝鲜的邻国并不构成威胁；美国不想在朝鲜建立基地或具有其他特殊地位；至于中共指责美国轰炸中国的事，美国准备接受中立国调查和对损失做出评估。③

中国当然不会听这一套。

中国一直没有对朝鲜的局势掉以轻心。当7月7日安理会决定在朝鲜建立联合国军司令部那天，中共中央军委决定组织东北边防军。7月13日命令东北边防军以十三兵团为基础，任命十五兵团司令员邓华为十三兵团兼东北边防军司令员，下辖四个军和三个炮兵师，共25.5万人。

8月5日，东北边防军接到指示，要准备于9月上旬作战。

---

① 艾尔斯文件，第8盒，洛维特致杜鲁门，1950年10月7日。
② 美国国务院电报摘要，1950年10月5日。
③ 同上。

中国军队总参谋部和外交部从8月15日起连天召开会议，讨论朝鲜局势。会议认为美国一定会很快反扑。总参谋部作战室又根据朝鲜战场的态势进行图上模拟对抗演习。对演习结果的分析表明，美军下一步可能会在北方部队侧后的六个港口之一登陆，其中以仁川可能性最大。8月23日，毛泽东、周恩来听取了汇报。就在这一天，麦克阿瑟作出了在仁川登陆的决定。①

8月31日，东北边防军分析了美军的意图。认为美军一定会在北方军队侧后登陆北进或前后夹击在南方的北方军队。②

9月15日美军在仁川登陆后，金日成派内务相朴一禹到中国安东（丹东）东北边防军司令部代表北朝鲜要求中国出兵支援。③

10月1日，北朝鲜外务相朴宪永携金日成给毛泽东的信抵北京直接向毛泽东、周恩来要求中国出兵。当天深夜，金日成在平壤紧急召见中国大使倪志亮、政务参赞柴成文，要求中国尽快出兵支援朝鲜作战。④

10月1日，中共中央领导核心开会讨论援朝问题。以后政治局成员及有关方面领导人陆续到会，使会议不断扩大。10月2日，中共中央做出了派志愿军抗美援朝的决定，并将此决定通知了斯大林。为了在最后关头避免中、美交战，周恩来于当天深夜约见印度大使潘尼迦，请他转请尼赫鲁总理告知美、英政府，希望和平解决朝鲜问题，但如美军越过"三八线"，中国不能坐视不顾。这一建议未能获得美方的响应。中央会议一直开到10月5日。决定任命彭德怀为中国人民志愿军司令员，率军

---

① 徐焰：《第一次较量》，北京，1990年，第18—19页。
② 同上书，第19—20页。
③ 洪学智：《抗美援朝战争回忆》，北京，1990年，第8—9页。
④ 同上书，第14—15页；柴成文、赵勇田：《抗美援朝纪实》，北京，1987年，第55页。

抗美援朝。①

10月7日，联大通过了"统一"朝鲜的决议。

10月8日，毛泽东下令由东北边防军改组成的中国人民志愿军，"迅即向朝鲜境内出动"。②

10月9日，美军果然越过了"三八线"北进。

在这个关键时刻，朝鲜北方的好朋友，刚跟中国签署了友好互助同盟条约的苏联怎样动作？

美军在仁川登陆之后，北朝鲜部队大部被截在汉江一线以南，与北方的通道被切断，眼看北朝鲜就要遇到大难。此时苏联并无意出兵抵挡美军北进。后来斯大林对周恩来说，如果中国不出兵，金日成同志只好来中国东北建立流亡政府；大有撒手不管之意。③

在此期间，中、苏曾就朝鲜战争问题进行磋商。苏联答应，如中国出兵，他们将派空军支援中国地面部队在朝鲜作战。但是，当中国在10月2日通报斯大林说决定派志愿军赴朝作战后，苏联突然改变主意，说是空军尚未准备好，暂缓出动。中国派周恩来、林彪于10月8日去苏联交涉，斯大林坚持不出空军。毛泽东闻讯后十分激动。他说我们也未准备好，有的部队连冬服也没有。他在10月12日下令志愿军暂停出动。10月13日，中央政治局再次开会商讨出兵问题。最后决定不管苏联空军出动与否，志愿军还是应入朝作战。斯大林接到通知后，不禁潸然泪下。④

中国领导人对于苏联不肯出空军的解释是：斯大林怕中国打不过美国，一旦打败了，苏联就会牵连其内，可能导致苏、

---

① 彭德怀：《彭德怀自述》，北京，1981年，第257—258页。
② 《抗美援朝战争回忆》，第15页。
③ 1964年4月16日陈毅谈话记录，见姚旭：《从鸭绿江到板门店》，北京，1985年，第22页；《第一次较量》，第22页。
④ 《从鸭绿江到板门店》，第22页；《抗美援朝战争回忆》，第24—27页。

美之间的直接冲突，甚至第三次世界大战。①

在这当口，苏联不但没有出动空军，而且向美国频送"秋波"。美国国务院在10月20日报告总统，驻苏大使馆认为：苏联未公开出兵，它关于美机扫射苏联机场的照会口气温和；以及它在联合国的"合作"态度，可能是美国遏制政策产生的短期效果。②

朝鲜战争美国和联合国军总司令麦克阿瑟对于中国横下一条心全力抗美援朝的决策全然不知，或是不予理睬。他在10月9日发表声明要求北方军队停止抵抗，否则他的军队将立即进攻，以执行联合国决议，也就是占领朝鲜全境。

10月14日，麦克阿瑟总部声明说，中共领导人近日来所说拟出兵朝鲜等语不过只在外交上吓唬人而已。

10月15日，美国总统杜鲁门与麦克阿瑟在太平洋威克岛开会。麦克阿瑟满怀信心地告诉总统：中国不会出兵。

事实恰恰相反。彭德怀司令员于10月19日轻车简从跨过鸭绿江入朝，以便及早与正在北撤的金日成会晤。当天傍晚，志愿大军正式开进朝鲜，开始了为期两年零九个月的抗美援朝战争。

1950年10月25日，志愿军正式打响了在朝的第一仗。40军118师全歼了南朝鲜6师1个步兵营和1个炮兵中队。③从此，10月25日成了中国人民的抗美援朝战争纪念日。

在此之前，南朝鲜首脑李承晚还在做即将武力统一朝鲜的美梦。他在杜鲁门—麦克阿瑟威克岛会议后，曾数次向美国大使提出他在北方的权力问题。④

---

① 《抗美援朝战争回忆》，第25—26页。
② 美国国务院电报摘要，1950年10月20日。
③ 军事科学院军史部：《中国人民志愿军抗美援朝战史》（下简称《抗美援朝战史》），北京，1988年，第26页。
④ 美国国务院电报摘要，1950年10月23日。

美国国务院也深信中国不会出兵。它在10月23日向总统报告，印度政府显然因为它关于中国要出兵的警告毫无根据而感到困窘；印度外交部秘书长对中国极为愤怒，因为它对于"三八线"的态度使印度上了当，被苏、中所摆布而为他们火中取栗。①

11月1日，志愿军第39军包围和歼灭了美军第1骑兵师第8团大部和南朝鲜第15团。战斗结束后，志愿军释放了27名美国战俘，73名南朝鲜战俘，对他们说因食品不足，志愿军将撤回国去。这样做是为了迎合麦克阿瑟的心理状态，诱使他犯更大的错误。②

到了11月6日，美国政府仍搞不清中国军事卷入的详细情况，无法对局势作出令人满意的估计，然而可以肯定的是，中国已大规模地进行了军事干涉，而且也无理由认为不会再扩大。美国要求召开安理会特别会议，把战争局限在朝鲜境内。军方要求轰炸安东的鸭绿江桥，国务院反对这样做。杜鲁门说他"在严重和直接威胁我军安全而有必要时，将批准这一行动"。③

美国政府企图把中国打成"侵略者"，在联合国提出所谓"中国侵略朝鲜案"。但是美国国务院的态度十分审慎。11月14日，美国国务院指示驻联合国大使奥斯汀在联合国争取达到美国目的时要小心从事，因为中国的最终意图还不清楚，朝鲜的战况也不明朗。美国的目的包括：使战争局部化，中国撤兵，避免发生世界大战和中国与美国及联合国之间的全面战争及其带来的后果；当局势恶化时能取得最大可能的国际支持；按联合国10月1日决议最终解决朝鲜问题。国务院认为，美国最高国家利益不允许在联合国给中国戴上"侵略者"的帽子。国务院还指示部分驻外大使跟驻在国讨论因中国东北成为避难所而

---

① 美国国务院电报摘要，1950年10月23日。
② 《抗美援朝纪实》，第22页；《从鸭绿江到板门店》，第39页。
③ 艾奇逊文件，第65盒，1950年11月卷，1950年11月6日。

对朝鲜美军造成严重威胁的问题。也许有必要及早准许联合国军飞机在鸭绿江上空作战,甚至对来攻的敌机进行穷追而进入东北地区飞行二三分钟时间。①

然而,美国的种种考虑,并未得到其他国家的有力响应。一个星期以前,英国就对形势十分担心,贝文对美国大使表达了他的"个人意见"。他说,中国已深深卷入朝鲜、如果在解决朝鲜问题时没有相当的发言权,它是不会干的。贝文也怕朝鲜战争会需要西方国家的大量资源,从而影响欧洲防御计划。② 对于穷追的打算,荷兰外相斯蒂格对于美机在邻近中国东北上空作战可能带来的后果感到十分关切,他质问这个决定是由美国还是由联合国作出的?法国外交部一位高级官员认为,这个决定是由麦克阿瑟自己做出的。③

中国也向联合国提出了"美国侵略中国案"。联合国决定在讨论有关中国提案时邀请中国出席。中国政府决定派伍修权为特别代表出席联合国会议。

印度驻华大使潘尼迦在11月23日会见中国副外长章汉夫。大使说英国的态度有了变化。贝文说英国政府承认中国在朝鲜的利益,并说在中国代表团抵达当时联合国会址成功湖以后,跟英国代表团商讨朝鲜问题。潘尼迦说印度政府认为上述两点意见可以成为磋商的开始。他说印度的主张是,如果没有中华人民共和国参加,安理会不得讨论朝鲜问题。④

在潘尼迦会见章汉夫的前一天,美国国务院报告总统说,它已指示驻伦敦的代办以最强硬的口气告诉贝文,如果英国代表杰伯在联合国提出在朝鲜北方建立非军事区,那将极为有害,它将使麦克阿瑟和他的部队感到不知如何是好。它会成为一种

---

① 美国国务院电报摘要,1950年11月14日。
② 同上档案,1950年11月7日。
③ 同上档案,1950年11月14日。
④ 《抗美援朝纪实》,第65页。

事先的允诺，使中国代表在到达联合国后可以讨价还价。它将造成严重的军事问题和迄今尚深浅难卜的危险。美国认为，在知晓即将发动的攻势的结果前，无法确定这盘棋究竟如何走法。① 美国政府这时把赌注下在麦克阿瑟北进的攻势上，它不能允许有一个非军事区来妨碍麦克作战。到头来是美国自己失去了讨价还价的机会。

英国政府答应在中国代表到达联合国前不提出它的提案。同时，也有一种谅解：指责中国的六国提案也不在此以前付诸表决。② 贝文又说，他的态度被误解了。他"不想砸锅"。他还通过英国驻美大使给美国捎去一个绝密的信息：英国下院担心麦克阿瑟可能会使在朝鲜的联合国军跟中国军队发生大规模冲突。贝文认为有必要保证麦克阿瑟所追求的不多不少正好是联合国的目标；给麦克阿瑟下命令要经过恰当的磋商；最后，麦克阿瑟必须在名义上和实际上都只不过是联合国的代理人。贝文要求凡属超过授权的行动必须事先跟提供部队的安理会成员国进行秘密磋商，美国必须指示麦克阿瑟在这些国家表示同意前不得采取上述行动。③

11月24日，麦克阿瑟根据联合国和美国参谋长联席会议授权，命令他的部队发动全面攻势以结束朝鲜战争。他认为在圣诞节前能完成这一任务。但是将军估计错误，盲目自信，结果害了自己。他的致命错误是在两支北进部队之间留下了一个大空当。

在麦克阿瑟发动攻势前，彭德怀发现敌军两支部队间的空隙加宽，使西线敌军陷于孤立。他又发现西线敌军的弱点在南朝鲜第7师和第8师。11月22日，彭命令38军和42军歼灭这

---

① 美国国务院电报摘要，1950年11月22日。
② 同上档案，1950年11月24日。
③ 同上档案，1950年11月27日。

两师南方军队伍，而麦克阿瑟还蒙在鼓里。①

志愿军插进了空隙，击溃了南朝鲜第7师和第8师。联合国军全线崩溃，于12月3日转身南撤。②

就在这个时候，中国代表伍修权到达成功湖，于11月27日出席联大政委会讨论美国侵略中国问题的会议。第二天，他在安理会作了长篇发言控诉美国侵略中国领土台湾和武装干涉朝鲜。

也在这一天，麦克阿瑟终于向联合国报告，有组织的中国军队20万人正在朝鲜列阵与联合国军作战，这里是一场全新的战争。麦克阿瑟被搞得晕头转向，他说这一情况带来的问题已超出了他的军事指挥权，要求进行政治解决。③ 这大概是这员老将自从1942年逃离菲律宾之后最感才疏力薄的时刻了。

杜鲁门当然不肯善罢干休。他在1950年11月30日发表声明，提及可能要在朝鲜战场使用原子弹。国务院替他起草的声明稿本无这一内容。白宫人员改写了这一文件。在改写提纲上，有"原子能委员会"的字样，杜鲁门的声明文本便是按这个提纲写成的。④ 总统的声明引起了各方面的猜疑。其中最为担忧的是英国首相艾德礼，他匆匆飞到华盛顿与杜鲁门会谈。一谈三天，也未曾涉及原子弹。最后一天，英、美首脑进行了半小时单独谈话，谈话后两人微笑着走出了会议室。英国大使弗朗克斯和美国国务院官员拟出了一份使杜鲁门和艾德礼都满意的会谈公报，使他俩可以分别向本国议会说已达到了自己的目的。⑤ 民主党的头面人物巴鲁克在12月2日说应当吓唬艾德礼一下，就讲要用原子弹了，这样就可以使他在欧洲让点儿步。国务卿

---

① 《抗美援朝战史》，第50—51页。
② 同上书，第67页。
③ 英国内阁档案，128/18，内阁备忘录（50）78，1950年11月29日。
④ 埃尔西文件，第72盒，1950年11月30日朝鲜声明卷。
⑤ 谢菲尔德勋爵，即罗杰·梅金斯爵士，1987年10月在伦敦与作者的谈话。这段文字经勋爵本人订正过。

艾奇逊听了这话未置可否。①

说到底，那时谁也不知原子弹在打仗时用起来究竟管不管事。12月1日，杜鲁门召集内阁开会，会上有一番饶有趣味的对话：

巴克利副总统：用原子弹杀伤军队究竟管多大事？

马歇尔国防部长：我真不知答不答得出来。

杜鲁门总统：副总统是想知道在战场上管多大事。

马歇尔：我没法回答这个问题。②

英、美两国首脑对于会谈结果各有各的解释。艾德礼回国后说，会谈"作出了严格的规定使美国不得自行其是使用原子弹"。艾奇逊则不肯对此问题发表意见，并请总统也这样做。③

由于原子弹问题的严肃性，马歇尔于12月16日向杜鲁门书面建议，把今后军队对原子武器（包括核与非核的部件在内）的需求问题交给国家安全委员会的原子能特别委员会处理。④ 共和党也怕杜鲁门不经国会同意而使用原子弹。范登堡参议员曾查询关于使用原子弹的立法，其结果是原子能法案并未授予国会以决定权，总统有权决定是否使用。⑤

研究杜鲁门1950年11月30日声明的起草过程，还揭示了两件有趣的事。国务院起草的声明稿中提到俄国是中国人民的"传统敌人"，看来是仍不放弃艾奇逊一贯主张离间中、苏的做法。但这句话被白宫在改写时删去了。第二件事是国务院起草稿中说"此刻战场情况必定是胜负难卜"，又说"我军可能如过去遇到过的那样暂时受挫"。参谋长联席会议主席布雷德利把

---

① 艾奇逊文件，第65盒，1950年12月卷。
② 埃尔西文件，第73盒，埃尔西手做内阁会议记录，1950年12月1日上午10时。
③ 机密档案，第4盒，陆军，1945—1949年，原子弹卷宗，《华盛顿邮报》，1950年，12月14日载美联社13日报道；同卷宗，韦伯致杜鲁门备忘录。
④ 同上档案，马歇尔致杜鲁门，1950年12月16日。
⑤ 威尔考克斯文件，威尔考克斯致范登堡，1951年1月30日。

"必定"和"暂时"从草稿中删去，看来他对战争前景并不乐观。①

1950年12月初，几个欧洲国家表明它们强烈反对在朝鲜扩大战火。②与此同时，美国政府部际委员会通过了一份文件："苏联在当前局势下的意图"，艾奇逊在12月2日拿着它去向杜鲁门汇报。文件的主要内容是：

1. 中国了解中、美有打大战的危险并已准备应付这一局面。但是苏联也一定许诺了给以援助，否则中国不会冒此风险。

2. 苏联将可能继续向中国军队作战提供物资、技术人员必要时甚至"志愿"部队；提供飞机、高射炮及熟练人员；如美国对中国领土发动大规模进攻，苏联按照条约规定公开对中国进行军事支援。

3. 苏联了解有全球大战的危险并准备应付它。但现有情报搞不准苏联是否打算现在就触发全球大战。

4. 设若苏联不想触发全球大战，它一定估计到如中、美在朝鲜的战斗演变成为两国大战将会给苏联带来以下好处：在朝鲜吸引美国及盟国大批有生力量以进行消耗和遏制；利用亚洲问题要比欧洲的更易于在美国与盟国间制造不和；破坏联合国在朝鲜战争开始后所具有的团结；为北约防务制造障碍；加速达到共产主义在朝鲜和东南亚的目标。③

鉴于美军在朝鲜战场上处境不妙，杜鲁门于1950年12月中旬准备宣布全国进行紧急状态，实行总动员。艾奇逊在内阁会议上说有必要加速发展战时经济。④

此时艾奇逊还报告内阁会议：联合国准备召开会议促成在朝鲜停火。中国表示如果美军撤出朝鲜，它将同意开会。杜鲁

---

① 埃尔西文件，第72盒，1950年11月30日朝鲜声明卷。
② 同上档案，第77盒，朝鲜杂事卷。
③ 艾奇逊文件，第20盒，苏联意图，1950年12月。
④ 美国内阁会议纪要，1950年12月12日。

门说他不同意联合国的计划。①

抗日战争时期的"飞虎队"队长陈纳德这时出来献计。波伊金众议员写信给国家安全委员会执行秘书索尔斯少将,推荐陈纳德提出的解决朝鲜战争问题方案。这个方案的要点为:向中国发出最后通牒,限令中国军队在72小时内回撤。如中国不照办,美国就不管其他联合国成员国是否同意协助而自己单干。美国将放国民党军队出笼,"解放"中国。美国还将在朝鲜和中国东北扔原子弹。陈纳德建议任命麦克阿瑟和魏德迈来干这件事。上述主意和杜鲁门当局不在中国大陆打仗的既定政策相去甚远,因而未被接受。②

在此期间前总统胡佛发表了一篇主张孤立主义的演说。杜鲁门指示国务院在向国会回答为何不按孤立主义原则办事时,要说明撤销美国在欧亚大陆及远东所承担的义务,将会让苏联全盘控制这一地区。美国奉行的政策是经国家安全委员会和总统批准的,这是1946年以来演变而成的。这一点十分需要让本国和全世界都清楚才行。③ 显然,当国际风向转变时美国政府正在受到国内外巨大的压力。

在中国方面,志愿军打过头两次战役之后,于12月下旬到达了"三八线"附近。毛泽东认为这场战争会很快解决,当然也不排除拖长的可能。有多长呢?毛在1950年12月4日估计,得准备再打一年。他说只有美国承认必须撤出朝鲜,并在实际上撤过了"三八线",停战谈判才能开始。④

这个估计显然轻松了些。顶多再打一年和让美军撤出朝鲜可能是鱼和熊掌不可兼得的事情。彭德怀则要冷静些,他说头两次战役后敌军从进攻变为防守,战线缩短了。在政治上,放

---

① 美国内阁会议纪要,1950年12月15日。
② 索尔斯文件,波伊金致索尔斯,1950年12月12日。
③ 美国内阁会议纪要,1950年12月22日。
④ 《抗美援朝战史》,第76—77页。

弃朝鲜也不利于美国，英、法也不会同意它这么干。而志愿军面临严冬，部队的思想也有个转变过程，因此第三次战役最好不要打过"三八线"，推迟到第二年春天再过去。毛泽东否决了彭德怀的意见。① 毛在12月13日指示彭德怀，当前美、英和其他国家正在要求朝、中军队停止在"三八线"以北，以利其调整和再战。志愿军必须越过"三八线"，否则在政治上也是不明智的。② 周恩来在12月11日向潘尼迦大使说明，由于美军越过了"三八线"，"三八线"早已不复存在了。

第三次战役从1950年12月30日打到1951年1月8日，打到了北纬37°附近。彭德怀命令部队停止前进。彭认为联合国军正想诱中、朝部队深入南方，以便围而歼之。③

这时，半路里杀出个程咬金来，要求中、朝部队不停顿地向南推进。此人便是苏联驻北朝鲜大使什蒂柯夫。在第二次战役后，苏联大使对彭德怀指挥工作的评论是：这种打法在世界上从未见过。他说美军正在迅速奔逃，因此我军必须迅速前进。彭德怀将此事报告了毛泽东，并说在两次胜利之后各方面都滋长了速胜和盲目乐观情绪。他认为战争将是持久的，志愿军应谨慎从事。毛泽东复电同意，并说斯大林认为志愿军的指挥是正确的。他批评了许多错误的评论，也了解在朝鲜作战的困难。他要再提供2000辆卡车以解决你的困难。后来，在第三次战役时什蒂柯夫要彭德怀把"敌人赶下海去"，受到彭的抵制。不久这位大使被召回了。苏联大使的观点在中国不是没有共鸣的。1951年1月4日《人民日报》发表社论，也要求把美国军队"赶下海去"。彭德怀曾感叹道，"要把那么多装备精良的敌人

---

① 《抗美援朝战史》，第69页。
② 同上书，第77页。
③ 同上书，第89—90页。

一下子赶下了海，能赶得下去吗？"①

对中国来说，1950年底和1951年初是个值得认真回顾的关键时期。有的军事史学家认为，从军事上看，第三次战役后应当谨慎，不应继续南进。② 我们从外交上看，在第二次战役结束后，是否有可能不过"三八线"，而以"三八线"为外交武器呢？在这里，重要的是指导思想。如果将"把敌人赶下海"作为战争的目标，就不能不产生事与愿违的后果。

1951年初，苏联向美国发出一个重要的信号：苏联不会在朝鲜打仗。苏联驻东京代表团的联络主任跟美国代表讲，苏联没有军事人员在朝鲜作战，今后也不会有。③ 但如美军越过苏联边界，苏军将全力投入战斗。这个信号之所以重要，因为还涉及另外一个问题：如果美军越过了中国边境，苏军会不会按照条约义务投入战斗？

英国联合情报委员会在此刻认为，如果中国跟美国或联合国正式打起仗来，苏联是不会管的。但英国参谋长会议的看法是苏联干预不是不可能。不过参谋长会议又说联情委员会的结论实际上是说别人奈何不了中国。美、中交战就像鲸鱼和大象厮打，谁也伤不了对方多少。可是中国间接给美国和联合国，特别是给英、法造成的伤害，要比反过来大得多。英国参谋长会议认为，即便苏联不干预，如跟中国正式公开交战，也会让西方受到致命的失败。④ 美国政府则认为"只有傻瓜才会在碰都没碰共产主义世界的核心的情况下跟中国发生全面对抗"。⑤ 艾德礼在1951年1月8日致信杜鲁门，对朝鲜局势深表担心。他说根据艾奇逊当天向贝文讲的情况，"美国政府可能想以对中国

---

① 见《第一次较量》，第62—67页；《从鸭绿江到板门店》，第47—48、55页；《抗美援朝战争回忆》，第110页。
② 见《第一次较量》，第68—70页。
③ 美国国务院电报摘要，1951年1月2日。
④ PREM档案，8/1408/123163，首相备忘录（51）123163，1951年1月6日。
⑤ 美国国务院电报摘要，1951年1月4日。

进行有限军事行动的政策来取代把冲突局限在朝鲜的政策"。艾德礼说不要忘记主要敌人是苏联，对中国进行不必要的挑衅是不明智的。他还说，"我们反对在联合国谴责中国为侵略者"。杜鲁门回信说如果中国扩大战火，"我们的愿望及意图就可能会得不到满足"。他说主要关心的是集体措施原则，他对和平解决敞开每一扇大门，但绝不在侵略面前退缩。①

艾奇逊这时对内阁成员们讲，要联合国把中国打成"侵略者"可是个微妙的问题。英国基本上跟着美国走，但不肯痛快地答应这么干。② 为了打消盟友们的顾虑，美国在1951年1月中旬以绝密件通知英、法两国，它已设法直接和通过间接途径跟中国代表团接触。英国驻联合国代表杰伯和法国代表肖维尔都说，如果此事能及早公布，将是对英、法两国政府极大的帮助。③

与此同时，美国国务院于1月15日报告内阁，在过去三周里，美国设法联合大家在联合国把中国打成侵略者，但一直无法争取到多数。④ 为了说服其他国家，美国向这些国家的政府保证，如果联合国把中国打成侵略者，并不等于授权将一场大战扩展到中国大陆，也不等于准许轰炸中国。但美国保留轰炸袭击苏军的空军基地——中国东北的机场的权利。⑤

艾奇逊对于英国的态度很不满意。他在1月23日对国务院高级官员们说，他考虑美、英两国在朝鲜问题上会不会距离太大。大家都认为他该与英国大使弗朗克斯谈谈。⑥ 实际上，弗朗克斯本人在两天前就在给贝文的电报里讲到，杜鲁门当局正受

---

① PREM 档案，8/1438，艾德礼致杜鲁门，1951年1月8日；杜鲁门致艾德礼，1月12日。
② 美国内阁会议纪要，1951年1月5日。
③ 美国国务院电报摘要，1951年1月19日。
④ 美国内阁会议纪要，1951年1月15日。
⑤ 美国国务院电报摘要，1951年1月22日。
⑥ 美国国务卿每日例会，1951年1月23日。

到舆论和国会的强大压力，逼它宣布中国为侵略者。它本身既有同感，也无法阻止或推迟这一行动，因为它怕被指责为对共产党不够强硬。大使说如果联合国不把中国打成侵略者，美国公众就会对联合国失去信心，这样就将影响英国跟亚洲，特别是跟印度的关系。①

联合国大会在2月1日通过决议，把中华人民共和国打成"侵略者"。第二天，艾奇逊向内阁报告大功告成。南斯拉夫总统对来访的美国助理国务卿帕金斯说，就他对苏联人心理的了解，他不认为苏联会做出任何要被世界舆论指责为侵略者的事。②

美国纠集多数在联合国把中国打成"侵略者"实在毫无道理。朝鲜属于全体朝鲜人，总不能说朝鲜人打内战是谁侵略谁吧？联合国站在南朝鲜一边。中国站在北朝鲜一边，是应北朝鲜政府的请求而出兵的。时过40年，中国在联合国的席位也早已恢复。但是历史经验表明：国与国之间的关系，除非是逼上梁山，从长远来看走极端是弊大于利的。

其实，美国的西方盟国跟着这样干，实在是很勉强的。正如弗朗克斯大使所说，如果不照美国的要求把中国打成侵略者，美国会认为英国"欺软怕硬"，这样就会严重影响跟美国的全面关系。③

把中国打成了"侵略者"，并不能解决美国所面对的难题。在国会两院远东小组委员会的联席会上，国务院的腊斯克摆出了美国处理朝鲜战争问题的五种可能的做法：

1. 武力统一朝鲜。
2. 美国从朝鲜撤军。

---

① PREM 档案，8/1405/123162，弗朗克斯致贝文，第208号电报，1951年1月21日。
② 美国国务院电报摘要，1951年2月15日。
③ PREM 档案，8/1405/123162。

3. 军事上僵持不下，实行临时停火。

4. 一个总的解决办法，各国都撤军。

5. 不管利用或不利用蒋介石的部队，对大陆发动牵制性进攻。

与会者对这个问题讨论了一番，毫无结果而散。①

美国陷入了两难境地：既要打赢志愿军，又不能把战火扩大到中国。国务院政策研究室主任尼采对同事说，美国在远东的首要目标是：不在中国大陆打仗。这就要求把战争局限在朝鲜，而且要小心别做会使美国跟中国在别处发生公开军事冲突的事情。②

这并不是说，美国政府就全然不考虑进攻大陆了。

1951年1月17日的美国国家安全委员会第80次会议决定，参谋长联席会议应提出报告，探讨如用蒋军攻打大陆在军事上有何效果，报告还应包括如这样做了对于台湾防务有何影响。③

这时，美国国防部和国务院之间分歧甚大。国家安全委员会难以进行协调。执行秘书莱伊去找艾奇逊，艾奇逊说两部门应事先商量拿出一致意见。④ 国防部副部长洛维特在2月初找艾奇逊谈此事，他强调得找个像哈里曼那样的有劲头、有主意、有威信、能领导的人来主持国家安全委员会。艾奇逊说要是提名让哈里曼干了，人家"可能会提此人为人怎样的问题"。⑤ 显然，艾奇逊在麦卡锡主义的围攻下，正在失势。同时也说明，艾奇逊不愿让哈里曼来出头。杜鲁门手下这两员干将不论在背景、性格和对世事的看法上都有很大差异。深入研究这种差异，将会有助于了解杜鲁门时期的美国外交的决策过程。

---

① 威尔考克斯日记，1951年2月5日。
② 威尔考克斯日记，1951年2月9日。
③ 总统秘书档案，第211盒，国家安全委员会第80次会议，1951年1月17日。
④ 艾奇逊文件，第66盒，卢休斯·巴特尔备忘录（索尔斯少将阅）。
⑤ 电话记录，卢休斯·巴特尔记，1951年2月5日。

1951年1月10日，金日成再次会见彭德怀。彭向他谈了过去三次战役的伤亡情况和后勤供应的困难。彭说部队亟须休整，敌军兵力还有20多万，我军宜于在现有开阔的战线上作战，而不宜南进至狭窄的釜山地区。金日成表示同意。①

金日成是在朝中联合司令部所在地跟彭德怀会晤的。1950年12月4日，两国决定建立联合司令部，指挥一切有关作战和前线的活动。彭德怀任司令员兼政委，邓华和朝鲜的金雄为副司令员，朴一禹为副政委。②

中国政府在1951年1月14日通报金日成，中国不同意美、英等国所提的先停火后谈判的建议。中国建议中、苏、美、英、法、印度和埃及诸国在中国开会讨论从朝鲜撤出一切外国军队，让朝鲜人自己解决问题。中国还建议讨论美国从台湾海峡撤军和有关远东的其他问题，中国在联合国的席位应在会议开始之日恢复。金日成同意中国政府的意见。③

1951年3月1日，毛泽东改变了认为朝鲜战争只要再打一年的看法。在此以前他提出今后中国军队轮番到朝鲜作战。最后的决定是分三批轮换。④

接着，1951年4月11日，麦克阿瑟被解除了一切职务，他在远东和朝鲜的职位由李奇微继任。临阵换将，兵家大忌。如果不是十分必要，美国政府不会这样做。关于麦克阿瑟被解职的原因，众说纷纭。英国内阁当然欢迎麦克阿瑟被炒了鱿鱼，但是也说了句公道话：麦克阿瑟"实际上并未超越联合国给他的指示中所规定的范围"。⑤另外，也应指出，弄清中国会不会出兵是联邦政府而不是战区司令官的任务，总统就这点指责麦

---

① 《抗美援朝纪实》，第74—75页。
② 《抗美援朝战史》，第81页；《抗美援朝战争回忆》，第101页。
③ 《抗美援朝纪实》，第76页。
④ 同上书，第79页。
⑤ 英国内阁档案，128/18，内阁备忘录（50）71，1950年12月4日。

克阿瑟，是推诿自己的责任。在一切加在麦克阿瑟头上的罪名中，真正最大的一条是吃了败仗。胜者王侯败者寇，败军之将不言勇；麦克阿瑟只得卷铺盖走人。他回国后曾在国会和舆论界折腾一通，最后只好不了了之。

虽然中国被打成了"侵略者"，英国政府还是继续同意恢复中国在联合国的席位。艾奇逊在1951年2月23日发给贝文一封私人电报，要求贝文授权英国驻联合国代表团和美国代表团一起搞出一个双方都能接受的计划，以免在公众面前再次和不必要地显示出两国在中国代表权问题上的分歧。英国外交部官员扬格跟美国大使馆的一位官员说，艾德礼首相坚定地认为，中国具有代表权这一原则是不能妥协的。①

印度外交部长向美国抱怨说，如果美、英两国在联合国提出克什米尔问题提案，印度将退出联合国并被迫在感情上站在苏、中一边。杜鲁门对此极为不满，摆出了美国人所谓"像个荷兰叔叔"的架势。他在关于报告印度意见的材料上亲笔批示："印度并未在为和平而做它该做的事。这种态度是不对的。"②

对于英国的政策，美国国务院向总统报告说：驻英使馆认为一旦保守党上台，英国对华政策并不会有根本的改变。保守党可能不再支持中国在联合国的代表权，但不会从北京召回英国代表。早在1949年秋，丘吉尔便赞成承认中国了。③艾奇逊本人也在1951年10月表达了同样的看法，认为如果保守党上台，会在对外政策上更加团结一致和更富有责任感。④

中国人民志愿军的第五次战役在1951年6月10日结束。战线稳定在"三八线"附近。⑤毛泽东总结从1950年10月25

---

① 美国国务院电报摘要，1951年2月23日。
② 同上档案，1951年3月1日。
③ 美国国务院电报摘要，1951年4月24日。
④ 美国内阁会议纪要，1951年10月19日。
⑤ 《抗美援朝战史》，第82页。

日入朝以来的五个战役，认为胃口还是不要太大。迄今连整团的美军还消灭不了，因为他们的士气仍高，自信心仍强。他认为如果自己一个军能歼灭一个到两个美军营就算干得不错了。中国有8个军在前线，如果能消灭掉美军8个营，对敌人是个重大打击。再经过了三四个战役，美军每个师要损失三四个营，这就会影响士气，动摇信心，才有可能消灭整师美军。①

中国国内为了支持志愿军在前线打仗，开展了"抗美援朝保家卫国运动"，全国人民精神大振。根据中共中央已确定的"打扫房子再请客"的方针，对外国侵略势力的残余加以扫除。在抗美援朝和镇压反革命的运动中，美国中央情报局在中国的潜伏组织连连遭到破获，进一步闭塞了华盛顿的耳目。

美国政府这时设法找寻中间人来向中国传递信息，意图说服中国按美国的条件实现朝鲜和平。美国官员让中间人传话给中国：美、苏有可能打一场大仗。这样就会牵连到中国并葬送掉中国一个世纪以来所期望的局面。18个月后，美国的兵力将要达到满员。美国政府的官方意见是想有一个合理与和平的解决，并且只要中国领导人"恢复了理智"就可以随时这样做。在跟中国打了这么久以后，美国公众并不怎么敌视中国。报纸、广播也没有侮辱中国人。对美国人民来说打一场不动感情、没有仇恨的战争是一种新的现象。如果中国能跟美国讲和，是在跟一个朋友达到妥协而不是在跟敌人讲和。但是美国外交官又吓唬说，不动感情也包含着一种危险，就是杀中国人会成为美国人的一种习惯。最后他们说，美国对朝鲜战争的兴趣并不很大。真正的大敌对手是克里姆林宫而不是中国。下面这句话表明了美国的真正想法："使朝鲜局势尽可能恢复到侵略发生之前的状态。"② 换句话说，也就是回到"三八线"。

---

① 《抗美援朝纪实》，第85页。
② 《美国对外关系》1951年第7卷，第1653—1664、1167—1671页。

由于战线回到了"三八线"附近，战况也相对稳定，交战双方都意识到了谁也吃不掉谁？这就有了进行停战谈判的可能。

谈判先是凯南在1951年5月31日向苏联驻联合国大使马立克提出来的。

金日成于6月3日前往北京，跟毛泽东、周恩来商量停战谈判的政策和方案。

马立克6月23日在联合国的广播讲话中作出了公开反应。他说，苏联认为朝鲜的武装冲突是可以解决的。中国官方新闻机构支持苏联大使的建议。通过此前此后的一系列磋商，朝鲜停战谈判于1951年7月10日在开城举行。谈判开始后，蹒跚地进行着：边打边谈；时谈时停。

英国保守党在大选中获胜，于1951年10月上台执政。保守党首相丘吉尔于1952年1月访问华盛顿，与杜鲁门会谈。艾奇逊当时说："美国在1950年1月时认为有可能利用中、苏之间的不一致来分裂两个共产主义大国。现在，特别是在中国干预朝鲜战争之后，美国已不作此想。"①

丘吉尔说，跟中国的外交关系"基本上是虚构的，因为中国还不承认英国"。如果他在台上，"当中国在朝鲜向联合国军队进攻时他就会断了跟中国的关系"。但是现在停战谈判已经开始，再断关系就不妥了。他表示不愿见到蒋政府被承认为中国大陆的合法政府。保守党外相艾登说他不同意工党政府的对华政策，特别是工党"认为中国可能会搞中国牌号的铁托主义"。他认为以如此微弱的可能性作为国策的基础是不明智的。② 上面这两番话说来娓娓动听，实际上保守党政府与工党政府的对华政策并无基本差异。

其实，就是在朝鲜战争进行期间，有些美国官员还是不断

---

① 《美国对外关系》1952—1954年第6卷，第782页。
② 同上书，第784页。

致力于把中国从苏联方面争取过来。驻印度大使鲍尔斯在1951年12月写信给杜鲁门，说他认为"在冷战背景下，中国对俄国可能要比俄国对中国更为重要。几个世纪以来欧洲俄罗斯得以在中国的后门从它的衰弱和分裂中得益。这一情况现已在逐渐改变，谁也说不清这究竟意味着什么。一个实力不断增长的中国，其对苏态度稍有动摇就会给苏共领导带来严重的危险。一个强大而不友好的中国将会使苏共领导剧烈地修改对西方的现行政策"。鲍尔斯断言，"我深信，必须使我国对外政策的一个主要长期目标成为：使中国修正其现有的对苏关系并逐渐解脱出来，处于更为独立的地位"。杜鲁门的回信对此意见表示了赞赏。当然，鲍尔斯的主意并不可能成为杜鲁门当局的政策基础。当时并不具备这样的条件。①

战争进入了第三年。李承晚由于美国和联合国保了他，日益肆无忌惮地压制民众。艾奇逊在1952年6月向内阁报告：李承晚在南朝鲜实行恐怖统治以促成自己再度当选。李承晚的态度在联合国部队引起了严重关切，南朝鲜军队的士气很是低落。②

停战谈判也无大的进展，不时出现一方暂时退出会谈的局面。1952年6月下旬，美国为了促使中国回到谈判桌上，派遣飞机轰炸了鸭绿江的水电站。此事引起英国报界及下院强烈反应。反对党攻击轰炸事件，说这样做跟英国的既定政策不符，应在事先与英国磋商。批评者还感到轰炸会给停战谈判带来反面的效果。保守党政府问驻美使馆，英国军事代表团团长亚历山大勋爵是否知悉轰炸一事？③

1952年8月，中国派了一个阵容强大的代表团去苏联。美国驻苏大使凯南报告说，代表团成员都是高级掌权人士，莫洛

---

① 总统秘书档案，第180盒，印度卷，鲍尔斯致杜鲁门，1951年12月11日。
② 美国内阁会议纪要，1951年6月13日。
③ 美国国务院电报摘要，1952年6月25日。

托夫和另三名政治局委员到机场迎接,说明双方都准备以巨大代价来满足彼此的要求。凯南认为会谈主要因为朝鲜问题,两国政府可能会就此达成某种新的谅解,他建议在此关头美国的外交及军事行动应极为审慎。①

1952年6月中旬,一位以色列驻联合国代表团成员跟苏联代表马立克有过一番交谈。这位以色列人事后对美国人说这次交谈使他更为深信苏、中两国的政策差别极大。

双方在停战谈判中的一个重大障碍,是战俘的遣返问题。这一难题后来以苏联提案和印度提案分别代表交战双方的态度。联合国大会拒绝了苏联提案,北朝鲜和中国又拒绝了印度提案,僵持不下。

12月1日,美国国务院将驻印大使鲍尔斯的一份报告送交总统,大使说新德里大部分外交使团团长,加上尼赫鲁本人及印度外交部的官员,都认为在朝鲜停战谈判问题上苏、中两国意见并不一致。中国对于印度提案本来没说什么,使印度政府以为中国会接受它。后来维辛斯基的激烈言词使人们(包括尼赫鲁在内)认为苏联是在秘密地向中国施加压力。②

美国驻印度大使馆说尼赫鲁认为中苏关系似乎比过去更为牢固,但是如果以为不会有变化就错了。尼赫鲁感到在中国政府内部就印度提案也有很大争议。中国太大,太强;由于国家利益不同,苏联或别的国家要想在一个时期内主宰中国是办不到的;苏联希望亚洲乱,而中国由于40年来外战内争之祸连绵,需要和平来巩固已有的成果。③

天下没有不散的筵席;战争也是如此。当交战双方都已明确再打下去自己占不了更多便宜时,战争也就临近结束了。但是朝鲜战争在1952年内是不可能结束的。原因之一是那年美国

---

① 美国国务院电报摘要,1952年8月19日。
② 同上档案,1952年12月1日。
③ 同上档案,1952年12月16日。

要选举总统。美国总统一任四年，在第四年里外国政府和本国人都要看看风向。于是这位任期将届的总统便像只瘸腿鸭子，办不成什么事情。杜鲁门早已声明不求连任，共和党又抬出了颇有人望的艾森豪威尔来作总统候选人，因此杜鲁门的腿就更瘸了。艾森豪威尔已明确表示，一旦获胜上台，就要设法结束朝鲜战争。中国、苏联和北朝鲜当然愿意跟新总统来签停战协定。1953年1月20日，艾森豪威尔成为美国第34任总统。3月5日，斯大林因脑溢血去世。同年7月27日，朝鲜停战协定终于签字。

这场历时三年一个月零两天的战争宣告结束。

第十一章

# 板门店的回声

朝鲜战争打下来,各家得失如何?

先说占了大便宜的两位人物。如果没有朝鲜战争,本已处于风雨飘摇地位的李承晚,一定早就下台了。蒋介石在台湾也呆不了多久,人民解放军大概在50年代里就解放了台湾。

日本成为在朝鲜作战美军的后勤和休养娱乐基地,发了战争财,为后来经济起飞打下了基础。

在中、美、苏、英四国中,英国的得失大体相当。它往朝鲜派了一支为数不多的军队,有所伤亡,但是它应付了美国。虽然美国认为英国的态度总是动摇不定,英国还是基本上跟美国走了。它也没有得罪中国。英国除了在积极赞成联合国军过"三八线"这点上犯了错误外,它主张把战争局限于朝鲜半岛,在联合国越过"三八线"后建议在北方建立非军事区,主张恢复中国在联合国的席位,主张邀请中国派代表出席安理会的讨论,反对美国派舰队和继续保持在北京的官方代表等等,都是一些得当的措施。所以在朝鲜战争结束后,英国在香港的地位并未受到影响,英、中贸易也继续发展。作为一个已经衰落的大国,英国这种走钢索的政策表现出它积极维护现有地位的苦心和十分老成练达的外交手腕。

美国的失大于得。美国主要的得分是在盟友面前建立了信任：它不会抛弃朋友。北约组织及其军事司令部得以顺利建成，其他地区性集体安全组织也逐渐建立起来。但是，美国与中华人民共和国敌对，是在战略上犯了大错误。在美、苏冷战中，美国本应树立尽可能少的敌人，集中力量对付苏联，但它在朝鲜战争中未能做到这一点。战争一开始就派第七舰队去台湾海峡，立即把台湾牵入朝鲜战争。接着，又不断明点暗指，把中国说成是北朝鲜的后台。在仁川登陆成功后，又被胜利冲昏头脑，越过"三八线"，甚至直指鸭绿江边，终于导致中国出兵。美军在朝鲜战争中遭受了巨大伤亡，美国司令官在第一场没有打胜（虽然也不算打败）的战争的停战协议上签字，然而"共产主义的核心——苏联——连碰都没有碰"。使用联合国的旗号打朝鲜战争，在开始时似乎有了个体面的名义，其结果是导致美国在联合国的威信急剧下降。40多年来，世界上大大小小战争不断，但再也没有联合国军上阵作战，便是这一做法失败的明证。但是，美国最大的长远损失，是有二十来年没能跟中华人民共和国建立起关系，成为最大的失分。

中国取得了胜利。成立不到一年的新中国敢于和美国交锋，把美军和联合国军从鸭绿江打回到"三八线"，打破了美国军队不可战胜的神话，证明中国人民不但有能力解放自己，也能够在国际战争中帮助邻邦转危为安，捍卫祖国的安全，一洗100多年来受尽侵略凌辱的国耻。这是一件了不起的事情。

但是，中国在朝鲜战争中也有所失。至少可以指出三点：第一，失掉了解放台湾的机会；至少在一个时期内不可能实现国家的完全统一。祖国分裂造成的影响是极为严重的，直到现在还在吃着这个苦果。第二，付出了巨大的兵员伤亡：志愿军阵亡11.4万人，医院接收伤员38.3万人次，失踪2.56万人。总计战斗伤亡36.6万人。除阵亡外，在医院中因伤致死2.16万人，病死1.3万人，总共死亡14.84万人。在失踪者中，大部分已成战俘，其余估计大多在战地和被俘后死亡。西方说中国伤亡近100万人,是大大高出了实际数字①。第三,失掉了与美国关系正常化的机会,一下子就是二十来年;其消极后果是显而易见的。

在中、美、苏、英四家中,没有正式参战的苏联得益最大。

根据最近披露的资料,苏联在中国抗美援朝战争中是做出了一些贡献的。1950年秋冬有13个苏联空军师来华担负空防任务。第二年陆续撤离时,有偿地将其装备转交给中国空军。苏联曾向中国无偿提供372架米格—15战斗机,这在当时是比较先进的机种。总计起来,苏联向中国提供了64个陆军师和22个空军师的装备,其中大部分是有偿提供的。中国从1950—1955年总共欠苏联约13亿美元的债务,其中一半左右是抗美援朝的军火贷款。这些欠款连同利息至1965年全部还清②。

但是,当时苏联口口声声要求中国保卫社会主义阵营,而自己作为社会主义阵营的头儿,不但不出兵朝鲜,还要叫出兵打仗并蒙受了巨大牺牲的中国付军火钱,似乎就有点儿讲不过去了。

连苏联的对手也看出它的问题在于胆小和自私。丘吉尔在1952年1月访问杜鲁门时,说"苏联政策的核心因素是恐惧"。艾奇逊说,"在我看来,苏联问题的核心在于这个政权关心的是自己掌权,首先在苏联国内,然后在卫星地区保持其影响"。艾奇逊的评论与斯大林自己的说法相吻合。1952年4月,斯大林对印度大使拉达克里希南说,"苏联只关心自身的安全和在建立一条由对苏友好国家组成的缓冲带"。印度大使后来把这句话转告了美国大使馆临时代办③。

但在同时,西方也摸不透苏联的意图究竟如何。杜鲁门手下有人竟然找了一个"三仙姑"式的女人来降神。这位妇女预

---

① 《从鸭绿江到板门店》,第169页;《第一次较量》,第322页。
② 《第一次较量》,第31—32页。
③ 美国国务院电报摘要,1952年4月8日。

言美国将会在1952年同苏联打仗①。

1952年8月，北约海军准备进行一次演习。美国坚持演习在丹麦以东的海面进行。丘吉尔担心这样做会刺激苏联。美国驻苏大使凯南也不同意这样做。但是美国国务院坚持要在这一海区演习②。从丘吉尔的担心，可见苏联此时此刻在西方眼中是个怎样的庞然大物。

1952年9月，苏联《真理报》激烈攻击当时正在西欧旅行的美国驻苏大使凯南。10月3日，苏联宣布凯南为不受欢迎的人。很难想象美国在朝鲜战争以前会这样做。英国外交部人士的评论是，苏联对待英、法外交官要好得多，此举显然旨在分裂西方③。西方的团结确实成了问题。早在朝鲜战争初期，艾奇逊就担心这一点，他说，"最难的事是保持我们的团结"。杜鲁门同意他的看法④。

1952年10月，美国驻法大使报告，美、法关系紧张，美国应准备极为困难的日子到来。法国政府拒绝美国审查法国国防预算，认为这样做是侵犯主权。法国总理皮内说，如果美国不打算提供6.5亿美元援款，法国只好重新做军事预算。与此同时，法国外交部通报美国，维辛斯基向法国驻苏大使说苏联"最大的心愿"是跟法国达成一种总的谅解，作为缓和东西方关系的前奏。10月底，法国总统奥里欧尔在一个由美国大量投资的水坝落成典礼上，不点名地批评了美国⑤。

美国驻英大使也报告了他在伦敦所见到西方对于美国意图的猜疑。大使说他和凯南一样，认为斯大林继续主要寄希望于分裂西方。美国应设法与盟国建立尽可能和谐的关系，不要过

---

① 艾奇逊文件，第67盒，1952年4月卷，1952年4月9日。
② 美国国务院电报摘要，1952年8月25日。
③ 同上档案，1952年9月29日，10月3、7日。
④ RG59，E394会见总统，1950年8月3日。
⑤ 美国国务院电报摘要，1952年10月13日。

分强调军事问题和避免所有高压手段的表现,最大限度地强调共产阵营以外的一切国家经济健康,政治平安。他说在美国很难认识到美国政策和行为所引起的不安和担心。只有很少数外国人认为美国是想搞"预防性战争",但许多人认为美国极端化或考虑不周的做法会引起战争。英国人怕苏联空军和原子弹进行报复。许多保守党人和自由党人对于不能跟苏联通过谈判解决问题并共存于世而感叹不已①。

1952年10月25日,艾奇逊在参加联合国大会十天后回到华盛顿,向杜鲁门汇报情况。他感叹道,"外交就是干打楔子的活",他认为英国和其他国家在这次大会上顺从了正在兴起的亚非集团。艾奇逊在11月14日的备忘录中写道:"梅农(印度外长)自己并不危险,但是梅农加劳埃德(英国外相)那可就危险了。"② 1952年12月,北约理事会将在巴黎开会。艾奇逊在赴会前向内阁说,这次会议"处于北约正在瓦解的时候,不会有什么成就"③。

美国驻苏大使凯南在1952年6月说,现在正是苏联人的"好时光"。④

的确如此。朝鲜战争,苏联没有出兵赴朝,只有一些空军在中国呆了一年,进行有限的防御作战。它向中国和北朝鲜提供了军火武器,但大部分都是有偿的。苏联以最小的代价获得了最大的收益,它的国际声望空前提高。西欧对它又畏又敬。美国处于被动困难的境地。苏联在社会主义国家中和国际共产主义运动里说话的分量比过去更大了。而苏联最大的得分在于朝鲜战争切断了美、中可能建立的关系,大大地巩固了苏联的东方。福兮祸所伏。恰恰就是在从"三八线"开始于板门店结

---

① 美国国务院电报摘要,1952年10月10日。
② 艾奇逊文件,第67盒,1952年11月卷,艾奇逊备忘录,1952年11月14日。
③ 美国内阁会议纪要,1952年12月5日。
④ 美国国务院电报摘要,1952年6月2日。

束的朝鲜战争中，中国领教了同苏联结盟的滋味。再加上其他因素，朝鲜停战后不出几年，中苏交恶，这个同盟便名存实亡了。对美、苏两国来说，朝鲜战争的结束既标志着第二次世界大战后美、苏军备竞赛的开始，这场战争的经验又告诉它们大仗是打不得的。我们看到的是，在朝鲜战争结束后的几十年里，美、苏双方武器越来越厉害，两国也不断参与世界上连年都有的战争，但它们彼此从未打过。板门店的回声成了两个超级大国间关系的主调。

第十二章

# 结论：影响杜鲁门外交的诸因素

至此，美国的杜鲁门时代宣告结束。哈里·杜鲁门作为美国第33任总统，从1945年4月12日至1953年1月20日，在任近八年整。杜鲁门当局的对外政策，奠定了战后数十年美国外交的基础。研究杜鲁门外交，对于了解整个战后时期的美国外交有着重要的意义。在此，作者试图对诸种相互作用，并直接影响杜鲁门外交的因素进行分析，作为本书的结论。这样做，也许会有助于了解这八年间世界上发生的重大事件，以及认识和评价杜鲁门时期美国对外政策和外交行动。

## 一 传统

有的历史学家把美国传统外交归结为四点：即孤立主义、门罗主义、门户开放和美国使命[1]。有的则归结为三：孤立主义、门罗主义和门户开放；把美国使命作为一种驱动力或指针，而不是外交手段[2]。不管是三是四，这些大概可说是自合众国建立到20世纪初美国外交最为明显的旗号了。此后，这些传统继

---

[1] 罗伯特·贝斯纳：《从老外交到新外交》。
[2] 杨生茂：《关于撰写美国外交史的几个问题》，载《南开大学学报》1988年第2、3期。

续保持并发展，但给予新的解释。当科学技术的发展把世界变得愈来愈小之后，美国使命从疆界之内的天定命运扩展到了海外。孤立主义不再是保护美国的重要手段，而是用来为美国在正式宣战前参与两次世界大战打掩护。门罗主义的范围从美洲扩大到了欧、亚以及任何涉及美国利益的地方。门户开放也不复仅限应用于中国，而是用到其他地区，为门罗主义打先锋。在二战之后的杜鲁门时期，当美国使命变成全球义务以后，孤立主义失去了原先的重要性。杜鲁门说，"北大西洋公约乃是孤立主义棺材上的最后一颗钉子"。① 门户开放成了全球性政策工具，美国利用它来夺取老殖民大国的利益和干预那些所谓在苏联范围内的国家。最重要的是门罗主义。在新美国使命的旗号下，门罗主义延伸到了从挪威到中国辽东半岛的美、苏势力分界线，甚至把所有西欧国家及它们各自的小势力范围都置于美国秃鹰的卵翼之下。门罗主义还成了遏制理论的基础和美、苏打交道的规章。艾伦·杜勒斯在论及马歇尔计划时说，美国在欧洲的政策乃是门户开放和门罗主义"合乎逻辑的延伸"。贝文也给两个未来的超级大国戴上了"两个门罗"的桂冠。

## 二 前任

杜鲁门的外交受到前任总统富兰克林·罗斯福外交的重大影响。在波茨坦会议上，杜鲁门跟斯大林和丘吉尔最终完成了罗、斯、丘在以前历次战时首脑会议上所设计的战后世界蓝图。这一设计的要点，是把世界分成美、苏两大势力范围，同时用新建立的联合国内安理会大国一致的原则来维护世界和平。这是一个君子协定。如果美、苏两家中有一家铤而走险，发动战

---

① 总统秘书档案，第220盒，1949年卷，国家安全委员会，1949年1月7日，第31次会议备忘录。

争，谁也不知怎么是好。罗斯福、斯大林和丘吉尔抛弃了1940年大西洋宪章的原则，为他们干预小国疆界、自决权及各项内部事务铺平了道路。杜鲁门也并不是大西洋宪章的维护者，他认为宪章不过是威尔逊十四点的翻版。直到1947年初宣布杜鲁门主义或如总统本人所说直到他1947年4月派副国务卿艾奇逊去克利夫兰发表讲话放试探气球，他才有了打上自己印记的外交政策。即便在那时以后，从罗斯福那里继承下来的势力范围外交仍在继续实行。

## 三　意识形态

民主、自由和正义是美国政府经常鼓吹的调调，但是在对付共产主义时，杜鲁门当局能跟任何人结盟。它为了能使用西班牙的基地，可以去讨好亲法西斯的佛朗哥；它支持镇压人民不得人心的南朝鲜李承晚政权[①]；它还用金钱和武器援助腐败专制的蒋介石集团打内战。杜鲁门当局强调东欧国家的选举应不受干涉，但却让中央情报局在意大利纠集力量，用大量金钱收买政客和做宣传，以便在选举中击败共产党。杜鲁门当局之所以反对共产主义，并非仅仅因为共产主义是一种思想。在很大程度上是由于：共产党直接反对生产资料私有制，并已在社会主义国家里实现了主要生产资料公有制。这是直接违背资产阶级利益的。其次，共产党正在西欧大国里节节取得胜利。第三，两强之一的苏联，正在打着国际共产的旗号，扩张自己的势力。

自1917年布尔什维克在俄国取得政权以来，苏联从未跟美、英、法三国打过大仗。恰恰相反，它们四国联合起来跟资本主义轴心国家德、意、日打了第二次世界大战。这是因为反

---

[①] 李承晚在联合国出兵保他后变得更加放肆和残酷，以至有的联合国朝鲜委员会的委员要求返回本国去。见美国国务院电报摘要，1952年5—7月卷。

轴心国侵略扩张的需要超过了反共的需要。于是，在二战时期，西方盟国把"极权主义"的帽子从苏联头上摘了下来，而冠之以"民主国家"的美称。1948年，南斯拉夫被迫脱离苏联集团，杜鲁门当局虽然仍认为它是"共产党国家"，但却给它以军事经济援助。1952年8月，南斯拉夫和希腊筹划在科孚岛附近举行共同军事演习①。这样的事在南斯拉夫脱离苏联集团前是无法想象的。杜鲁门当局的表现充分证明，国家的利益，或者说决策者所认为的国家或他自己政党的利益，是首要的；意识形态的取舍是第二位的。意识形态往往充当实际利益的奴婢。

## 四 经济

美国经济的迅猛发展，要求取得新的原料基地，为出口商品寻找新的市场和在国外发现新的劳动力来源。美国向海外扩张，是它在19世纪工业化以后的必然做法。在杜鲁门当政时，外交行动虽然并不全都直接关系到现实的经济考虑，但外交和经济总是难以分开的，眼前的经济利益也常常影响到外交政策。例如，杜鲁门把国内充分就业作为他的两大政策目标之一，这就使外交政策不能不受到经济的影响。在1946年，杜鲁门当局内定的外贸目标是每年140亿美元，等于战前1936—1939年平均出口额的六倍②。杜鲁门主义高唱反对邪恶的调子，而其目的之一则是为"美国市场的经营和销售"服务。一位幕僚说，"希腊本身并不大，但是加上英、法、比、捷和占领军的采购，便会达到比租借法案小不了多少的数目。不管发生什么别的情

---

① 美国国务院电报摘要，1952年8月1日。
② 美国国家档案馆：RG40，93126/64卷，亚瑟·保尔致格拉迪厄函，1946年1月16日。

况，这一计划都能使我国保持高就业水平。"① 1949年时，杜鲁门当局迫切设法让公众理解：马歇尔援欧计划中的"每一块美元到头来都只能在美国花掉"。"在当前西欧大量需要美国货的情况下，美元会很快就回到美国来。""这笔钱是要在我国国内花掉的。它将用来购买我国农民在农场上和我国工人在我国工厂里生产的东西"。② 美国之所以反对拆除德国和日本的工业作为赔偿，除政治考虑外，还因为保持它们可以减少美国占领军政府的经济负担。经济又是决定军备规模的重要因素，从而也从这个角度影响到在外交上采取何种政策。杜鲁门在1952年1月说，"如果我们急于大规模扩军，就会破坏我国经济，从而让俄国在冷战中获胜"。副总统巴克利说，"让国会和人民懂得这一点是非常重要的"。③

## 五　对手

毋庸多说，杜鲁门当局的对外政策和外交行动，在很大程度上跟苏联的存在相关，或者是对苏联政策或行动的反映。至于中国，中共和人民共和国是美国和苏联无法控制的因素。中国革命打乱了远东的力量对比，中国人民志愿军扭转了朝鲜的战局。这些事实，使美国决策者大失面子和迷惑不解，不得不修改政策。杜鲁门早年在密苏里独立城时，有一篇常念的祷词："主啊！请让我像您了解我那样，也能了解他们的想法和缺陷吧。阿门。"④ 他入主白宫后，当跟苏联或中共打交道时，大概也会记起这段祷词。不过政治艺术的核心在于争取尽可能多的

---

① 总统秘书档案，第180盒，希腊主题卷，埃德温·W.保利致杜鲁门函，1947年3月24日。

② 克利福德文件，第4盒，杂项卷，威廉·福斯特致马休·康奈利信，1949年8月30日。

③ 美国内阁会议纪要，1952年1月4日。

④ 总统卸任后档案，第3盒，回忆录卷，轶事卷宗。

朋友，树立尽可能少的敌人。没能避免与中共和人民共和国为敌，恐怕是杜鲁门外交最大的失误了。

## 六　盟友

美国政府总是要盟友追随其后，亦步亦趋。英国是美国多年的盟国，它对杜鲁门外交影响甚大。英国政府的态度可以做杜鲁门外交的晴雨计。当美国对苏联态度不很坚决时，英国便给它打气；当美国态度过激时，英国就设法降温。在美国对苏联和中华人民共和国的关系上，英国往往起到一种制约作用。贝文说过，"我们有时怕美国易于采取冒险政策"。"但是如果美国采取"这种政策，英国就有了机会，"在必要时给美国刹刹车"[①]。对美国说来，英国是个穷而又自行其是的亲戚，又是个爱添麻烦的朋友。这种亲戚或朋友最好没有，但是遇到大事又缺少不得。有时英国真让美国担心。1951年5月，杜勒斯报告说，自从贝文去世以后，英国采取了令人不安的态度。新任外交大臣莫理逊主张英国应制定自己的对外政策，不要过分依赖于美国[②]。

## 七　科技

在杜鲁门任期的最后一年，国防部长洛维特悲叹道："不久的将来武器会让人没法再打仗。由于科学的进步，再打起来就跟第二次世界大战完全不一样了。"[③] 科学技术的成果，特别是原子弹、核弹和它们的运载工具，对于战后国际关系的影响，是怎么讲也不过分的。最初，原子弹是作为美国威胁对手和把

---

[①] 英国内阁档案，129/37，内阁文件（49）208，1949年10月18日。
[②] 威尔考克斯日记。
[③] 美国内阁会议纪要，1952年4月11日。

意志强加于盟友的手段出现的。但是美国对原子武器的垄断和标榜，并未收到预期的效果。杜鲁门本人就认为原子弹是一种心理武器，充其量是一种战术武器①。实际的情况是，一旦对手有了同样的武器，害怕报复的心理会比使用它还要强烈。

## 八　国会

人们认为国会对于行政当局的制约往往是奏效的。杜鲁门曾抱怨，"本届国会曾被认为是斧铲国会。拿斧子把它（指行政当局提交的法案）砍开，拿铲子把它埋掉"②。事实上，遇到重大问题，国会往往是跟着行政当局走的。不管国会里是民主党还是共和党占多数，杜鲁门可以为所欲为地往日本扔原子弹，宣布杜鲁门主义，实行马歇尔计划，甚至打朝鲜战争。另一方面，杜鲁门也在一些小事上让步，如在国会要求下，在1948年给蒋介石政府少量军援等。总的说来，国会对杜鲁门外交起制约作用，但主要是在较小的问题上。

## 九　麦卡锡主义

反共组织措施的头一炮是忠诚调查制度。这一制度实行到了可笑的地步，连杜鲁门本人也得签声明书说自己不是共产党③。这一制度是麦卡锡主义的先声。麦卡锡主义给国会的外交决议造成了巨大的损害。朝鲜战争时期，许多参议员投票要求排斥中华人民共和国于联合国之外，乃是因为怕投了反对票会被指控为"软弱"和"亲共"④。麦卡锡主义几乎使国务院陷于

---

① 总统卸任后档案，第3盒，回忆录卷，1951年1月22日。
② 美国内阁会议纪要，1952年6月13日。
③ 埃尔西文件，第65盒，一般卷，1946—1947年，杜鲁门填表签字材料。
④ 威尔考克斯日记。

瘫痪。在麦卡锡指控国务院里有大批共产党之后，那里的中国问题专家几乎全部被清洗。马歇尔也难免受攻。艾奇逊被攻得战战兢兢，如履薄冰。菲利浦·杰瑟普由于过去跟太平洋学会的关系而成为大目标。1951年杰瑟普任驻联合国代表团团员时，被哈罗德·史塔生指控他在参加总统在白宫召集的某次会议上发表亲共言论。为了证明自己根本没有参加这次会议，杰瑟普不得不让代表团长奥斯汀出证明。奥斯汀写了一份证明材料，说当白宫开会的时候，杰瑟普正在数百里之外的纽约哥伦比亚大学跟校长艾森豪威尔谈话。作为佐证，奥斯汀附上了一份代表团汽车的出车记录的副本，上面载明了杰瑟普先去哥伦比亚大学，然后回家，再到驻联合国代表团的时间①。杜鲁门在朝鲜战争前就说过，"我认为，克里姆林宫的最大资产便是麦卡锡参议员"②。杜鲁门是搬起石头砸自己的脚。艾奇逊的秘书说："麦卡锡主义是杜鲁门自己制造出来的法兰肯斯坦（科学怪人）。"③

## 十　联合国

在联合国初建时，美国可以在大会搞到多数来做它的表决机器。但到杜鲁门执政末期，第三世界开始自有主张不听美国那一套了。美国的西方盟国，有时为了自身既得利益，有时为了不得罪原先的殖民地，有时还为了安全原因而不至惹恼苏联，便不在联合国跟着美国跑或屈从于美国压力了。美国在朝鲜举着联合国旗号打仗，促进了中、小国家的觉醒。这件事大大削弱了美国在联合国的影响。后来，美国对联合国就没有初期那

---

① 杰瑟普文件。
② 杜鲁门文件，劳埃德档案，第5盒，麦卡锡卷，《杜鲁门公开文件集》，记者招待会，1950年3月30日。
③ 杜鲁门图书馆：巴特尔口述历史。

样热心了。

## 十一　共和党

　　总的说来，共和党对于杜鲁门当局的欧洲政策比较支持。但在远东，两党在1950年春以前很不合作。这一情况的背景很复杂。但原因之一是在欧洲，大国间的比赛是按明确划分势力范围的规则来进行的。德国问题大体跟一战后的状况差不多，只是在处理上更为宽容，对此，共和党是支持的。在远东，事态不按"两个门罗"的比赛规则发展，美国在那里频频受挫。要是共和党当局想让自己陷在这堆烂泥里那就怪了。在中华人民共和国成立之后，远东有了新的格局，形势比过去相对稳定。这时，美国只有寄希望于日本，共和党也就不失时机地让杜勒斯来参与对日和约的事。杜鲁门当局自以为这是一招好棋，可以避免共和党的攻击。不料结果是让杜勒斯抢了镜头，共和党拿对日和约做了竞选资本，再加上朝鲜战争、国内问题等其他条件，终于导致了民主党政府下台。

## 十二　个性

　　杜鲁门由于出身平凡，不甘俯首，是个性格很犟的人；但在当上白宫主人之后，也不免有自惭之感。这种矛盾心理，有时使他过于倨傲。莫洛托夫在杜鲁门就职一周后访问华盛顿，杜鲁门对他态度粗鲁，从个性角度来讲，他是不想让罗斯福的巨影盖过自己。他上任一个月后对内阁成员讲："内阁就像一个由总统任命的董事会，（总统的）命令必须执行，要不便另请高就。"[①] 某次杜鲁门夫妇举行宴会，苏联大使托辞未去。

---

① 总统每日约会表，1945年5月18日。

杜鲁门大怒，让国务院要求苏联召回大使。直到他夫人和艾奇逊都反对这样做，才算作罢。杜鲁门自卑的一面也不时显现。他首次举行国宴时心里发慌。宴会后他说，"尽管如此，宴会总算不错……"[1] 他还跟丘吉尔和斯大林说，像他这样的密苏里乡下娃能跟首相和元帅两位大人物在一起，真是不胜愉快[2]。杜鲁门的心腹部属中不断出现丑闻，但他本人生活很简朴。他的总统年薪7.5万美元，得扣去联邦税4.5万美元，再扣去密苏里州税，加上白宫家用1.5万美元，所余无几。他并无其他收入，卸任回家后，手中无钱[3]。他当上总统是自然补缺，在政治上不欠人情债。这种无约束的状态加上简朴的生活方式，使他在政治上和经济上无求于人，可以大胆干事。杜鲁门是密苏里人。内战前这是个蓄奴边疆州。内战中，联邦军控制了密苏里，倾向南方的州长带着州政府流亡到了得克萨斯。杜鲁门的老家西密苏里是跟南方走的。他对黑人是歧视的。他不许黑人进白宫工作班子。有一位黑人歌唱家拒绝在宪法大厅表演，杜鲁门在背后不禁大骂"他妈的黑鬼"[4]。有了这种严重歧视有色人种的思想，当中国共产党人在内战和朝鲜战争中不买美国的账时，杜鲁门面对这些黄皮肤东方人能不火冒三丈吗？

总之，虽然杜鲁门的个性脾气不能超越国家的利益，但是对于他的外交的确有着一定的影响。

## 十三　部属

杜鲁门作为一个对外交事务毫无经验的总统，无疑十分需

---

[1] 艾尔斯日记，1945年5月29日。
[2] 《美国对外关系》1945年第2卷，波茨坦，第320—321页。
[3] 艾尔斯日记，1945年6月21—23日。
[4] 同上档案，1945年10月13日。

要部属为他介绍情况和出主意。在那些名气和影响都很大的人物中，可以指出最重要的是马歇尔、艾奇逊和哈里曼。马歇尔是杜鲁门最为尊敬的。但马歇尔认为自己是个职业军人而不是干外交的。他常说，"讲实话，这里干的事情我有一半不懂"[1]。然而杜鲁门请他当国务卿，当赴华特使。哈里曼是民主党内的大人物，是杜鲁门最为倚重的。他无所不在：驻苏大使，接替华莱士任商务部长，欧洲复兴委员会主席，总统特别助理（实际上的外交事务协调人），共同安全署署长（专司在美国势力范围内扩军备战）。哈里曼还可能是炒麦克阿瑟鱿鱼的策划人。当艾奇逊受麦卡锡主义围攻时，哈里曼成了民主党外交政策上扛大旗的人。艾奇逊是杜鲁门最欣赏的。他和杜鲁门基本上是工作关系。他通达世务，学识和能力都强，是个出色的人才。中国人往往认为他重欧轻亚。其实，艾奇逊几乎一直在鼓吹分裂中、苏两党两国关系，而杜鲁门接受这一意见时已稍嫌过迟。艾奇逊在外交上不那么强调意识形态，他比大部分杜鲁门的部属看问题要持平实际。如果杜鲁门首届任期里没有艾奇逊在国务院里，第二届里没有他当国务卿，美国外交上的情况还要糟得多。

那些白宫幕僚也是不该忽视的。白宫工作人员常常不顾国务院原来起草的内容而重起炉灶写外交文件，有时拟文件根本不和国务院商量。例如，白宫助理乔治·埃尔西在1951年4月17日送给哈里曼一份备忘录，向哈里曼请教起草一份关于朝鲜和谈的新声明。4月24日，哈里曼、埃尔西、白宫助理劳埃德和三名国务院官员讨论了声明的内容、发表的时间和方式，国务院高级官员并未参与其事[2]。

---

[1] 杜鲁门图书馆：罗伯特·洛维特口述历史，1971年。
[2] 埃尔西文件，第5盒，朝鲜和谈新建议卷。

上述诸因素大多是每届总统任期里都有的常数，只是在不同时期里内容和侧重有所变化。即便是联合国和麦卡锡主义这种杜鲁门时期才开始有或特有的因素，在历史上其他总统任期内也有某种类似和相应的国际性组织和意识形态上的极端主义，如门罗主义在美洲所起的作用和对印第安人的残杀及对中国人的排斥。

影响杜鲁门外交的诸因素所起的作用并非一样轻重的。苏联作为美国的对手，是杜鲁门外交的主导因素。所有其他因素，都是围绕着对手苏联这个主要因素起作用的。这是过去美国历史上和平时期里所未曾有过的现象。在那些年里，美国由于得天独厚、两面是洋的地理位置和在国外的参与有限，未曾有过一个潜在的敌人能对它产生这样大的威胁。但是在二战以后，情况发生了根本性的变化。科学技术的发达使世界变得很小，经济上和其他国家有很大的相互依赖性，更重要的是美、苏两家企图瓜分世界，美国想做它自己无法胜任的世界宪兵，这就使得不论传统、前任、意识形态、经济、盟友、国会、共和党、联合国等因素，通通得跟着对手这一条转。

除了对手以外的各种因素，其重要性也并非是一样的。在杜鲁门时期，以经济上的需要，科技的发展，前任罗斯福的外交遗产和麦卡锡主义的猖狂一时为重要，它们围着最重要的因素对手转，又和它一同相互起作用。经济是对外政策的基石，它在相当程度上决定外交工作的轻重缓急。战后科学技术的进展使战争与和平问题变得不同往昔，并使生产和发明成倍增长。杜鲁门的前任罗斯福在外交方面没有给杜鲁门多少回旋余地。麦卡锡主义乃是一把双刃剑：它帮助杜鲁门当局教育和恐吓美国老百姓，企图使他们追随反共路线；又给杜鲁门外交造成了许多困难。

对于以后各届政府来说，杜鲁门外交又成了新的遗产。杜鲁门时期的经验，特别是朝鲜战争，说明打大仗是不可取的。

但是，这一时期发生的种种事件又启示后来的总统把国家安全委员会68号文件所规定的扩军备战计划搞下去。这就是军备竞赛的开端。作为战后第一届总统，杜鲁门外交的基本点——遏制理论及其实践——被后来的总统所接受和遵循。艾森豪威尔在竞选时鼓吹"解放"和"推回去"的方针，但是当东柏林发生骚动和苏军进入匈牙利时，艾森豪威尔当局并未采取行动。艾奇逊曾说，"杜勒斯时代对杜鲁门时期跟得太紧"。艾奇逊的一位助理认为："他们对于杜鲁门时期所揭示的危险反应过激。肯尼迪和约翰逊之所以陷入越南，是由于过分害怕人们所说的杜鲁门丢掉了中国，把远东卖给了共产党。他们不想做头一个打输战争的总统，这正是杜鲁门时代的后遗症。"①

然而，杜鲁门外交中最有分量又最不可取的遗产，乃是大国强权政治的继续存在。这是杜鲁门从罗斯福那里继承下来又加以发展了的东西。在许多年里，两个超级大国为了自身的利益而竞争，同时又企图把他们的意志强加于别国，干涉人家的内政。一个超级大国以民主和自由为借口，另一个则以革命和国际主义为名义。这是战后几十年里世界上一切麻烦事的最重要根源。

---

① 巴特尔口述历史。

# 附录

# 主要参考资料

## 一 原始档案

**美国：**

杜鲁门图书馆（Harry S. Truman Library）：

  白宫中央档案（White House Central Files）

  机密档案（Confidential Files）

  官方档案（Official Files）

  总统个人档案（President's Personal Files）

  总统秘书档案（President's Secretary Files）

  总统卸任后文件（Post Presidential Papers）

  海军助理档案（Naval Aide Files）

  戴维·劳埃德档案（David D. Lloyd Files）

  罗丝·康韦档案（Rose Conway Files）

  杂项历史收藏（Miscellaneous Historical Collection）

  埃尔西文件（George M. Elsey Papers）

  艾尔斯文件（Eben A. Ayers Papers）

  威尔考克斯文件（Francis Wilcox Papers）

  罗斯文件（Charles Ross Papers）

  康奈利文件（Matthew Connelly Papers）

艾奇逊文件（Dean Acheson Papers）
索尔斯文件（Sidney Souers Papers）
拉蒙特文件（Lansing Lamont Papers）
克利福德文件（Clark Clifford Papers）
洛维特口述历史（Robert Lovett Oral History）
巴特尔口述历史（Lucius Battle Oral History）
克利福德口述历史（Clark Clifford Oral History）

美国国家档案馆（National Archives）：
RG40
RG48
RG59
斯坦哈特文件（Lawrence Steinhardt Papers）

美国国会图书馆（Library of Congress）：
康纳利文件（Tom Connally Papers）
金文件（Ernest King Papers）
李海文件（William Leahy Papers）
帕特森文件（Robert Patterson Papers）
杰瑟普文件（Philip Jessup Papers）
哈尔西文件（William Halsey Papers）

普林斯顿大学西利·马德手稿图书馆(Seely Mudd Manuscripts Library)：
约翰·福斯特·杜勒斯文件（John Foster Dulles Papers）
艾伦·杜勒斯文件（Allen Dulles Papers）
巴鲁克文件（Bernard Baruch Papers）
伯格口述历史（Randloph Berger Oral History）

耶鲁大学图书馆（Yale Library）：
史汀生文件（Henry Stimson Papers）［转引自加拿大多伦多约克大学图书馆科尔柯（G. Kolko）研究文件档案］

密西根大学图书馆（University of Michigan Library）：

范登堡文件（Arthur Vandenberg Papers）［转引自加拿大多伦多约克大学图书馆科尔柯（G. Kolko）研究文件档案］

**英国：**

英国国家档案馆（Public Records Office）：

 PREM 档案

 英国内阁档案（CAB）

 英国外交部档案（FO）

官方文件汇编：

 《美国对外关系》（Foreign Relations of the United States）

 《杜鲁门公开文件集》（Public Papers of Harry S. Truman）

## 二 报纸、刊物、新闻社、书籍

**美国：**

 《美国国务院公报》（State Department Bulletin）

 《纽约时报》（New York Times）

 《华盛顿邮报》（Washington Post）

 《华盛顿明星报》（Washington Star）

 《圣路易邮报》（St. Louis Dispatch）

 《时代》周刊（Time）

 《美国新闻和世界报道》（U. S. News and World Report）

 《展望》杂志（Look）

 《报告》杂志（Report）

 《政治学季刊》（Political Science Quarterly）

 《市政大会》（Town Hall Meeting）

 美联社新闻稿（AP News）

 《迪克西使团》（David D. Barrett, Dixie Mission, Berkeley. 1970）

 《抓住龙尾》（John Paton Davies, Dragon by the Tail, NYC

1972）

《杜鲁门回忆录》（Harry S. Truman, Memoirs, Vol. I NYC 1955）

《丘吉尔与罗斯福通信集》（Warren F. Kimball, Churchill And Roosevelt: The Complete Correspondence, Princeton 1984）

《罗斯福和俄国人在雅尔塔会议上》（FDR and The Russians in Yalta Conference, New York, 1949）

《凯南回忆录》（George F. Kennan, Memoirs 1925—1950）

《在中印缅战区时已不多》（Charles F. Romanus and Riley Sunderland, Time Runs out in CBI, Washington D. C. 1959）

《躬逢其盛》（Wilham D. Leahy. I was There, NYC 1950）

《从老外交到新外交》（Robert L. Beisner. From the Old Diplomacy to the New, 1865—1900, NYC 1975）

《独立城那个人》（Jonathan Daniels, The Man of Independence, Philadelphia, 1950）

《威尔·克莱顿文件选编》（William L. Clayton, Selected Papers of Will Clayton, Baltimore 1971）

《从信任到恐怖》（Herbert Feis, From Trust to Terror: the Onset of the Cold War, 1945—1950, NYC 1950）

《公职年代》（Bernard Baruch, The Public Years, NYC 1960）

《其言与其人》（Westminster College. The Words and the Man, Fulton 1960）

《乔治·马歇尔——一个将军所受的教育，1880—1939》（Forrest C. Pogue, George C. Marshall—Education of A General New York 1963）

《范登堡参议员私人文件集》（Private Papers of Senator Vandenberg 1929—1969, Boston, 1952）

《受天之命》（John F. Melby. The Mandate of Heaven. Toronto，1968）

《历史的见证》（Charles E. Bohlen, Witness of History. 1929—1969, NYC 1973）

**英国：**

《新政治家和民族》（New Statesmen and Nation）

《防务分析》杂志（Defense Analysis）

**中国：**

中华民国国民政府军令部战史学会档案

重庆《新华日报》

《传记文学》

《中华英烈》

《党史资料通讯》

《党史文献》

《党史研究》

《世界知识》

《人物》

《南开大学学报》

《毛泽东选集》

《周恩来选集》

《苏俄在中国》

《我的历程（1908—1948）》

《我在外交部八年的经历（1949—1958）》

《张治中回忆录》

《中国人民解放军大事记（1927—1982）》

《中华人民共和国对外关系（1949—1950）》第1卷

《金门之战（1949—1959）》

《第一次较量》

《抗美援朝战争回忆》

《中国人民志愿军抗美援朝战争战史》
《抗美援朝战争纪实》
《从鸭绿江到板门店》
《彭德怀自述》

**其他：**
《苏联志愿者在中国：1925—1945年，文章和回忆》
《远东国际关系史（1840—1949）》
《希腊人民的解放斗争是怎样和为什么会失败的》
《和斯大林的谈话》
《麦肯齐·金执政记》（The Mac Kenzie King Record Vol. 3. Toronto，1970）

# 后　记

　　为了写这本书，我从1986年春到1987春在美国做了一年研究。1986年夏，经美国历史学家约翰·托兰介绍，纽约的一家大出版公司对我盛情款待，表示有意出版它的英文原版，并已指定了一位高级编辑。我答应在1988年秋交初稿。1987年秋，我去英国一个半月查阅英国政府档案。1988年2月，我再去美国，动手写这本书，到9月底写出初稿。说来也巧，就在这时，纽约这家美国出版公司卖给了外国人，所有跟我打过交道的负责人和高级编辑全都被解雇，公司的出版方向也变了；我的书这家公司当然也就不出了。约翰·托兰又替我找到纽约一位有名的文学经纪人，这位先生答应为我找地方出版。我在1989年2月把修改稿交到经纪人手中。他还没来得及找到出版社，中美关系便产生了众所周知的变化。这并不意味着这本书就不可能在美国出版了；但是要说没有影响倒也并非事实。后来我和经纪人在如何处理这本书的问题上有不同意见，我就谢谢他的帮忙，把书稿拿回来了。有一个大学出版社对书稿表示有兴趣，但要求我把它改成专讲中美关系的。这样，在11章正文中就得砍掉4章，最后那章结论也得重写。不过我为了出版也只好忍痛割爱。书稿改完后编辑不满意，他要求在叙述每一件事情之后，都要总结一下，把要点讲明白。当然，这样写我是办不到的，原因在前言里已经讲过。于是，这个出版社也不行了。

　　这时已是1990年底。我当然不肯就此罢休。别的且不论，单是拿了外国人资助写书的钱而拿不出书来，我自己的心理负担就受不了。我想来想去，琢磨还是西方不亮东方亮黑了外国有祖国。这样，就联系在国内出英文原版，同时由自己着手搞一个中文稿，争取先在国内出中文版。1991春，中国社会科学出版社的年轻编辑王昊听说有这样一部书稿，便主动跟我联系，催促我早日完成中文稿。这当然对我是很大的鼓励。9月里，我把中文书稿交到中国社会科学出版社审读，很快就拍板定局。感谢王昊和出版社的领导及工作人员，使我这本在1991年10月才交定稿的书，这样快就出版了。

作者谨记<br>
1991年12月